RECHERCHES
PHILOSOPHIQUES
SUR
LES EGIPTIENS
ET
LES CHINOIS.

RECHERCHES
PHILOSOPHIQUES
SUR

LES EGYPTIENS
ET

LES CHINOIS.

Par l'Auteur des Recherches sur les Amériquains.

TOME SECOND.

A BERLIN.
Chez C. J. DECKER, Imprimeur du Roi.

M. DCC. LXXIII.

SECTION VI.

Confidérations fur l'état de l'Architecture chez les Egyptiens & les Chinois.

NOUS ne confidérons ici les principaux ouvrages élevés par les Chinois & les Egyptiens, que pour faire fentir que le génie de ces deux peuples a effentiellement différé. Car nous ne prétendons pas parler de l'architecture comme en parleroit un architecte, qui voudroit toujours infifter fur les regles & les principes : c'eft-là le devoir de l'artifte : mais ce n'eft pas celui du philofophe.

Après avoir examiné quelques monuments en général, nous décrirons avec plus de détail la grande muraille qui a fermé l'Egypte du côté de l'Orient : & pour qu'on ne foit point tenté de croire, qu'il y a quelque rapport entre ce rempart & celui de la Chine, nous en indiquerons un nombre étonnant d'autres fur la furface de l'ancien continent, & dont quelques-uns ont été d'une telle étendue, que fi on les eût conftruits fur une même ligne, ils auroient pu couper à-peu-près tout notre hémifphere en deux ; c'eft-à-dire que, fi cette chaîne de murailles eût commencé fous le premier méridien

Tome II. A

en suivant toujours la direction de l'Equateur, elle seroit venue aboutir presqu'aux extrêmités de l'Asie. Et il est remarquable que ce soit principalement contre les Tartares & les Arabes qu'on a tâché de fortifier ainsi tant de régions dans trois différentes parties de notre Globe ; car en Amérique on n'a point découvert la moindre apparence de quelque retranchement de cette espece.

Un Chinois, qui entreprendroit aujourd'hui le voyage de l'Egypte, seroit bien surpris en voyant les Obélisques d'Alexandrie & de la Matarée, & encore plus surpris en considérant cette suite de Pyramides rangées à l'Occident du Nil depuis *Hauara* jusqu'à *Gizeh*. Car, loin qu'on trouve des Pyramides & des Obélisques à la Chine, on n'y a pas même ouï parler de quelque monument semblable. L'empereur *Kienlong* de la Dynastie *Daj-dzin*, qui vit encore dans l'instant que j'écris, peut avoir dans ses appartements quelques tableaux moins mal faits que ceux qu'on y a vus jusqu'en 1730. Mais ce prince n'a pas dans toutes ses maisons une belle colomne de marbre ou d'albâtre. Ses prédécesseurs depuis *Yao*, s'il est vrai qu'*Yao* ait existé, n'ont employé dans leurs palais, dans leurs Pagodes, dans leurs tombeaux, que des colomnes de bois sans aucune proportion déterminée.

De-là il résulte déjà que le caractere de l'architecture Chinoise est diamétralement opposé au génie de l'architecture Egyptienne, qui tendoit à rendre indestructible, & pour ainsi dire immortel, tout ce que les Chinois rendent extrêmement fragile, & encore extrêmement inflammable à cause du vernis, dont ils recouvrent leurs colomnes, & de cette pâte de chaux, de filasse & de papier mâché dont ils remplissent les cavités du bois, lorsqu'il s'en trouve sur le corps du fust, ou sur les parties apparentes de l'entablement.

Le feu ayant gagné quelques quartiers de *Nankin*, on tenta inutilement de l'éteindre : il ne fut pas possible de sauver une maison, & trois jours après l'incendie on ne voyoit plus dans tout ce lieu désolé la moindre ruine d'habitation : tandis que la ville de Thèbes, qui a été brûlée, saccagée tant de fois depuis Cambyse, offre encore des vestiges considérables, qu'on sait avoir occupé long-temps M. M. Pococke & Norden, qui en ont donné des dessins & des descriptions : cependant il s'en faut de beaucoup qu'ils aient tout décrit & tout dessiné. On est persuadé que les ruines du grand Temple de Thebes dureront encore plus long-temps que des Palais bâtis de nos jours en Europe, & surtout que la Coupole de Saint-Pierre, qui ne paroît plus pouvoir résister long-temps.

Quand on connoît la vanité des Chinois, & leur peu de scrupule sur les mensonges historiques, alors il faut apprécier à sa juste valeur tout ce qu'ils rapportent des édifices merveilleux, construits par leurs premiers Empereurs. Quelques-unes de ces fabriques n'ont jamais existé, comme le prétendu château de l'Impératrice *Takia*, dont la description purement fabuleuse ou romanesque, a été faite par des écrivains qui n'avoient aucune idée de l'Architecture. Car il ne faut avoir aucune idée de toutes ces choses, pour oser dire que ce Palais étoit bâti de marbre rouge, tirant sur la couleur de rose ; que le jour y entroit comme dans un appartement de la maison d'or de Néron, qu'il avoit des portes de jaspe, & qu'il s'élevoit à deux mille pieds dans l'air. Quelques autres constructions, comme le Tombeau de *Schi-chuandi*, ont été de simples ouvrages de boiserie. Et le lecteur jugera dans l'inftant combien on a grof-fiérement exagéré à l'occafion de ce tombeau dont il ne refte pas même de ruine.

On ne peut que rire de la fimplicité ou de la folie des Chinois, qui montrent, dans la Province de *Chen-fi*, la fépulture de *Fo-hi*; & là-deffus le pere du Halde obferve férieufement que, fi ce monument eft authentique, il faut le regarder pour le plus ancien de tous ceux qu'on connoît fur la furface de nôtre continent (*). Mais cette fépulture de *Fo-hi* n'entre pas en comparaifon avec le *Pic Adam*, dans l'ifle de Ceylon, où l'on fait voir les traces de *Piromi*, le premier des mortels. On conçoit bien que ces puériles traditions ne peuvent avoir cours que chez des nations peu éclairées, & où la critique hiftorique eft entiérement inconnue; de forte que des ignorants s'y repaiffent les uns les autres avec des fables. Comme les lettrés favent que leur pays a été peuplé par des colonies venues des hauteurs de la Tartarie, ils ont fuppofé que leur prétendu fondateur *Fo-hi* devoit avoir été enterré à-peu-près fous le trente-cinquieme degré de latitude Nord, & le cent & vingt deuxieme de longitude; ce qui correfpond affez bien à la fituation de la ville de *Kont-tchang* dans la province du *Chen-fi*.

Les Chinois n'ont jamais connu la méthode de bien bâtir en pierres un édifice de deux ou trois étages. Et ils ne veulent pas même l'entreprendre avec leurs charpentes; tellement que chez eux les villes occupent toutes trois ou quatre fois plus de terrain que cela ne feroit

─────────────

(*) *Defcription de la Chine*, Tome I, page 223.

convenable, dans un pays comme le leur, où le fort de la culture est dans le voisinage des villes. M. Poivre dit qu'on y ménage le terrain, lorsqu'il s'agit de faire une maison de plaisance; & que les grands chemins n'y sont que des sentiers (*). Mais convenons que cet écrivain a porté l'enthousiasme en faveur des Chinois très-loin.

La maison de plaisance, que fit faire par caprice, & sans aucun besoin l'empereur *Can hi*, occupoit plus de place que toute la ville de Dijon; & on fait que le chemin, qui conduit à Pekin, a cent & vingt pieds de large. Et ce n'est, par conséquent, point un sentier. Dans les provinces Méridionales où l'on n'emploie ni voiture, ni chevaux, ni aucune bête de somme ou de trait; parce que tout le commerce s'y fait par les canaux, les grandes routes n'ont pas besoin d'être si spacieuses; mais on verra bientôt que le commerce intérieur ne s'y est pas toujours fait par les canaux.

Quelques voyageurs pensent, que les Chinois n'ont jamais voulu se résoudre à bâtir des maisons de plusieurs étages; parce qu'ils craignent les tremblements de terre, qui sont néanmoins beaucoup plus rares chez eux que dans les isles du Japon & les Moluques, où ils paroissent être périodiques. Mais ce qu'il y a de bien certain, c'est que les maisons Chinoises quelque basses qu'elles soient, ne résistent point contre les moindres secousses, qui y rasent quelquefois des villes entieres, comme si un violent tourbillon ou un ouragan y eût passé. On vit ce spectacle en 1719 à *Junny*, & dans quelques autres bourgades des

---

(*) *Voyage d'un Philosophe.*

environs, où il ne resta point une habitation sur pied (*).

Sous le regne d'*Yong-scheng*, pere de l'empereur actuel, il y eut plus de quarante mille personnes écrasées à Pekin; & cela dans des logis si bas & si petits, qu'ils ne paroissoient être que des cafés ou des chaumieres. Il y a sûrement une méthode pour bâtir de façon que les tremblements de terre ne sauroient nuire beaucoup; mais cette méthode est inconnue aux Chinois, qui ne donnent pas assez de solidité aux fondements, ni assez d'épaisseur aux murailles; & d'ailleurs ils ne les lient point entr'elles avec des poutres & des ancres. Ainsi, il ne faut pas s'étonner de ce que leurs bâtiments, malgré leur peu d'élévation, s'écroulent encore plus aisément, que s'ils étoient de deux ou trois étages. Un jour le clocher de *Nankin* succomba sous le seul poids de la cloche.

L'Architecture est à la Chine comme tous les autres arts, réduite en routine, & non en regles. Ce n'est point un palmier, qui y a servi de modele aux colomnes: mais c'est le tronc d'un arbre connu sous le nom de *Nan-mou*; & dont il a été impossible jusqu'à présent de déterminer le caractere: cependant je soupçonne qu'il appartient au genre des Melefes ou au genre des Sapins. Après avoir trouvé le modele ou l'idée de la colomne, on croiroit qu'ils en ont fixé aussi les proportions; & voilà néanmoins ce qu'ils n'ont point fait suivant des principes invariables.

M. Chambers, qui n'a mesuré que quelques parties & quelques membres d'une Pagode de *Canton*, dit qu'ils donnent depuis huit jusqu'à

(*) *Antermony Journal. T. I. page* 274. *& suiv.*

sur les Egyptiens & les Chinois.

douze diametres a la hauteur du fust (*). Mais cela n'est point généralement vrai : ils n'estiment réellement une colomne, qu'à mesure qu'elle est grosse & d'une seule piece ; & c'est en cela qu'ils font consister une espece de luxe ou de magnificence. Or, comme il est difficile de trouver des arbres qui aient toutes ces qualités, ils se voient réduits, au moins dans les édifices privés, à se servir de troncs de douze ou treize pieds de haut depuis la naissance des racines, jusqu'à l'endroit où il faut les étêter ; parce que la diminution y devient trop sensible.

Le *Nan-mou* reste, comme toutes les autres especes de Sapins, long-temps sur pied avant que de gagner en circonférence, parce qu'il gagne d'abord en hauteur : ainsi ce doit être la difficulté de trouver le bois propre à faire de grosses colomnes, qui a déterminé les Chinois à les préférer à toutes les autres. Celles d'une Pagode, qui a existé près de *Nankin*, avoient à-peu-près quatorze pieds de circonférence : celles du nouveau palais de Pekin, tel qu'on l'a reconstruit depuis le dernier incendie survenu sous *Can-hi*, n'ont que sept pieds de circonférence.

Il est étonnant qu'avec de telles idées les Chinois n'aient jamais pu se résoudre à travailler en pierre ou en marbre ; & cela dans un pays tout rempli de carrieres. Si leurs édifices nous choquent encore plus que ceux des Persans & des Turcs, c'est qu'il n'y a pas symmétrie dans

―――――――――――――――――――

(*) *Dessins des édifices, meubles, habits, machines & ustensiles des Chinois ; &c.*
Il se peut que M. Chambers ait même mesuré dans une Pagode, qu'on prétend avoir été ci-devant une église des Jésuites. D'ailleurs il n'a pas eu connoissance d'un fait que je rapporterai dans la suite.

le tout, ni de proportion dans les parties. Ils font les frises deux ou trois fois plus hautes qu'elles ne devroient l'être ; & cela pour se procurer beaucoup de champs où ils puissent étaler des ornemens & des entrelas si bizarres, qu'on ne sauroit les décrire, ni les définir. Il paroît que chez les Egyptiens cette partie étoit principalement destinée à contenir des représentations d'animaux sacrés ; & voilà pourquoi les Grecs l'ont nommée le Zophore, en quoi nous avons eu tort de ne pas les imiter : car ce mot de *Frise* est un terme barbare, dont on ne devroit point se servir.

Quant à l'emblême du dragon, il n'y a point de place, qui lui soit particuliérement consacrée dans la décoration des palais & des pagodes : on le met par-tout, & jusques sur la crête & les angles du toit, où il produit un effet plus révoltant qu'on ne pourroit le dire ; & je ne conçois point quel plaisir on a trouvé en multipliant ainsi les copies d'un monstre si hideux, qui ressemble tantôt à un lézard Iguan, & tantôt à un crapaud ailé avec une queue d'éléphant. Qu'on l'ait conservé dans les bannieres & les livrées, parce que c'est la principale piece des anciennes armoiries, cela est en quelque sorte fondé sur l'immutabilité des coutumes de l'Orient ; mais l'emploi, qu'on en a fait comme ornement d'architecture, n'est point plus raisonnable que l'invention de ces artistes François, qui avoient sculpté des têtes de coqs, & des fleurs de lis dans les chapiteaux d'ordre Corinthien, pour faire la plus froide illusion qu'on puisse imaginer, au nom & à l'emblême de leur nation.

Tels sont les édifices de la Chine : les maîtresses murailles n'y portent rien : le toit & le comble reposent immédiatement sur la charpente, c'est-à-dire, sur les colonnes de bois. Pour ne point réformer cette pratique vicieuse, & qui ne contribue nullement, comme on l'a cru, à garantir leurs villes de l'incendie, ils ont inventé de doubles toits, qui débordent les uns sur les autres ; car ils ont souvent besoin d'un toit séparé pour couvrir les murailles.

De tout ce qu'ils négligent le plus dans une construction, c'est la solidité, sans laquelle il n'y a point de beauté réelle en architecture : les maisons bâties le long de la riviere de *Canton*, ont des fondements ; parce qu'il seroit impossible de s'en passer à cause de l'eau : mais dans l'intérieur des provinces on voit des villes entieres où les maisons manquent de fondements. Il y existe des tours dont la premiere assise de briques n'est pas à vingt-quatre pouces de profondeur sous le rez-de-chaussée, aussi ne durent-elles point long-temps ; & le P. Trigault dit qu'il est rare qu'elles restent sur pied pendant un siecle (*). Mais il faut excepter de cette regle le *Van-ly-czin* ou la grande muraille, qui a été élevée par plusieurs rois absolument indépendants des empereurs des la Chine ; & qui avoient intérêt à mettre cet ouvrage en état de résister aux efforts de l'ennemi ; sans quoi il eût été absurde de l'entreprendre. Encore les parties, qui ne portent pas sur le roc vif, ou qu'on n'a pas eu sans cesse soin d'entretenir, se sont-elles très-dégradées.

Ce qu'il y a de singulier, c'est que la grosseur des colonnes, dont les Chinois ornent quelquefois leurs bâtiments par une pure ostentation, ne contribue en rien à la solidité,

---

(*) *Ita rato unius sæculi ætatem ferunt.* Exped. apud Sin. Lib. I. Cap. 4.

parce que leurs bases ne sont point bien assurées, ni enfoncées en terre. Ces prétendues bases ne sont que des pierres carrées, qu'on range sur le pavé, & où il y a une petite excavation dans laquelle on fait entrer le pied des colomnes, qui n'ont aucun renflement, & qui paroissent unies à la partie qu'on pourroit nommer parmi eux l'architrave, car ils n'ont jamais fait usage de chapiteaux, ni de rien de semblable. Et cette particularité prouve, comme mille autres, que leur maniere de bâtir s'éloigne extrêmement de la maniere des Egyptiens, dont l'imagination avoit beaucoup travaillé sur le chapiteaux; & il ne faut pas croire qu'ils se soient contentés de la seule forme que décrit Athénée, comme la plus généralement employée. (*) Car on en a encore découvert neuf ou dix autres especes dans les ruines du *Delta* & dans celle de la Thébaïde : aussi de quelque côté qu'on considere une Pagode de la Chine, n'y trouve-t-on pas la moindre ressemblance avec un temple de l'Egypte : on n'y trouve ni l'enfilade des Sphinx, ni les murs inclinés, ni des combles en terrasses, ni des obélisques, ni des cryptes, ni aucune apparence de souterrain.

J'ai toujours soupçonné qu'on s'est mépris beaucoup sur l'objet qui a servi de modele aux premiers bâtiments des Egyptiens; mais à la Chine il n'est presque pas possible de s'y méprendre. On y a contrefait une tente; & cela est très conforme à tout ce qu'on peut savoir de plus vrai sur l'état primitif des Chinois, qui ont été, comme tous les Tartares, des Nomades ou des Scénites : c'est-à-dire qu'ils ont

---

(*) *Liv. V. Cap.* 6.

campé avec leurs troupeaux avant que d'avoir des villes. Et c'est là sans doute l'origine de cette singuliere construction de leurs logis, qui restent sur pied, lors même qu'on en renverse les murailles ; parce qu'elles enveloppent seulement la charpente sans porter le toit : comme si l'on y avoit d'abord commencé par faire autour des tentes une enceinte de maçonnerie pour renfermer le bétail ; & tel a dû être en effet le premier pas de la vie pastorale & ambulante vers la vie sédentaire.

Quand on considere en général une ville Chinoise, on voit que ce n'est proprement qu'un camp à demeure, dont il n'est gueres possible de rien appercevoir dans le lointain, sinon le circuit des remparts, qui sont beaucoup plus hauts que les maisons d'un seul étage. Aussi trouvé-je que M. de Bougainville, en en parlant de l'établissement des Chinois près de Batavia, nomme toujours leur quartier, le *camp des Chinois*. (*)

Un historien ou plutôt un fabuliste de la Chine, appellé le *Lopi*, dit que les premieres habitations de son pays ressembloient à des nids d'oiseaux. Mais c'est-là une expression Orientale & fort figurée, qu'on ne doit pas prendre à la lettre : car nous ne saurions supposer que les anciens Chinois ayent vécu sur les arbres, comme ces Sauvages de l'Amérique Méridionale, qui étoient si bêtes & si paresseux, qu'ils donnoient aucun écoulement aux eaux des rivieres qui en été se débordent entre les Tropiques ; de sorte qu'il ne leur restoit de refuge que sur les arbres, où ils passoient une partie de l'année, comme les singes & les sapa-

---

(*) *Voyage autour du Monde*, Tom. II. pag. 226.

jous, en mengeant les fruits qu'ils trouvoient sur les branches.

Il est croyable que par ces nids d'oiseaux, le *Lopi* a voulu désigner des tentes rondes, basses & faites comme des ruches, dont se servent les Tartares qui campent dans le *Chamo* ou d'autres déserts sabloneux, où l'on ne sauroit assurer les piquets pour garantir les tentes ordinaires, telles que celles dont les Chinois font maintenant usage à la guerre, & qu'on sait ne différer presqu'en rien de celles qu'on employe dans les armées de l'Europe (*).

J'ignore comment M. l'Abbé Barthélemy a pu dire que les édifices, qu'on voit représentés sur la célèbre Mosaïque de Palestrine, ressemblent à des maisons Chinoises. Ce savant homme doit avoir éprouvé de singulieres illusions en examinant ce monument, & on se contentera de rapporter ici un seul fait, qui fera bien juger de tous ceux qu'on ne rapporte pas : il assure que dans des barques, qui marchent sur le Nil, on distingue des personnages, dont le bonnet rond & pointu ressemble aux bonnets que portent aujourd'hui les Chinois ; & delà il conclud que les Chinois sont originaires d'Egypte (**).

Mais comment est-il possible qu'il ne se soit pas aperçu que cette coëffure n'est en usage à la Chine que depuis l'an 1644 ? C'est véritablement le chapeau Tartare, dont le peuple dût se couvrir, lorsqu'il reçut ordre de ses

---

(*) *Art militaire des Chinois*. pag. 376.
(**) *Explication de la Mosaique de Palestrine*.
Les anciens Egyptiens se coupoient les cheveux : les Chinois, au contraire, ne les coupoient jamais, & on a vu leur opiniâtreté à cet égard, lors de la conquête des Tartares.

vainqueurs de couper fa longue chevelure : car quand il portoit encore fa longue chevelure, il ne portoit point le chapeau Tartare. Ainfi toutes les prétendues conformités entre l'habillement des Egyptiens & l'habillement des Chinois, s'évanouiffent comme des chimeres, que plus de réflexions & de recherches euffent fait éviter. Nous avons vu à peu près toutes les copies gravées, qui exiftent de la Mofaïque de Paleftrine ; & fur-tout celle que M. l'Abbé Barthélemy a fait inférer lui-même dans les *Mémoires de l'Académie des Infcriptions* ; or il ne paroît point que les barque du Nil, fur lefquelles cet auteur a encore beaucoup infifté, reffemblent plus à des barques Chinoifes qu'à des gondoles de Venife. Les vaiffeaux de toutes les nations depuis les chaloupes des Eskimaux & les canots des Hurons, jufqu'aux galeres de la Méditerranée, fe reffemblent par leur forme primitive : & on nous croira aifément, fi nous difons que ce n'eft pas fur de tels rapports qu'il faut fonder l'hiftoire d'une colonie envoyée de l'Afrique aux extrêmités de l'Afie.

Quoique les Chinois entendent depuis très-long-temps l'art de faire des voutes, ils ne l'ont cependant point toujours mis en ufage dans la conftruction des ponts. Celui, qu'on voit en un endroit de la province de Junnan, ne confifte qu'en des piliers dreffés d'efpace en efpace, entre lefquels on a tendu des chaînes de fer où l'on paffe en frémiffant. Des ouvriers tant foit peu habiles n'auroient jamais pu fe réfoudre à exécuter un ouvrage de cette nature : car indépendamment de tous les autres inconvéniens, & de tous les autres dangers, la rouille occafionnée par les brouillards de la riviere, doit attaquer les chaînons, & les briser au moment où l'on s'y attendroit le moins, pour peu qu'on cessât d'y veiller.

Ce n'est point sans surprise qu'on voit dans les Lettres du Pere Parrenin, qu'il oppose ce prétendu pont de fer à toutes les grandes constructions de l'Egypte, jugement qu'on ne peut attribuer qu'à la prédilection que les écrivains de son ordre, ont témoignée en faveur des chinois ; ce qui nous a mis dans une continuelle défiance en lisant leurs relations. On rencontre à la Chine beaucoup d'autres ponts où l'on a également employé une méthode très éloignée de la pratique des voutes : c'est-à-dire qu'on y a couché des pierres plattes sur des piles plantées fort près les unes des autres; ce que des voyageurs ignorants ont regardé comme une beauté ; tandis que, sans cette précaution, les pierres de traverse, quelqu'épaisseur qu'on leur eût donnée, se seroient rompues dans leur milieu.

Quant au fameux pont volant, dont on a tant parlé en Europe, & dont on a gravé tant de fois la figure, il faut enfin dire ici qu'il n'a jamais existé comme il est décrit dans les livres. L'auteur, auquel on doit une continuation de l'histoire de M. Rollin, semble insinuer que c'est le Pere Kircher, qui a pris la liberté d'inventer le pont volant dans un ouvrage imprimé à Amsterdam, sous le titre de la *Chine illustrée*. Ce Pere Kircher qu'on accuse de tant de choses, avoit sans doute des visions étranges, & beaucoup d'audace pour les faire valoir ; mais il faut ici lui rendre justice, puisqu'il ne parle que d'après l'*Atlas* de Martini, comme a fait aussi le compilateur anonyme des merveilles de l'Art & de la Nature (*) Au

―――――――――――――――――――
(*) *Artificia hominum & Miranda Naturæ in Sinu.* p. 638.

reste celui, qui a inventé le pont volant, n'avoit pas le sens commun ; & je ne suis que médiocrement surpris de ce qu'un habile architecte François, nommé Boffrand, qui en a examiné les dimensions, ait déclaré qu'elles étoient chimériques dans tous leurs points : car elles le sont indubitablement, & on s'apperçoit au premier coup d'œil, qu'on n'a pu faire un tel point ni par le moyen d'un arc Romain, ni par le moyen d'un arc Gothique, qui est néanmoins le plus communément employé à la Chine. Ce qui peut avoir donné lieu à toutes ces fables absurdes, par lesquelles nos voyageurs d'Europe n'ont que trop bien servi la vanité des Chinois, c'est qu'un torrent ou quelque riviere fort rapide, comme elles le sont souvent dans ce pays hérissé de tant de montagnes, s'est probablement ouvert un passage sous des rochers, dont le pied portoit sur une couche terreuse, & en aura excavé les bords, phénomene qui n'est point sans exemple dans les Alpes. Enfin tous ponts, que les Chinois ont construits, sont des ouvrages bizarres : & quand il s'y trouve des arcades, elles manquent ordinairement de force ou dans la cime, ou dans la moitié supérieure de l'arc : aussi le Pere du Halde observe-t-il que, s'il y passoit des voitures chargées, elles ne résisteroient point à la poussée, & s'écrouleroient sous le poids. Mais comme ces ponts forment un angle très-aigu vers leur milieu, des voitures ne sauroient y passer ; car on y monte & on en descend par des marches ou des escaliers. Quand on demande aux Chinois pourquoi ils donnent tant d'élévation aux arches du milieu, alors ils disent que cela doit être ainsi ; pour que les barques puissent passer sans baisser leur mâts, mais au lieu de faire des ponts si périlleux, il vaudroit mieux forcer les barques à baisser les mâts ; ce qui n'est point une manœuvre difficile sur les petites rivieres.

Une observation de la derniere importance, & qui doit nous détromper à jamais sur tout ce que les historiens Chinois rapportent de l'état florissant de leur pays sous les anciens empereurs, c'est celle qui concerne le canal royal ou l'*Yuho*, ouvrage vraiment digne d'admiration, & où l'on a employé des architectes très versés, tant dans la pratique du nivellement, que dans la construction des écluses, dont le mécanisme & le jeu sont aussi simples que l'effet en est étonnant.

Comme c'est par ce canal que se fait presque tout le commerce intérieur, & comme c'est encore par cette voie que les provinces Méridionales communiquent avec celle de *Petcheli* & celle de *Kiang-nan*, sans courir les dangers de la mer, il n'est pas possible que le commerce intérieur ait été dans une grande activité avant qu'on eût ouvert cette route. Et les lecteurs, qui ont quelque pénétration, concevront tout ceci, sans qu'il soit nécessaire d'insister davantage à cet égard.

Mais il ne faut point s'imaginer maintenant que le canal royal ait été fait par les Chinois : leurs architectes n'ont pas été en état de l'entreprendre, & bien moins de l'exécuter. Ce sont les Tartares Mongols, qui ont creusé ce lit immense, par lequel des fleuves coulent dans des lacs, & des lacs dans des fleuves, sans que les uns tarissent, & sans que les autres débordent. On peut naviguer ainsi pendant plus de six cent lieues : on peut aller ainsi d'une extrémité de l'empire à l'autre en bateau.

sur les Egyptiens & les Chinois. 17

Le conquérant *Koublai*, dont jamais le nom ne mourra, étoit un prince très-instruit, & qui aimoit tous les arts : il appella à la Chine beaucoup de savants ; mais sur-tout des astronomes, des géographes & des architectes Persans, Arabes & Lamas. Il chargea les astronomes de dresser un calendrier, & envoya les géographes vers le Nord jusqu'au cinquante-cinquieme degré, & jusqu'au seizieme vers le Sud, pour faire des observations, & prendre la hauteur de toutes les places de la Chine, de la Corée, de la Tartarie & du Tunquin.

Quant aux architectes, il les employa à faire le grand canal vers l'an 1280 après notre ére. Et depuis cette époque très-récente, comme on voit, la Chine a changé de face. La Mer engloutissoit les trois quarts des barques, qui vouloient parer le cap de *Li-ampo* pour se rendre dans les eaux du golfe de *Nankin* : les Mongols effrayés à l'aspect de tant de désastres & de naufrages, eurent enfin compassion des Chinois, qui naviguoient si mal sur l'Océan, & qui manquoient d'industrie pour se frayer une route au travers du continent. Aujourd'hui il ne périt point une barque même dans le passage des écluses, que les Tartares Mandhuis ont soin d'entretenir, & il se peut que, si les Mandhuis n'étoient point survenus, les Chinois auroient encore laissé tomber cet ouvrage, déjà fort dégradé en 1640, absolument en ruines : ce qui les eût replongés dans l'état où ils ont dû se trouver avant le treizieme siecle.

Il faut observer encore, que toutes les rigoles pour l'arrosement des terres, & les canaux de traverse, qui communiquent à présent en très-grand nombre avec l'*Yu-ho*, ont été également creusés par les soins du Tartare *Koublai*

Kan (*). Ce Prince ouvrit aussi la Chine Méridionale aux commerçants étrangers ; & ce fut sous son regne qu'on y vit pour la premiere fois des navires du Malabar, de Sumatra, de Ceylon ; ce qui remit un peu les provinces exténuées par les rapines des généraux & des officiers Chinois, qui exigeoient de plus fortes contributions dans leur propre pays, qu'on n'en demanderoit dans un pays conquis. Enfin pillant leurs alliés, & pillés à leur tour par les ennemis devant lesquels ils fuyoient, il ne leur restoit plus ni honte, ni honneur. *Koublai*, pour prévenir ce brigandage, augmenta la solde des généraux & des officiers, qui, sous l'ancienne forme de gouvernement avoient été mal payés, & ils ne méritoient pas de l'être mieux. Il faut convenir après tout cela, que c'est une ingratitude monstrueuse de la part des Chinois d'avoir voulu noircir la mémoire de ce prince, auquel ils ont reproché comme un crime, la confiance qu'il mettoit dans des hommes venus de l'Occident, c'est-à-dire les géographes & les architectes, étrangers qu'il appliqua à des travaux dignes des plus grands monarques de la terre : ils lui ont reproché encore d'avoir aimé les femmes & le Dalai Lama ; comme si tous les empereurs de la Chine n'avoient point eu avant lui des serrails remplis de trois ou

---

(*) M. Boysen dit, dans son Abrégé Allemand de l'Histoire universelle *Tom. IX. pag* 393. que *Koublai-Kan* fit encore faire à la Chine plusieurs autres canaux, afin d'ouvrir une communication entre des rivieres navigables ; & voilà ce que beaucoup d'autres auteurs disent tout de même. Quant à moi je doute qu'il y ait quelque canal considérable dans toute l'étendue de la Chine, qui ne soit un ouvrage fait par les Mongols ou depuis l'époque de leur conquête.

quatre cent concubines, gardées par douze ou treize mille châtrés.

Quant au Dalai Lama, il étoit le pontife légitime de la religion que *Koublai-Kan* professoit: car, au milieu de sa gloire & dans le long cours de ses prospérités il n'oublia point que les grands & les petits sont également environnés de la main du Tout Puissant. Et s'il resta inébranlablement attaché au culte de ses ancêtres, au moins ne persécuta-t-il jamais, dans tous les pays qu'il avoit conquis, un seul homme à cause de quelques futiles opinions: bien différent en cela d'Alexandre, qui tourmenta sans cesse les mages de la Perse, qui ne purent soustraire entiérement au fanatisme de ce Macédonien les livres sacrés du *Zend*.

Les Arabes, qui voyagerent à la Chine au huitieme siecle, disent qu'ils trouverent ce pays soumis à des eunuques, & peuplé encore, en quelques endroits, d'antropophages. (*) Là dessus on a beaucoup raisonné, & on s'est même permis de révoquer le rapport de ces Arabes en doute: mais le gouvernement des Eunuques est un fait indubitable, & il est indubitable encore que ces voyageurs n'ont pu de leur temps voir la Chine comme on la voit aujourd'hui; puisque ce n'est qu'au regne de *Koublai-Kan*, fondateur de la vingtieme Dynastie, qu'il faut rapporter l'époque de la révolution arrivée dans le commerce & l'agriculture.

Ce fut aussi alors que l'astronome s'y montra pour la premiere fois, quoiqu'en dise le pere Gaubil; mais les connoissances apportées par les Arabes, les Persans & les Savants de *Balk* &

(*) *Ancienne Relation des Indes & de la Chine*, publiée par *l'Abbé Renaudot*, pag. 55 & 132.

de *Samarcand*, qui suivoient les Mongols, se perdirent une seconde fois à l'extinction de la vingtieme Dynastie. Nous en avons une preuve, & même une démonstration dans l'édit du premier empereur Tartare Mandhuis : cet édit publié en 1650, dit que depuis l'expulsion des Mongols, les Chinois n'avoient pas été en état de faire un seul almanach exact, que d'année en année l'erreur avoit augmenté, & qu'enfin c'étoit-là un opprobre pour les vaincus & les vainqueurs, qu'il falloit faire cesser, en abandonnant le prétendu tribunal des mathématiques aux Européens, qui en sont encore en possession aujourd'hui ; & si on les en chassoit, le calendrier de l'année prochaine pécheroit grossiérement ; car, si les Chinois ne changent point de langue & d'écriture, je les tiens incapables de faire des progrès dans quelque science que ce soit. Cependant leurs historiens voudroient bien nous faire accroire, qu'on voit encore dans leurs pays des observatoires construits depuis trois mille ans; mais nous osons dire qu'il n'existe point dans toute la Chine un seul monument authentique & avéré, qui approche seulement d'une telle antiquité. Le seul observatoire qu'on y ait trouvé, est celui de Pékin, ville bâtie en 1267 de notre ére par *Koublai-Kan.* (*). D'où il résulte que l'érection de cet observatoire est postérieure à la conquête des Tartares Mongols, qui, comme on vient de le voir, changerent toute la face de l'Empire. Quant aux instruments découverts sur une montagne près de *Nankin*, ils avoient été fabriqués en 1349; & par conséquent, toujours après l'époque de la conquête des Mongols.

(*) La partie de *Pékin* qu'on nomme *la Ville Chinoise* n'a été bâtie qu'en 1644.

sur les Egyptiens & les Chinois.

Voici une observation décisive sur toutes ces choses.

La latitude de Pékin est de 39 degrés, 55 minutes, & 15 secondes de plus qu'on ne l'indique dans la carte de M. d'Anville : la latitude de *Nankin* est de 32 degrés, 4 minutes & 3 secondes. Cependant les cadrans & les autres instruments trouvés à *Nankin* & à Pékin, avoient été faits pour servir un peu au-delà du 36ieme degré ; de sorte qu'il n'a jamais été possible aux Chinois de faire une seule observation juste ni dans l'une, ni dans l'autre de ces villes-là.

Après avoir réfléchi à cette singularité, dont jamais personne n'a pu deviner la cause, je me suis enfin apperçu que ces instruments avoient été copiés sur ceux, dont on se servoit dans les écoles de *Balk*, ville située à-peu-près à trente minutes au-delà du 36ieme degré (*), dans l'ancienne Bactriane, où les Sciences commencerent à être cultivées par les Grecs, qui, ayant d'abord obtenu le gouvernement de cette Province sous les successeurs d'Alexandre, s'y rendirent indépendants, & formerent un Empire étendu jusqu'aux Indes (**). Ces instruments faits pour la latitude de *Balk* ont été portés à la Chine du temps des Mongols. Et telle est l'origine de l'erreur la plus absurde dont on ait jamais oui parler parmi aucun peuple du Monde ; c'est-à-dire qu'à l'arrivée de Jésuites, les Chinois soutenoient que toutes les villes de la Chine

---

(*) Dans la grande Carte de l'Asie par M. d'Anville, *Balk* est placé un peu plus vers le Nord : cependant un Arabe, nommé *Ebn-Said*, n'en a donné la hauteur que sur le pied de 35 degrés 54 minutes.

(**) Voyez Bayer *Historia Regni Græcorum Bactriani*, & un Mémoire de M. de Guignes sur ce sujet.

étoient situées sous le trente-sixieme degré, comme le Pere Kircher en convient lui-même (*). Et quant à la longitude, dit-il, ils n'en avoient point la moindre idée. Enfin ils étoient aussi peu versés dans l'histoire de la terre qu'ils faisoient carrée, que dans l'histoire du Ciel où ils supposoient les planetes aussi élevées que les étoiles.

J'avoue qu'il est arrivé aux Romains de se servir pendant quelque temps d'un cadran solaire, fait pour la latitude de Catane, sans s'en appercevoir : mais il n'y avoit alors que 304 ans que la ville de Rome existoit. Or 304 ans ne suffisent point pour qu'un peuple, quel qu'il soit, puisse acquérir les premieres notions de l'astronomie ; mais lorsque les Chinois tomberent dans cet abîme d'erreurs, ils étoient formés en corps de nation depuis plus de trois mille ans, à ce que prétendent leurs annales véridiques.

Quant à l'observatoire de la province de Honan, je crois qu'on peut très-bien le placer avec le chimérique palais de l'impératrice *Ta-Kia*, au nombre des constructions qui n'ont jamais été : aussi ne connoissons nous d'autre garant de ce fait que Philippe Martini, qui dit, que, dans la ville de *Teng-fong-hien*, on voit une prodigieuse regle d'airain dressée perpendiculairement sur un plan de même métal, & ensuite une tour bâtie depuis près de trois mille ans, où le prétendu astronome Chinois *Tcheou-Kong* observoit les mouvements du ciel. Cette prodigieuse regle & cette plaque de cuivre ont été changées par le Pere du Halde en un simple instrument, & M. Boysen, en parlant de la ville de *Teng-fong-hien*, ne fait plus mention que de

---

(*) CHINA ILLUSTRATA. *Folio* 102, *Amst.* 1667.

sur les Egyptiens & les Chinois. 23

la tour ; tellement que tout cet Obfervatoire a difparu à quelques pierres près, qui doivent être celles d'une tour. Mais fi des Savants d'Europe fe tranfportoient fur les lieux, ils n'y trouveroient peut-être pas même ces pierres en queftion, non plus que mille autres fingularités dont le pere Martini a embelli les defcriptions qu'il donne dans fon *Atlas*, où les noms des villes font fi mal orthographés, qu'on a fouvent de la peine à les retrouver dans les appellations actuelles. Enfin, c'eft moins un *Atlas*, qu'un recueil de bruits populaires.

S'il y avoit à la Chine des monuments d'une haute antiquité, ce feroient indubitablement les tombeaux des empereurs ; mais comme ces ouvrages ont été bâtis en bois, le temps & l'humidité les ont détruits ou les incendies les ont dévorés, parce qu'ils fe trouvent ordinairement enveloppés d'épaiffes forêts de cyprès ou de cette efpece de Sapin, que M. Osbeck appelle *Abies Sinenfis*, & où le peuple au moindre mécontentement contre la Dynaftie régnante, jette le feu. D'ailleurs, lorfque les voleurs deviennent puiffants, & qu'ils fe répandent dans les cantons où l'on rencontre les tombeaux de quelque famille impériale, ils commencent par les piller, & en enlevent jufqu'au toit. L'hiftoire de la Chine fait fouvent mention de ce brigandage, qu'on ne fauroit prévenir ; parce qu'il n'eft point poffible de pratiquer des *Miao* dans l'enceinte des villes, ce qui changeroit bientôt ces villes-là en des cimetieres. Car, les princes, les gouverneurs & les grands mandarins veulent que leur fépulture foit ombragée par des arbres plantés en quinconce à de grandes diftances, entêtement ridicule, qui y abforbe beaucoup de terrain propre à la culture. Là-deffus il faut citer une loi Egyptienne, que Platon nous a confervée : il étoit défendu en Egypte d'enterrer un homme par-tout où un arbre pouvoit croître. Et nous favons à n'en pas douter, que les Pharaons jufqu'a la Dynaftie des Saïtes fe font conformés eux-mêmes à ce réglement fi fage : car, ni dans les environs des Pyramides, ni dans les environs des fépultures royales de la Thébaïde, un arbre ne fauroit croître, & bien moins du feigle ou du froment. Ce n'eft pas uniquement à cet égard que ces deux peuples différent entr'eux ; car, dans tout le refte de leurs cérémonies & de leurs ufages funéraires il n'exifte aucune analogie, ni aucun rapport.

On pourroit témoigner ici quelque envie de connoître le genre d'architecture & le goût des ornements employés dans la conftruction des tombeaux des empereurs de la Chine ; mais malheureufement ce qu'on en lit dans les relations des Jéfuites, eft un amas de fictions, & comme il faut prouver les qualifications par les chofes, nous donnerons ici malgré nous la defcription du prétendu tombeau de l'empereur *Schi-chuan-di*, en nous fervant des propres expreffions du pere du Halde.

Ce prince, dit-il, choifit pour fa fépulture le Mont Ly. En bas il fit creufer, pour ainfi dire, jufqu'au centre de la terre. En haut il fit élever un maufolée, qui pouvoit paffer pour une montagne : il étoit haut de cinq-cent pieds, & avoit de circuit au moins une demi lieu. Au dedans étoit un vafte tombeau de pierre, où l'on pouvoit fe promener auffi à fon aife, que dans les plus grandes fales. Au milieu étoit un riche cercueil. Tout autour étoient des lampes & des flambeaux entretenus de graiffe humaine. Dans la capacité de ce tombeau étoit d'un côté un étang de vif-argent, fur lequel étoient répandus des oifeaux d'or & d'argent ; de l'autre côté, un appareil complet de meubles & d'armes,

sur les Egyptiens & les Chinois.

d'armes. Çà & là mille bijoux des plus précieux. Non-seulement on y avoit dépensé des sommes immenses; mais il en avoit coûté la vie à bien des hommes. Outre les gens du palais qu'on y avoit fait mourir, on comptoit par dix mille, les ouvriers qu'on y avoit enterrés tout vivants........ On vit tout-à-coup les peuples, qui ne pouvoient plus supporter le joug, courir aux armes. Hang-Si rasa ces vastes enceintes : il y restoit encore le cercueil, lorsqu'un berger, dit-on, cherchant au milieu de ces masures une brebis égarée, y laissa tomber du feu qui consuma tout. (*)

Il ne faut point soumettre à une critique sévere une telle description ; puisqu'elle révoltera assez par elle-même tous ceux qui la liront. Car enfin, ces lampes entretenues de graisse humaine, & ces canards d'or qui nagent sur du mercure, & cela dans un tombeau, sont des prodiges si puérils, que nos plus méprisables auteurs de Romans ne les imagineroient point en écrivant des contes de Fées. Et le pere du Halde eût pu exagérer sur la Chine ou d'une maniere plus ingénieuse, ou d'une façon moins grossiere.

On entrevoit seulement au travers de ce nuage de fables, deux faits qui sont vrais.

D'abord il est question d'un tombeau de bois, que l'incendie a consumé : ensuite il est question encore de quelques malheureux égorgés dans ce tombeau-là.

L'empereur *Schi-chuan-di*, issu d'une famille Chinoise du *Tsin*, haïssoit mortellement les Tartares, & leur fit de temps en temps la guerre : ainsi ce n'est point des Tartares, qu'il emprunta l'usage d'immoler des victimes humaines ; mais il trouva cet usage subsistant à la Chine, où il a

---

(*) *Descript. de la Chine.* T. II. pag. 546.

subsisté jusqu'à nos jours. Et nous doutons extrêmement qu'il soit aboli. Ce qui nous a fait naître de grands & de tristes doutes à cet égard, c'est que les jésuites disent que l'empereur *Cam-hi* fit une loi, par laquelle on défendoit de sacrifier des esclaves à la mort des princes du sang : & dans un temps postérieur à cette prétendue loi on étrangla encore des femmes aux obseques du prince *Ta-vang*, le propre frere de l'empereur *Cam-hi*. Cette exécution est si récente, que des personnes actuellement vivantes à Pékin peuvent en avoir été témoins.

Si les Chinois persistent dans l'infanticide avec cette férocité brutale, dont on a tant parlé, il n'est pas absolument étonnant de les voir persister dans l'immolation des victimes humaines : car, n'étant pas éclairés par les lumieres de la philosophie, il leur est pour le moins aussi difficile de faire des progrès dans la morale que dans les arts & les sciences. Aux obseques des particuliers, on jette dans le feu des statues de carton, qui représentent des servantes & des valets : or, on peut présumer, que la cérémonie d'exécuter ainsi des domestiques en effigie, a été imaginée par les pauvres, qui n'avoient point d'esclaves pour les pendre ou les brûler à leur enterrement : car on conçoit bien qu'il n'y a jamais eu à la Chine que les empereurs & les princes, qui aient pu offrir de tels sacrifices. M. le Gentil dit à cette occasion dans son *Voyage autour du Monde*, qu'il y a un grand mélange de coutumes Indiennes parmi tout ce qui s'observe dans les funérailles des Chinois ; ce qui n'est point étonnant ; puisque leur religion n'est qu'un cahos de pratiques dont les unes viennent des Indiens & les autres des Scythes, qui enterroient toujours, dit Hérodote, quelques esclaves & quelques concubines avec le cadavre de leur souverain, ce qui est fort conforme à ces horreurs qui se passerent sous *Cam-ki* aux obseques de *Ta-vang* à Pekin.

La passion des Chinois pour le nombre neuf doit aussi être comptée parmi les superstitions qui leur sont communes avec les Tartares. On voit dans leur pays beaucoup de clochers ou de tours à neuf étages, bizarrerie qui n'a d'autre fondement que leur penchant pour ce nombre mystérieux, suivant lequel on fait aussi la plus humiliante révérence qu'on ait pu imaginer, lorsqu'on se présente devant les empereurs de la Chine qui veulent qu'on se courbe neuf fois jusqu'à terre devant leur trône; & on voit par l'histoire de *Gengis-Kan*, que ce cérémonial, digne des plus méprisables esclaves, étoit aussi établi à la cour de ce prince (*).

Parmi toutes ces tours à neuf étages il n'y en a pas à la Chine qui soit de porcelaine, comme des exagérateurs l'ont débité dans leurs relations, sans qu'on puisse même savoir sur quoi une telle fable est fondée. Il s'agit d'un clocher qu'on rencontre aux environs de *Nankin*, & où les Tartares ont fait employer des briques d'une argille assez bonne, & sur lesquelles on a imprimé des figures au moyen d'un moule. Le pere du Halde, après avoir donné une espece de description de ce bâtiment, qu'il tâche d'embellir tant qu'il peut, en empruntant le style romanesque du P. le Comte, finit enfin par ces termes. *Voilà*, dit-il, *ce que les Chinois appellent la tour de porcelaine; & que quelques Européens nommeroient peut-être la tour de brique* (**). Oui sans doute, car il n'y a pas une seule piece de porcelaine, ni rien de semblable.

(*) *Petit de la Croix*, Hist. de Gengis-Kan. p. 79.
(**) *Descript. de la Chine*. Tom. II. pag. 111.

Du reste cette tour se fait distinguer singulièrement par un degré de solidité, qu'on n'est point accoutumé de voir dans les constructions de ce pays. Aussi n'est-ce proprement pas un ouvrage Chinois; mais un monument érigé par les Mongols sous *Koublaï-Kan*, comme un trophée pour perpétuer la mémoire de sa conquête. Et voilà pourquoi les Mandhuis l'ont respecté: tandis que beaucoup d'autres mauvais bâtiments, qui se trouvoient dans le voisinage de *Nankin*, furent pillés, saccagés ou brûlés, lors de la prise de cette ville, où l'on ne put faire observer parmi des troupes victorieuses une discipline aussi sévere, que les Mandhuis eux-mêmes l'eussent souhaité. Les Chinois prétendent qu'on porta l'excès jusqu'au point de raser les sépultures impériales qui étoient dans ces environs: il est vrai qu'on y voyoit jadis de prodigieux espaces plantés de cyprès autour de quelques édifices de bois. Mais ce n'est point un grand malheur, que ces forêts sacrées & aussi inutiles aux dieux qu'aux hommes, aient été réduites en cendres; de sorte qu'on peut actuellement y labourer la terre. Nieuhoff, qui passa quelque temps après à *Nankin*, dit que la tranquillité étoit déjà rétablie dans cette ville: ainsi il faut regarder comme une fable ce que rapporte le pere le Comte, qui prétend que les Tartares y mirent toutes les femmes Chinoises dans des sacs, sans distinction d'âge ou de rang, & les vendirent au plus offrant. Il ajoute même que ceux, qui avoient acheté des personnes décrépites, les jetterent dans la riviere: ce fait ne paroît avoir d'autre fondement que la coutume où sont les Tartares, lorsqu'ils gagnent une bataille, de couper les oreilles aux morts, & d'en remplir neuf sacs, comme ils l'ont fait souvent en Pologne, & comme ils le firent

sur les Egyptiens & les Chinois. 29

encore en Bohême en 1242, après avoir vaincu le duc Henri de Lignitz. Et l'empereur de la Chine ayant défait en 1696 quelques corps d'*Eleuths* & de *Calmoucs*, il ordonna de couper leurs longs cheveux tressés, dont on remplit également neuf sacs.

La tour de brique à neuf étages, dont on vient de parler, est garnie au dehors, comme plusieurs autres, de quelques rangs de sonnailles, qui étant agitées par le vent font un bruit très-désagréable. Là-dessus on a prétendu que cette sorte de carillon avoit beaucoup de rapport avec celle d'un monument Etrusque, qu'on place près de *Clusium*; & les Etrusques, ajoute-t-on, étoient dans une liaison intime avec les Egyptiens, dont ils copioient sans cesse les ouvrages. Mais il suffira d'observer que Pline donne assez ouvertement à entendre que ce monument de *Clusium* n'avoit jamais existé: sans qu'on puisse savoir aujourd'hui si Varron avoit lui-même pris plaisir à l'imaginer, ou si ce qu'il en rapporte, étoit extrait de quelque roman obscur & décrié (*). Quant à cette correspondance étroite entre les Etrusques & les Egyptiens, elle ne paroît fondée que sur un passage mal compris de Strabon & sur les opinions de quelques Italiens modernes comme Buonarotti; car l'abbé Winckelman n'a pu découvrir entre les monuments de ces peuples aucune ressemblance; ce qui n'est point surprenant; puisqu'il y a bien de l'apparence qu'ils se connoissoient aussi peu les uns les autres que les Lappons connoissent les Espagnols.

Les Chinois sont si persuadés qu'on ne peut rien voir de plus grand, ni de plus magnifique

---

(*) Pline semble insinuer que la description du monument de *Clusium* étoit tirée de ce ramas de fables qu'il appelle *fabulæ Etruscæ*.

en architecture que leurs tours à neuf étages, qu'ils en font des modeles en bois hauts de deux pieds, qu'ils recouvrent ensuite de lames de nacre de perles, & qu'ils tâchent de vendre ainsi aux marchands d'Europe, sans jamais oublier d'y mettre de petites statues, que les missionnaires nomment des idoles, & que nous nommerons, d'un terme moins dur, des magots; quoiqu'elles représentent sûrement des génies tutelaires & des divinités locales : car ces clochers, sur lesquels les voyageurs ont proposé tant de conjectures, ne sont en quelque sorte que des pagodes, ou en font partie. C'est aussi de là qu'on donne l'allarme pendant les incendies, & qu'on marque les veilles & les heures indiquées par les clepsydres ou les sabliers, qui n'approchent pas à beaucoup près de la justesse requise; avant l'an 1560 il n'y avoit point, dans toute la Chine, un seul bon cadran solaire, ni un seul lettré instruit des premiers éléments de la gnomonique, ni capable enfin, dit le pere Greslon, de calculer l'ombre méridienne d'un style.

Quant aux *Pai-leou*, que les relations désignent ordinairement sous le nom d'arcs de triomphe, on n'en connoît pas dont l'architecture approche seulement de ce que nous appellons le nouveau Gothique, & la plupart ne méritent pas, de l'aveu même du P. le Comte, qu'on s'arrête pour les considérer (*). Cependant la passion d'en ériger est très-grande ; & les moindres villes en font construire de bois, qu'on feroit beaucoup mieux d'employer à bâtir des maisons pour ces misérables Troglodytes de la Chine, dont je parlerai dans l'instant. Au reste il faut observer que ce goût ne fut jamais

---

(*) *Nouveaux mémoires sur la Chine.* Tom. I. Let. iii.

celui des Egyptiens; puisqu'on n'a pas trouvé dans toute l'Egypte le moindre vestige d'un arc de triomphe, élevé avant la conquête des Grecs ou plutôt avant celle des Romains: car ce qu'on voit dans les environs d'*Ensené* ou d'*Antinoopolis*, est un ouvrage de l'empereur Hadrien, & il me paroît que ce n'est proprement qu'un portique.

Parmi les *Pai-leou* de la Chine, on n'en distingue pas dont la structure & les caracteres remontent à une haute antiquité, & il faut à cette occasion observer que le P. du Halde regarde l'inscription de la colonne d'airain érigée, selon lui, vers l'an cinquante après notre ére, comme une des plus anciennes de tout l'empire (*); mais cette colonne, qui doit exister sur les frontieres du *Tunquin*, est un monument très-suspect, qu'aucun voyageur n'a jamais vu: car on prétend que les *Tunquinois* l'ont caché sous un prodigieux monceau de pierres, où il doit, par conséquent, être fort difficile de l'appercevoir. D'ailleurs quand on a égard à cette longue suite de siecles, dont nous parlent les sinceres chroniqueurs de la Chine, il faut avouer qu'une inscription, qui ne remonteroit qu'à l'an cinquante, seroit une chose très-moderne. Il nous a été impossible de savoir si l'on remarque réellement, comme on le dit, des caracteres sur quelques pans de la grande muraille ou du *Vanly-czin*, & s'ils n'y ont point été ajoutés pendant les restaurations faites à ce rempart, il est sûr, qu'il faut les rapporter à une époque antérieure à l'érection de la colonne d'airain.

L'intérieur des maisons Chinoises est d'une grande simplicité, de même que dans tous les

---

(*) *Descript. de la Chine.* Tom. I. pag. 70.

autres états despotiques de l'Asie, ou la misere du peuple & sa défiance continuelle s'opposent à l'acquisition d'un grand nombre de meubles : on y enterreroit plutôt l'argent que de le soumettre à de tels hazards ; & on tâche d'y faire servir les mêmes ustenciles à différents usages. Cependant, ni en Turquie, ni en Perse ; on ne rencontre pas dans les campagnes des familles aussi misérables, aussi dénuées de toutes les commodités de la vie, qu'on en voit en différents endroits de la Chine. Car sans parler de celles qui, dans les provinces Méridionales, subsistent uniquement de la pêche, & qui vivent sur des barques, où les peres & les enfants manquent d'habits, il y en a d'autres auxquelles de simples trous creusés en terre servent d'habitation. A trente *lis* de *Ho-lou*, après avoir traversé la bourgade de *Tchan-ngan*, dit le pere Fontenay, on voit des familles entieres de Chinois qui demeurent dans des grottes ; car la Chine, ajoute-t-il, a aussi ses Troglodytes (*). En effet on en rencontre encore en grand nombre au delà de la ville de *Ping-ting*, qui ont fait des cavernes larges de dix à douze pieds, & longues de vingt. Dans de tels trous on compte quelquefois plus d'un ménage.

Il est croyable que ces Troglodytes, désespérés de temps en temps par la misere, s'associent aux voleurs, & à ces bandes d'hommes, qui à la suite de quelques troupeaux errent dans l'intérieur des provinces où il n'y a pas de culture, & où il ne sauroit y en avoir. On peut rendre cela sensible par l'exem-

---

(*) *Journal d'un voyage depuis* pekin *jusqu'à* Kiangtcheou.

sur les Egyptiens & les Chinois.

ple même d'une contrée de l'Europe, c'est-à-dire par l'exemple de l'Espagne, où des nomades conduisent leurs troupeaux, depuis Lérida en Catalogne, jusqu'aux plaines de l'Andalousie, sans trouver la moindre barriere dans tout ce prodigieux district : or il est aisé de concevoir qu'en un pays régulièrement cultivé on ne laisseroit nulle-part passer ces nomades, qui ne sauroient faire paître leur bétail que sur des landes ou des champs abandonnés, auxquels personne ne s'intéresse, & dont on ne soucie pas même de fixer les limites.

Il n'est pas rare de trouver dans les immenses solitudes de la Chine & même dans celles de la Tartarie, des temples & des bonzeries où quelques moines ont fait des logements commodes, des jardins & des bosquets admirables, qu'ils arrosent par les eaux qu'on force de descendre des montagnes en forme de cascades. Ces hermites, qui ne valent pas plus que ceux de l'Europe, ne dormiroient point une nuit à leur aise, si les brigands de la Chine avoient moins de religion ; mais ils respectent ces pagodes, ou ne les pillent qu'à la derniere extrêmité. D'ailleurs il se peut que ces bonzes solitaires s'entendent avec les voleurs, & recelent de temps en temps leurs captures. On voit encore ici la connexion qu'il y a entre ces monasteres bâtis dans des déserts ; & ceux qu'on rencontre en des lieux semblables du Portugal & de l'Espagne. Enfin, malheur aux pays où il y a des nomades & des hermites.

Ce n'est qu'aux environs de quelques villes principales de la Chine qu'on découvre, par ci, par là, des bourgades dont les maisons sont couvertes de tuiles. Car à mesure qu'on avance dans le centre du pays on n'apperçoit plus que des chaumieres de terre battue, avec des toits de joncs; & dans beaucoup de villes du second ordre les murs des logis ne font auſſi que d'argille.

Comme on n'y a jamais pu réuſſir dans aucune opération de la verrerie, il n'y exiſte aucune apparence de vitrage même dans les palais. La ſale, ou l'empereur *Cam-hi* donna audience à un ambaſſadeur de Ruſſie, n'avoit, dit Brandt, que de mauvais chaſſis de papier (*). Car la verrerie établie par ce prince, n'étoit pas alors, & n'eſt pas encore en état de couler des glaces. Dans quelques provinces on emploie aux fenêtres des tafetas cirés, des coquilles & même des lames de nacre de perle, comme l'on en voit auſſi dans la cathédrale de *Goa*; mais cette matiere étant encore moins diaphane que la corne & la pierre ſpéculaire des anciens, dont on trouve quelques reſtes dans des égliſes d'Italie, elle tranſmet auſſi moins de jour, & éclaire très-mal les appartements.

Il eſt ſingulier de voir les architectes de la Chine élever des rochers artificiels dans ce qu'ils appellent des jardins. Et enſuite ils oſent demander aux Européens, ſi nous avons des ouvriers qui pourroient en cela les égaler. Mais on devroit leur répondre, que pour mettre au hazard des pierres les unes ſur les

---

(*) *Beſchreib. einer. groſſen Chineſiſchen Reiſe. I.* 192.
Brandt dit auſſi que cette ſale n'avoit ni lambris, ni platfond; de ſorte qu'on en voyoit le toit par dedans, comme dans beaucoup d'autres bâtiments Chinois, qui ont eu une tente pour modele. Il faut obſerver encore que les colonnes n'en ſont pas toujours rondes; mais coupées ſouvent à cinq ou ſept faces.

autres, il ne faut avoir ni génie, ni art, ni industrie, ni goût, ni enfin aucune notion du beau & de l'utile. Aussi feroit-on infiniment mieux de semer, dans ces endroits, du riz ou du froment, pour rendre moins funestes les famines qui désolent si souvent la Chine. On assure que ce pays a bien deux mille montagnes ; ainsi c'est une fureur de vouloir en augmenter le nombre, en rendant de plus en plus inégal ce qu'on devroit tâcher d'applanir.

On est assez généralement prévenu, sans qu'il soit besoin d'insister beaucoup à cet égard, que ni le quartier Chinois, ni le quartier Tartare de Pékin n'ont des temples, dont la structure ou la magificence se fasse distinguer des édifices publics des autres villes. L'empereur, qui peut seul offrir des sacrifices aux génies du ciel & de la terre, des montagnes, des vallées & des rivieres, ne les offre jamais que sous des tentes ; & non ailleurs. Cette coutume, qu'on doit regarder comme très-ancienne, est aussi très-conforme à ce que nous avons déjà observé par rapport à l'état primitif des Chinois dans la vie pastorale, & lorsqu'ils campoient encore à la maniere des Tartares. Ces tentes destinées aux sacrifices, se dressent pendant les jours de fête dans le *Tien-tang* & le *Ti-tang* : après la cérémonie, on les abat, & on les conserve avec les vases sacrés, les ustensiles & les tablettes dans deux édifices particuliers : celui, qu'on a consacré au génie du ciel, est rond ; quoique le ciel ne soit pas rond : celui, qu'on a consacré au génie de la terre, est quarré, suivant l'admirable cosmographie des *Han-li* & des profonds lettrés de la Chine, qui ont déterminé que notre monde étoit un cube, & non pas un globe ; & il a fallu à toute force que les architectes se se soient soumis, comme ils ont pu à cette décision. M. Chambers, qui ignoroit ces particularités, se trompe beaucoup, lorsqu'il compare les pavillons Chinois aux temples monopteres des anciens. Ces sortes de comparaisons sont si outrées, qu'on pourroit par ce moyen découvrir toute l'architecture Grecque dans les palais de Pekin, tel qu'Isbrant s'Ides nous le dépeint. D'ailleurs M. Chambers ne paroît point avoir eu connoissance d'un fait qui concerne les pagodes de *Fo*, qu'on voit à la Chine : un voyageur nous a assuré que leur plan & leur disposition intérieure sont presqu'en tout point conformes au plan & à la disposition des pagodes qu'on rencontre en différents endroits de l'Indostan. Ainsi on ne peut presque pas douter que cette maniere de bâtir n'ait été inconnue aux Chinois avant l'établissement du culte de *Fo*, dont l'époque ne remonte point à notre ére vulgaire : car quand même on admettroit que *Laokium* avoit fait un voyage aux Indes, comme on le dit avec beaucoup de vrai-semblance, il est certain, qu'il n'établit point la véritable religion des Indiens à la Chine.

Quant à l'état de l'architecture chez les Egyptiens, c'est un sujet immense ; mais nous avons tâché de renfermer dans quelques pages ce qu'il y a de plus intéressant à savoir. Chez ce peuple on bâtissoit toujours : un grand ouvrage en produisoit un autre encore plus grand : si la fortune eût écarté de dessus sa tête le joug des Persans & celui des Grecs, on l'auroit vu raser les montagnes de la Thébaïde, plutôt que de rester à ne rien faire. Tous les obélisques se ressemblent tellement, que, quand il n'y a point de caracteres, il est assez difficile de les distinguer les uns des autres, il paroît donc qu'on auroit dû une fois se lasser d'élever des monuments si semblables : cependant on ne s'en lassa jamais : les derniers rois, comme Amasis & Nectanebe, en faisoient tailler tout comme on en tailloit plusieurs milliers d'années avant leur naissance.

Je pense que M. le Roi s'est trompé, lorsqu'il a prétendu que la *cabane rustique* avoit servi chez les Egyptiens, comme Vitruve dit qu'elle servoit chez les Grecs ; c'est-à-dire de modele aux plus superbes édifices, que les hommes aient construit sur la surface de la terre (*). Tout démontre que les Egyptiens, avant que d'être réunis en corps de nation, vivoient comme des Troglodytes dans les creux des rochers de l'Ethiopie. De sorte que c'est bien plutôt une grotte qui a servi de modele aux premiers essais de leurs architectes, qu'une cabane. Les sauvages de la Grece au contraire dûrent se construire des huttes à cause de la diversité du climat & du sol, qui ont en tout ceci une grande influence : aussi n'y eut-il jamais aucun rapport entre les combles des temples de la Grece & les combles des temples de l'Egypte, qui étant entiérement plats n'avoient point été, par conséquent, copiés d'après le toit de la *cabane rustique* de Vitruve.

Le pharaon Amasis, fit venir des environs d'Eléphantine un grand morceau de rocher intérieurement creux, qu'on plaça dans la ville de *Saïs* devant le portique du temple de Minerve. Les Grecs, qui composoient les mots comme ils vouloient, ont appellé cette pierre vuide, une *chambre monolithe* ; mais quelque

---

(*) *Ruines des plus beaux monuments de la Grece. T. I. nouvelle édit.*

nom qu'on puisse lui donner, il est manifeste que l'idée en avoit été prise d'une grotte.

Quand on réfléchit aux excavations prodigieuses que les Egyptiens ne cessoient de faire dans leurs montagnes, & à la passion singuliere de leurs prêtres pour les souterrains où ils consumoient une moitié de leur vie, alors on ne doute pas que ce penchant ne leur fût resté de leur ancienne maniere de vivre en Troglodytes. De là provient le caractere imprimé à tous leurs édifices, dont quelques-uns paroissent être des rochers factices, où des murailles dont l'épaisseur excéde vingt-quatre pieds, & où des colonnes dont la circonférence excede trente pieds, ne sont point absolument rares. S'il y a quelque chose qu'on puisse comparer à ce que ce peuple singulier a construit sur la terre, ce sont précisément les travaux qu'il a fait sous terre. Quelques auteurs de l'antiquité ont très-bien su qu'à cent-soixante pieds sous le fondement des pyramides existoient des appartements qui communiquoient les uns avec les autres par des rameaux, qu'Ammien Marcellin a nommés d'un terme Grec, des *Syringes* (*). Il n'y a maintenant qu'un seul de ces conduits qu'on connoisse ; c'est celui qui perce le pied de la plus septentrionale de toutes les pyramides ; & qui se comble d'année en année par le sable qui y découle ou par les débris qu'on y jette : cependant Prosper Alpin assure que de son temps, c'est-à-dire vers l'an 1585, un homme y étant descendu avec une boussole, il parvint jusqu'à l'endroit où ce chemin couvert se partage en deux branches, dont l'une court vers le Sud, & dont l'autre se rapproche

_____

(*) *Lib.* XXII.

du rhomb de l'Eſt; ce que les voyageurs, qui ſont ſurvenus long-temps après, comme Maillet, Greves, Thévenot, Vanſleb & le pere Sicard, n'ont plus été en état d'obſerver; car je ne parle point ici de Belon, dont la négligence à décrire ce monument, eſt telle qu'il ne vaut pas la peine de lire ce qu'il en dit (*).

Hérodote a indubitablement ſu qu'en deſcendant ſous terre, on pouvoit enſuite remonter dans les chambres de la pyramide du labyrinthe : or comme cela eſt exactement de même dans celle de Memphis, dont on connoît aujourd'hui la diſpoſition intérieure, il eſt aiſé de ſe perſuader que cette conſtruction a été propre à tous les monuments de cette forme : c'eſt-à-dire qu'ils devoient avoir des ſouterrains où l'on parvenoit par des routes cachées, telles que celle qu'on a découverte ſous le trentieme degré de latitude, & qu'on a priſe ſi mal-à-propos depuis le temps de Pline pour un puits; quoiqu'il ſoit impoſſible que l'eau puiſſe y entrer; elle n'entre point même dans les catacombes de *Sakara*, ſituées en un terrain encore bien moins élevé; car toutes ces excavations ſont pratiquées dans des couches de pierres calcaires qui ne tranſmettent pas la moindre humidité. Un *Serapeum*, ou une chapelle de Sérapis, dont la poſition eſt indiquée par Strabon au milieu des ſables mouvants à l'Occident de *Memphis*, paroît avoir été le véritable endroit, qui renfermoit les bouches des canaux ou des galeries par leſquelles on alloit juſqu'aux fondements des pyramides de Gizeh.

(*) Il fait *à la pag. 228 de ſes obſervations*, la caiſſe de la grande pyramide une fois plus longue qu'elle ne l'eſt.

Quant aux cryptes & aux grottes de l'Heptanomide & de la Thébaïde, on connoît celles d'*Alyi*, celles d'*Hipponon*, qui pouvoient bien contenir mille chevaux : on connoît celles de *Speos Artemidos*, celles d'*Hiéracon*, de *Sélinonte*, d'*Anteopolis*, de *Silfili* ; on connoît les fyringes ou les allées fouterraines, indiquées par Paufanias dans les environ de la ftatue vocale (*). Enfin, les voyageurs en découvrent tous les jours ; car on n'en a pas découvert jufqu'à préfent la centieme partie. Non qu'il faille abfolument admettre la tradition, qui a eu cours dans l'antiquité au fujet du terrain où étoit fituée la ville de Thèbes & qu'on fuppofoit avoir été tellement excavé dans toute fon étendue, que les rameaux des cryptes paffoient fous le lit du Nil (**). Ce qui peut avoir accrédité ce bruit ; c'eft qu'on voit effectivement fur les deux bords de ce fleuve beaucoup de grottes comme entre *Korna* & *Habou*, où l'on veut que les premiers rois de l'Egypte aient logé avant la fondation de Thèbes.

En allant de *Korna* vers le Nord-Oueft on trouve les excavations nommées par les Arabes *Biban-el-Moluk*, fur la deftination defquelles il n'y a jamais eu de doute, ni parmi les anciens, ni parmi les modernes : ce font les tombeaux des premieres dynafties ou des premieres familles royales ; & ceux, qui placent les corps des anciens pharaons dans des pyramides, font tombés, comme l'on voit, en une erreur très-grave. Car à *Biban-el-Moluk* on ne découvre pas une feule pierre qui approche de la figure pyramidale : ce qui nous confirme de plus en plus dans

---

(*) *Lib. I. in Attic. Cap. XLII.*
(**) *Plin. hift. nat. Lib. 36. Cap. XIV.*

sur les Egyptiens & les Chinois.

l'idée qu'on n'a jamais renfermé aucune momie en quelque chambre des pyramides de *Memphis*, mais bien à plusieurs pieds de profondeur sous les fondemens de ces édifices, dont la forme n'avoit dans la religion Egyptienne, aucun rapport avec celle des tombeaux.

Quelques-unes des grottes, dont on a parlé jusqu'à présent, ont servi à contenir des cadavres embaumés, qu'on y dressoit sur les pieds pour ménager la place. Et cette regle paroît avoir été assez généralement observée, hormis à l'égard des rois, dont on couchoit le corps dans des sarcophages; car, il ne faut pas prendre à la rigueur, comme on l'a fait, un passage de Silius Italicus, qui d'ailleurs ne concerne pas l'attitude qu'on donnoit aux momies dans les caveaux, mais celle où on les plaçoit dans les maisons; quoiqu'on puisse douter que jamais les Egyptiens aient mis les morts autour de la table où mangeoient les vivans, comme ce mauvais poëte l'insinue (*).

Mais il y a eu en Egypte d'autres souterrains, qui n'étoient pas des sépulchres, ni rien d'approchant, comme l'antre de Diane ou le *Speos Artemidos*, qu'on retrouve aujourd'hui à *Beni-Hasan*, & dont les figures & les ornemens n'ont pas été exécutés par des sculpteurs Grecs. Il est sûr que cet antre a été un temple de Diane ou de Bubaste : & on en rencontre de semblables creusés dans le roc au centre de l'Ethiopie (**), où suivant la relation de Bermudez, il doit exister, tout comme en Egypte,

---

(*) ------- *Ægyptia tellus*
Condit odorato post funus stantia busto
Corpora; & à mensis exsanguem, haud separat umbram.
Lib. XIII.

(**) *Alvarez* Rerum Æthiopicar. Cap. 44. 55.

un nombre prodigieux d'excavations très-profondes, dont quelques-unes servoient aux prêtres à faire des sacrifices ou des initiations, & au fond desquelles ils se retiroient même pour étudier (*). On nous parle d'un certain Pancrate qui n'étoit pas sorti une fois de ces sombres demeures en vingt-quatre ans. Et on a toujours soupçonné avec beaucoup de vrai-semblance, qu'Orphée, Eumolpe & Pythagore y avoient également été admis.

Quand on considere cette maniere de méditer sous terre, alors on n'est point étonné que les prêtres en aient contracté l'habitude de cacher sous un voile presque impénétrable tout ce qu'ils savoient & tout ce qu'ils croyoient savoir. Ce qui fait que, dans beaucoup de circonstances, il est aussi difficile de déterminer jusqu'où s'étendoit leur érudition, que de savoir jusqu'où s'étendoit leur ignorance. Et voilà pourquoi on a porté des jugements si opposés touchant les bornes de leur philosophie, que les uns renferment dans un cercle très-étroit, & que les autres portent à l'infini. Mais ce qu'il y a ici de vraiment intéressant à observer, c'est que cette coutume des prêtres de se retirer dans des souterrains; a donné lieu aux mysteres de l'antiquité, dont sans cela il n'eût jamais été question dans le monde. On voit que par tout où on reçut les mysteres de l'Egypte, on suivoit aussi l'usage de les célébrer dans des grottes ou des souterrains ; & ce ne fut que long-temps

---

(*) *Prophetæ Ægyptiorum non permittunt ut metalli artifices, sculptoresque deos repræsentent, ne à recepta abeant forma ; sed illudunt vulgo, dum in templorum atriis accipitrum, ibidumque rostra sculpi curant, subeuntes interea sacra subterranea quæ profundis illorum mysteriis velamento sunt.* Synesius. pag. 73.

après, & lorsque cette inſtitution avoit été fort altérée, qu'on fit à cet égard des changements. L'vêque Warburton a rempli toute l'Europe de ſes erreurs touchant le prétendu ſecret qu'on révéloit aux perſonnes initiées en Egypte ; parce qu'il a pris pour une piece authentique, la lettre écrite par Alexandre à ſa mere : tandis qu'elle a été manifeſtement ſuppoſée par quelques chrétiens. C'eſt la fraude pieuſe la plus groſſiere, dont j'aie jamais oui parler ; & M. Silhouette qui a traduit des fragments de Warburon, auroit dû s'appercevoir qu'il eſt ridicule de mettre en Egypte un grand-prêtre, nommé *Léon* : car jamais, avant la conquête d'Alexandre, aucun prêtre Egyptien ne ſe nomma *Léon* : c'eſt comme ſi l'on diſoit, qu'il y a eu un empereur de la Chine, qui s'appelloit Charles-Martel (*) J'inſiſterois ici davantage ſur la ſuppoſition de cette lettre ; ſi elle n'étoit aujourd'hui reconnue pour apocryphe par tous les véritables ſavants. D'ailleurs, comment eût-on pu révéler que les dieux de l'Egypte avoient été des hommes ? puiſqu'on ſait maintenant à n'en plus douter, que jamais les Egyptiens n'adorerent des hommes déifiés ; & qu'ils avoient pour cette eſpece de culte une horreur inconcevable.

Les myſteres paroiſſent avoir été dans leur origine une inſtruction ſecrette, qu'on ne donnoit qu'aux prêtres, qui avant leur conſécration eſſuyoient une terreur panique ; & ce n'étoit que par des routes ténébreuſes qu'on les conduiſoit enfin dans un endroit fort éclairé ;

(*) *Diſſertations ſur l'union de la religion, de la morale & de la politique.* T. I. pag. 237. M Silhouette cite cette lettre d'Alexandre pour réfuter l'abbé Pluche, qui croyoit que les myſteres étoient relatifs à l'agriculture.

ce qui fit naître l'idée de copier les phénomenes de la foudre & du tonnerre, dont j'ai tant parlé dans le premier volume de ces recherches. Tous les prêtres de l'Egypte, sans en excepter un seul, devoient être initiés, comme Diodore le dit, à ce qu'on appelloit les *mysteres du dieu Pan* (*); de sorte qu'il n'y en avoit pas un qui n'eût essuyé la terreur panique dans l'obscurité des souterrains (**).

Ce goût pour les mysteres & les énigmes passa au peuple, & fit une partie de son caractere. Je ne nie point que les députés des provinces ou des nomes, n'aient pu de temps en temps traiter, dans leurs assemblées, d'affaires de la derniere importance, & qu'il convenoit de tenir très-secrettes; mais il faut avouer aussi, qu'il n'a pu tomber que dans l'esprit des Egyptiens, de faire assembler ces députés en un labyrinthe, où avant que de parvenir aux sales, il falloit traverser des allées aussi obscures que des caveaux, comme Pline s'en explique en termes non équivoques : *majore autem in parte*, dit-il, *transitus est per tenebras* (***).

Les Chinois n'ont pas, dans leur langue, de mot pour exprimer un labyrinthe, comme ils n'ont pas, dans tout leur pays, un seul édifice, qui approche de cette forme. J'ose même mettre

---

(*) *Pān*, en Grec, *Tout*.

(**) Il n'y a pas d'apparence que les Egyptiens aient admis aux grands mysteres des personnes qui n'étoient point de l'ordre sacerdotal, si l'on en excepte peut-être Pythagore. Quant aux petits mysteres, on y admit avec le temps tous ceux qui se présentoient, hormis les criminels publics. Les vagabonds, qu'on prenoit pour des prêtres Egyptiens dans la Grece & l'Italie, se faisoient payer fort cher pour leurs initiations ou leurs mysteres, que les farceurs jouoient aussi, afin de gagner de l'argent.

(***) *Lib. 37. Cap. XIII.*

en fait qu'il seroit aujourd'hui impossible de leur en donner une idée, soit par le moyen d'un plan, soit par le moyen d'une description. Car les savants de l'Europe ne sauroient se flatter d'avoir acquis des notions bien claires sur le labyrinthe, dont il doit certainement exister des ruines très-considérables; mais les voyageurs ne les cherchent point où elles sont, & s'égarent tous en allant trop à l'Ouëst. On pardonne volontiers à un homme tel que Paul Lucas, qui ne savoit pas écrire, & à M. Fourmont son rédacteur, d'avoir pris les masures du château de Caron pour les débris du labyrinthe; mais que le P. Sicard & M. Pococke soient aussi tombés dans cette erreur, c'est ce qui a lieu de nous surprendre. Ce prétendu château de Caron, dont nous avons vu différents plans, semble avoir été une chapelle de Sérapis, qui n'a ni pyramide, ni aucune apparence de dédale, ni même cent pieds de long; tandis que Strabon assure que ceux qui montoient sur la terrasse du labyrinthe, voyoient autour d'eux comme une campagne couverte de pierres taillées, & terminée par un édifice de figure pyramidale.

On conçoit par-là combien d'obstacles & de difficultés on rencontre en étudiant les monuments d'une contrée, sur laquelle les modernes conspirent avec les anciens à nous donner sans cesse des notions fausses. Pour ce qui est des anciens, il paroît assez probable, que ce qui les a le plus trompés, c'est qu'ils étoient à la discrétion d'une espece d'hommes, qu'on nommoit les interprêtes, dont le college avoit été établi sous Psammétique, & qu'on pourroit presque comparer à ceux qu'on nomme à Rome des *Ciceroni*. Les philosophes, qui vouloient véritablement s'instruire en Egypte, étoient contraints d'y séjourner pendant plusieurs années, comme Pythagore, Eudoxe & Platon; mais les voyageurs, qui ne faisoient qu'aller & venir comme Hérodote, sans savoir un mot de la langue du pays, ne pouvoient s'adresser qu'aux interpretes, qui connoissant le penchant des Grecs pour le merveilleux, les amusoient comme des enfants, en leur faisant des contes aussi indignes de la majesté de l'histoire, qu'opposés aux lumieres du sens-commun. C'est vraisemblablement d'eux que vient la tradition encore adoptée de nos jours touchant les pyramides, qu'on prétend avoir été élevées malgré les prêtres de l'Egypte, & en dépit de toutes leurs protestations contre de tels ouvrages : tandis qu'on voit très-clairement, que ce sont sur-tout les prêtres qui ont présidé à ces constructions, & qui les ont orientés exactement, soit par l'ombre d'un style, soit par l'observation d'une étoile au passage du méridien. Et ils n'ont jamais déclaré quel pouvoit avoir été en cela leur but, & probablement pas même à Thalès, sur lequel Pline & Plutarque rapportent un fait trop faux & trop choquant pour que je puisse ici le passer sous silence : ils veulent que ce Grec ait enseigné aux Egyptiens à mesurer la hauteur des pyramides par le moyen de l'ombre; ce qui ne peut se faire en aucun temps de la maniere dont Pline & Plutarque se le sont imaginés (*). Thalès, en arrivant de Milet à Héliopolis, étoit d'une ignorance profonde, & ne savoit absolument rien ni en ma-

___

(*) Pour mesurer la hauteur d'une pyramide par son ombre; il faut, avant tout, mesurer un côté de la base, & en connoître le milieu. Or, comme Pline & Plutarque ne disent pas que Thalès commença par cette opération, on sent bien que ce qu'ils en rapportent, est une fable.

thématiques, ni en aſtronomie : le peu qu'il a ſu depuis, il l'avoit appris des prêtres de l'Egypte, dont il fut l'écolier pendant pluſieurs années. Il ne faut donc pas dire, qu'un tel homme ait été en état de rien enſeigner à ſes maîtres ; & nous devons croire pour ſon honneur, que ce n'eſt pas lui, qui a débité cette fable ; ſans quoi ſon ingratitude ne pourroit que nous révolter.

Ceux qui prétendent qu'on a orienté les pyramides pour ſe procurer une méridienne inébranlable, afin de s'appercevoir un jour ſi les poles du monde changent ou ne changent point, n'y avoient pas réfléchi, & ne ſavoient eux-mêmes ce qu'ils diſoient. Car, en ce cas, une ſeule pyramide eût ſuffi, & on n'en auroit pas hériſſé toute la côte de la Libye, depuis *Memphis*, juſqu'au Labyrinte.

Il n'eſt point vrai non plus qu'elles aient ſervi de gnomons, opinion ſoutenue très-mal à propos par quelques écrivains modernes : car, pour les anciens, ils n'ont eu garde de rien penſer, ni de rien écrire de ſemblable ; puiſqu'ils paroiſſent avoir eu quelque connoiſſance du phénomene de la conſomption de l'ombre. Il eſt vrai que Solin, Ammien-Marcellin & Caſſiodore s'expriment là-deſſus d'une maniere extrêmement impropre & tout ce qu'on peut conclure de leurs expreſſions ; c'eſt que, ſuivant eux, les pyramides ne jettent jamais de l'ombre en aucune ſaiſon de l'année, ni en aucun inſtant du jour; & cela arrive, ſelon Marcellin, par un mécaniſme de leur conſtruction, *mecanicâ ratione*. Mais avouons que cet homme a dit là quelque choſe qui choque toutes les loix de la nature (*).

(*) *Solin. Polyhiſt. Cap. XLII.*

Voici en peu de mots de quoi il est question.

La plus grande des pyramides située sous le vingt-neuvieme degré, cinquante minutes & quelques secondes de latitude Nord, commence vers l'équinoxe du printemps à ne plus jeter d'ombre a midi hors de son plan; & on peut alors se promener autour de cet immense monceau de pierres, qui s'éleve à plus de cinq cent pieds, sans perdre le soleil de vue. Les architectes ont pressenti cet effet, qui résulte nécessairement de la figure pyramidale & de la largeur de la base; ce qui fait que l'ombre méridienne se réfléchit pendant la moitié de l'année sur la face Septentrionale, & ne parvient point à terre, ou au plan, de l'horizon. Si l'on vouloit faire un mauvais cadran solaire, il seroit impossible d'en faire un plus mauvais que celui de la grande pyramide; puisqu'on ne sauroit trouver même par ce moyen le jour du solstice d'été : car, alors l'ombre remonte tellement qu'on a peine à l'appercevoir, lorsqu'on est placé au pied de la face Septentrionale.

Cependant le célèbre chronologiste de Vignoles, a cru que les prêtres trouvoient les équinoxes à l'aide de leurs pyramides ; (*) ce

---

Am. Marcel. hist. Lib. XXII. sub fin.... Cassiodor. Variarum. Lib. VII.

Comme Solin est le premier qui paroît avoir répandu cette erreur, nous citerons ici ses propres termes :

Pyramides turres sunt in Ægypto fastigiatæ ultra celsitudinem omnem, quæ fieri manu possit, itaque mensuram umbrarum egressæ, nullas habent umbras.

Cela n'est tout au plus vrai qu'à midi au jour du solstice d'été, & entre les deux équinoxes.

(*) *De Annis Ægyptiac. in Miscell. Berolinens. Tom. IV.*

C'est par hasard que la grande pyramide commence

qu'il n'eût jamais cru, s'il avoit eu des plans exacts de ces monuments, & sur tout de bonnes cartes de l'Egypte telles que celles dont nous nous sommes servis.

Il faut savoir que les Egyptiens n'avoient pas déterminé le rapport qu'il doit y avoir entre la largeur de la base, & la hauteur perpendiculaire d'une pyramide quelconque : or, comme ils ont extrêmement varié à cet égard, il est clair qu'ils n'ont jamais pensé à chercher par cette méthode les jours équinoxiaux ; qu'ils trouvoient, suivant Macrobe, par de simples styles, & même, comme on l'a prétendu, par leurs horloges d'eau. Voici donc un fait dont M. de Vignoles n'a pas eu la moindre connoissance : la pyramide, que les Arabes nomment *el Harem el Kieber el Koubli*, a une base beaucoup plus large, eu égard à sa hauteur, que la grande pyramide de *Memphis* ; ainsi il est certain qu'elle a commencé & commence encore long temps avant l'autre à consumer sa propre ombre à midi, & n'indique, en aucune maniere que ce soit, les Equinoxes. On pourroit d'ailleurs demander comment s'y prenoient les prêtres attachés au college de Thebes ; puisqu'on sait qu'il n'a jamais existé de pyramide dans la Thébaïde, quoiqu'en dise Abulféda. Cependant, ce college étoit le plus célebre de tous par ses connoissances astronomiques, comme il étoit aussi le premier par l'époque de sa fondation.

---

vers l'équinoxe à consumer son ombre à midi ; puisqu'il y en a d'autres qui commencent plutôt. Pour ce qui est de trouver par ce moyen les Solstices, nous dirons que la plus grande ombre méridienne de la pyramide de *Gizeh* & de toutes les autres indique le solstice d'hyver ; mais il eût été fort difficile de trouver celui d'été. D'ailleurs, il y a une très-grande pénombre qui eût rendu ces observations extrêmement vicieuses.

Ne prêtons donc pas aux Egyptiens des vues qu'ils n'ont point eues : car, s'ils avoient eu de telles vues, il faudroit avouer aussi que le sens commun leur auroit manqué ; puisqu'un simple style donne sur toutes ces choses des indications mille fois plus précises qu'une masse qui s'obscurcit elle-même.

Les pyramides ont été, tout comme les obélisques, des monuments érigés en l'honneur de l'être qui éclaire cet univers ; & voilà ce qui a déterminé les prêtres à les orienter. Il eût été très-aisé de pratiquer dans la capacité de ces édifices un grand nombre de sales sépulchrales pour y déposer les corps de toutes les personnes de la famille royale ; & c'est ce qu'on n'a néanmoins pas fait : puisqu'on n'y a découvert que deux appartements & une seule caisse, que, malgré l'autorité de Strabon, beaucoup de voyageurs éclairés comme M. Shaw, ne prennent pas pour un sarcophage où il y ait jamais eu un cadavre humain ; en effet, cela n'est pas même probable. On a hasardé à l'occasion de cette caisse mille conjectures : cependant je ne connois point d'écrivain, qui ait deviné que ce pourroit être là ce qu'on nommoit parmi les Egyptiens le *Tombeau d'Osiris*, comme il y en avoit beaucoup dans leur pays ; & la superstition consistoit à faire tomber tout autour de ces monuments les rayons du soleil, de façon qu'il n'y eût pas d'ombre sur la terre à midi pendant une moitié de l'année tout au moins : car, ce phénomène duroit plus long-temps par rapport aux pyramides méridionales d'*Hillahon* & *Hauara* vers l'extrêmité de la plaine connue sous le nom de *Cochome*, & que je regarde comme les plus anciennes ; puisqu'elles sont sans comparaison plus endommagées que celles de *Memphis*, qu'on croit pouvoir subsister encore pendant cinq mille ans à en juger par la dégradation, qui y est arrivée depuis le siecle d'Hérodote, jusqu'à nos jours : cet historien assure que de son temps on y voyoit beaucoup de figures & de caracteres sur les faces extérieures, qu'on n'y retrouve plus. C'est faute d'y avoir réfléchi, que M. Norden dit, dans son voyage de Nubie, que ces édifices doivent avoir été construits avant l'invention des caracteres hiéroglyphiques, ce qui choque toutes les notions de l'histoire. Et il seroit à souhaiter que la plupart des voyageurs fissent, avant leur départ, ou tout au moins après leur retour, de meilleures études.

Une obligation réelle qu'on a aux prêtres de l'ancienne Egypte, c'est d'avoir orienté les pyramides avec beaucoup d'exactitude, car, par-là nous savons que les poles du monde n'ont point changé & inutilement chercheroit-on sur toute la surface de notre globe quelque autre moyen pour s'en assurer : il n'en existe nulle part, & sur-tout point dans la Chaldée; pays sur lequel on s'est formé des idées très-fausses. S'il y avoit eu dans la Chaldée des constructions aussi solides que celles de l'Egypte, il en resteroit des ruines prodigieuses : mais comme on y a bâti avec des briques & du bitume, toutes les parties les plus élevées ont dû successivement s'écrouler, & ce n'est qu'à quelques pieds au-dessus des fondements où l'humidité a conservé la force & la tenacité du bitume, qu'on découvre encore quelques restes de maçonnerie, comme en un endroit qu'on prend pour l'emplacement du temple de *Belus*; mais ce sont là des choses qui ne méritent point qu'on en parle. D'ailleurs, dans quel cabinet de l'Europe a-t-on jamais possédé des statues où des monuments Chaldaïques ? tandis que tous les cabinets de l'Europe sont plus ou moins fournis d'antiques Egyptiennes. Je place au nombre des plus fortes exagérations de Ctésias & de Diodore de Sicile, l'obélisque qu'ils attribuent à Sémiramis, & que personne n'a jamais vu ; (*) pendant que tout le monde connoît les obélisques de l'Egypte, & il doit en avoir existé plus de quatre vingt de la premiere grandeur, dont l'érection n'étoit pas une chose aussi difficile qu'on se l'imagine, chez un peuple, qui à force de transporter de telles aiguilles, avoit acquis beaucoup d'expérience. Fontana, qui manquoit d'expérience, puisqu'il opéroit sur des tels blocs pour la premiere fois, y employa beaucoup plus de force qu'il n'en avoit besoin; car il attacha à l'obélisque du Vatican six cent hommes, & cent quarante chevaux : la résistance des cables & des cabestans étant connue, on a évalué que cette puissance eût élevé l'aiguille, quand même son poids eût excédé de cinq cent dix mille livres son poids réel, y compris l'armure. (**) Or, les Egyptiens n'ayant pas assis ces monuments sur des bases aussi hautes que celles qu'on leur a données fort mal à propos à Rome, ils ont pu avec quatre cent hommes & quatre vingt chevaux lever quelque obélisque que ce soit, en supposant même qu'ils ne se soient servis que de cabestans. Il ne faut point croire ce que disent quelques auteurs, d'un pharaon qui y employa vingt mille hommes, & fit attacher son propre fils au sommet de la pierre pour engager les

---

(*) Jackson prouve, dans ses *Antiquités Chronologiques*, que cet obélisque n'a jamais existé à Babylone.

(**) *Epistola de obelisco Roma 1586.*

sur les Egyptiens & les Chinois. 53
ouvriers à être sur leurs gardes, absurdité qui ne mérite point qu'on la réfute.

Ce qu'il y a de bien plus important à savoir, c'est qu'on se trompe généralement aujourd'hui au sujet des obélisques, qu'on dit avoir servi en Egypte de gnomons. Il suffit d'examiner attentivement leur position & leur forme, pour s'appercevoir qu'on n'y a jamais pensé : les Egyptiens élevoient toujours deux de ces aiguilles l'une à côté de l'autre, à l'entrée des temples; & lorsqu'il y avoit trois grandes portes, on y plaçoit jusqu'à six obélisques. Tout cela se voit encore de nos jours dans les ruines du temple de Phylé, dans celui de Thebes & à l'entrée de ce qu'on prend pour le tombeau d'Osimendué, mot visiblement composé de *Mendès* & d'*Osiris*.

Par-là on peut déjà s'appercevoir qu'il n'est point du tout question de gnomons, qu'il seroit absurde de poser si près les uns des autres sans que leur ombre se confondît. D'ailleurs, la partie supérieure de ces aiguilles, qu'on nomme le *Pyramidium* ne sauroit donner aucune indication précise, à moins qu'on n'y ajoute un globe, comme l'on fit à Rome sous Auguste & sous Constance. Et voila cependant ce que les Egyptiens n'ont jamais fait; puisqu'aucun auteur de l'antiquité n'en a parlé, & on voit par les tableaux tirés des ruines d'*Herculanum*, & beaucoup mieux encore par la Mosaïque de Palestrine, que les obélisques y sont toujours représentés sans globe. Aussi n'a-t-on pas trouvé dans la tête de ces monuments la moindre excavation pour y insérer le style ou la barre. Et quand un Romain nommé Maxime, qui étoit préfet de l'Egypte, voulut mettre un globe sur l'obélisque d'Alexandrie, il en fit tronquer le sommet ou la pointe, ce que les véritables Egyptiens eussent envisagé comme un sacrilege. Ainsi les membres de l'académie des inscriptions de Paris étoient fort mal informés, lorsqu'ils firent leur rapport à l'académie des sciences, qui vouloit être instruite exactement sur l'antiquité des globes supportés par les obélisques (*). Nous répétons encore une fois que ce n'a jamais été l'usage des Egyptiens.

Il est manifeste qu'on a abusé d'un passage d'Appion le Grammairien, qui prétendoit que Moïse avoit placé des hémispheres concaves sur des colonnes au lieu d'employer des obélisques ; mais il parloit de ces choses là d'une maniere qui prouve qu'il ne savoit point ce qu'il vouloit dire ; & le Juif Joseph encore plus mauvais raisonneur & plus ignorant Physicien qu'Appion, le réfute par des arguments pitoyables. Vitruve, Cléomede, Macrobe & Martien Capelle décrivent les horloges solaires - équinoxiaux dont on se servoit en Egypte, & par le moyen desquels Eratosthene mesura, ou vérifia la mesure de la terre (**). Ces horloges étoient réellement des hémispheres concaves du milieu desquels s'élevoit un style perpendiculaire ; mais le comble du ridicule seroit de vouloir avec Appion, qu'on eût placé ces cadrans sur des obélisques ou de hautes colonnes, où il eût fallu ensuite monter avec des échelles pour observer la déclinaison de l'ombre. Quoique les prêtres de l'Egypte employassent très-souvent ces instruments, ils faisoient néanmoins plus de cas de leurs

---

(*) *Mémoires de l'acad. des inscriptions.* T. III. p. 166.
(**) *Vitruv. architect.* Lib. IX. Cap. 9.... *Cleomed. de Meteorolog.... Macrob. in Som. Scip.* Lib. I. Cap. 10... *Mart. Capell. lib. de geometria.*

sur les Egyptiens & les Chinois. 55

hydroscopes ou des horloges d'eau ; & leur estime étoit fondée sur le besoin qu'ils en avoient pendant la nuit pour les observations astronomiques : non que j'aie jamais pu me persuader que la précision de ces horloges ait été aussi grande qu'Horus-Apollon le donne à entendre, en disant qu'elles se vuidoient exactement en un jour équinoxial (*).

Il ne nous a pas été possible de voir ni des sabliers, ni des clepsydres faits à la Chine ; mais nous savons, sans en avoir vu, qu'elles ne représentent point un singe qui urine, forme bizarre que les prêtres de l'Egypte avoient jugé à propos de donner à leurs horloges, d'ailleurs autrement graduées & divisées que celles de la Chine. Car douze heures Egyptiennes ne valent que six heures Chinoises (**). Et cette différence est plus essentielle qu'on ne seroit d'abord porté à le croire : enfin, elle est aussi essentielle que celle qui concerne la division des signes du Zodiaque chez ces deux peuples, qui n'ont presque rien de commun que ce que le hasard a pu produire.

Ce n'est point ici le lieu de dire ce qu'il faut raisonnablement penser des inscriptions gravées sur quelques obélisques : on sait que le P. Kircker a fait tous ses efforts pour persuader qu'elles ne renferment point des faits historiques, ou la narration de quelque événement. Mais le P. Kircker a ignoré que ces inscriptions sont des choses très-indifférentes par rapport à ce qui devoit constituer un obélisque proprement dit,

---

(*) *Voyez le* 15. *chap. du premier livre des Hiéroglyphiques d'Horus.*

(**) *Voyez* Bayer, *de Horis Sinicis*, & Ulug-Beig, *de Epochis celebr.*

C 4

puisqu'on en connoît jusqu'à trois de la première grandeur, qui étoient *purs*; c'est-à-dire, sans aucune apparence de caracteres sur les quatre faces. Cependant nous savons indubitablement qu'un de ces obélisques purs a été dressé pendant plusieurs siecles devant le temple du soleil; sans qu'on puisse accuser les prêtres & les sculpteurs d'avoir été trop ignorants pour y graver des caracteres hiéroglyphiques, comme Hardouin l'insinue si ridiculement au sujet d'une de ces aiguilles muettes, taillée par ordre du pharaon Nectanebe (*a*).

Comme un Arabe nommé *Abenephi*, & beaucoup d'autres écrivains, qui n'étoient point Arabes, ont confondu les obélisques, avec les prétendues colonnes Hermétiques, il convient de faire cesser la confusion, & de fixer les idées & les termes (*b*). Car enfin, ces choses n'avoient aucun rapport entr'elles.

Manéthon, pour composer l'histoire de l'Egypte, avoit consulté les *Stéles d'Hermès* dressés dans les syringes ou les allées souterraines (*c*); mais on ne trouve nulle part qu'il ait consulté les inscriptions gravées sur les obélisques. Il ne faut d'ailleurs pas prendre en un sens rigoureux ce mot de *Stéles* ou de colonnes Hermétiques: c'étoient tout au plus des cippes, & plus souvent encore des tables de pierre, ce que les alchymistes Arabes ont bien su, en nommant la plaque d'émeraude, dont nous avons parlé dans la section précédente, *la table smaragdine*, comme on dit *les tables du décalogue*.

(*a*) *In Plin. lib.* 36. *cap. XIV.*
(*b*) *Abenephi apud Kirck. in obélisco Pamphileo p.* 45.
(*c*) *Syncel, in chron. p.* 40.

Les écrivains de l'antiquité, & Manéthon lui-même, nous apprennent que les *Stéles* Hermétiques étoient renfermés dans la partie la plus secrette des temples, dans l'*adytum*, & même au fond des caveaux où les prêtres se retiroient pour les étudier (*a*).

Par-là on voit qu'ils différoient infiniment des obélisques, exposés aux yeux de tout le monde à l'entrée des principaux édifices publics; & sur des monuments ainsi exposés, & significatifs par leur figure, les inscriptions n'étoient point essentielles; tandis que les inscriptions seules constituoient les *Stéles* Hermétiques.

M. Jablonski, dont l'autorité sera à jamais d'un grand poids dans toutes ces matieres, a prouvé par d'invincibles arguments, que le *Thoth*, le *Mercure Trismégiste*, l'*Hermès* des Egyptiens, est un pur spectre mythologique; c'est-à-dire, un personnage qui n'a jamais existé (*b*). Cependant la distinction, qu'il fait entre l'ancien Hermès & le nouveau, n'est pas encore telle qu'elle devroit l'être. Tout le temps pendant lequel les prêtres ne graverent leurs hiéroglyphes que sur des pierres, est le temps du premier Hermès: les siecles postérieurs, pendant lesquels ils se servirent de livres composés de feuilles de *papyrus*, car ils n'osoient toucher des livres de parchemin, appartiennent au second Hermès; ces hommes-là parloient toujours allégoriquement, & ils ont trompé tous nos chronologistes modernes. C'est avec un plaisir mêlé de compassion, qu'on lit les disputes élevées entre ces prétendus calculateurs sur le

---

(*a*) *Apotelesmat. lib. V. vers. 2 & 3.* Édit. Gronovii.
(*b*) *Pantheon Egypt. lib. V. cap. 5.*

temps où vivoit Hermès : c'est comme si l'on disputoit sur le temps où vivoit la fée Urgande.

On peut croire que Pline s'est trompé, lorsqu'il a prétendu que le premier de tous les obélisques, que les Egyptiens aient dressé, est celui qu'on voyoit à Héliopolis, c'est-à-dire, à plus de cent soixante lieues de l'endroit où on l'avoit taillé. Il a embrassé cette erreur, parce que les Grecs ont aussi quelquefois employé ce terme d'*Héliopolis* pour désigner la ville de Thèbes, où il paroît qu'on a érigé les premiers obélisques devant les portes du temple de Jupiter Hammon, qu'on n'avoit pas négligé d'orner ; afin de donner du lustre à l'ancienne capitale de l'Egypte, dont quelques géographes modernes ont voulu fixer l'étendue sur des indications peu certaines. Mais M. d'Anville, qui a porté le circuit de Thèbes à neuf lieues, semble avoir outre-passé toutes les bornes, & même celles de la probabilité. Les jésuites, qu'on sait avoir exagéré grossiérement tout ce qui concerne la Chine, ne font l'enceinte de Pekin que de six lieues, qui se réduiroient à moins de deux ; si les maisons de Pekin étoient de trois étages : mais comme ce ne sont que des chétifs raiz-de-chaussée, ils occupent beaucoup plus de terrain que les villes régulièrement bâties en Europe. Cependant on peut, en moins de quatre heures, faire commodément à cheval le tour de cette espece de camp Chinois, que le feu pourroit consumer en un jour, sans qu'il en restât le moindre vestige ; tandis que le pere Boscowich soupçonne qu'après la destruction de Constantinople, il restera au moins quelques ruines de ses mosquées & de ses besesteins (*a*).

(*a*) *Journal d'un voyage de Constantinople en Pologne.* p. 9.

Les maisons de Thèbes étoient, au rapport de Diodore, de quatre à cinq étages: & si avec cela on portoit son circuit à neuf lieues, il en résulteroit le plus prodigieux amas d'habitations qu'on eût jamais vu sur la terre, sans même excepter Babylone, où beaucoup de maisons ne paroissent avoir été que des raiz-de-chaussée. Il faut distinguer la véritable enceinte de Thèbes, d'avec les habitations éparpillées en longueur sur les deux bords du Nil, & tout le merveilleux disparoîtra: Dydime, qui doit avoir eu connoissance d'une mesure prise à la rigueur, n'évalue la superficie de Thèbes qu'à trois mille sept cent arures, & je suis certain que c'est plutôt accorder trop, que trop peu: de sorte que nous trouvons ici une ville sans comparaison plus petite que Paris. La maniere, dont les anciens ont varié en se contredisant les uns les autres, prouve qu'ils n'étoient point d'accord sur le terme où Thèbes commençoit & sur le terme où elle finissoit; mais, proprement parlant, toutes les habitations, qui se trouvoient sur la rive Lybique n'appartenoient point à la ville (*a*).

Quant à Memphis, on fait son enceinte de trois lieues, & il ne faut pas douter qu'on n'y ait compris de grands étangs absolument comblés de nos jours, un parc ou une quantité de bosquets d'acacia, de palmiers, de sycomores;

___

(*a*) Il n'y a pas deux auteurs anciens qui s'accordent sur la grandeur de Thèbes; & on ne sauroit combiner la mesure indiquée par Dydime, ni avec celle de Caton cité par Etienne de Byzance, ni avec celle de Diodore, ni avec celle de Strabon, ni avec celle d'Eustathe, qui sont tous en contradiction les uns avec les autres.

On doit aussi avoir beaucoup exagéré la grandeur d'*Avaris*, située dans la Basse Egypte.

& enfuite tout le palais royal des pharaons, qu'on fait avoir été étendu en longueur d'une extrêmité de la ville à l'autre ; parce que c'étoit probablement un amas de différents logements où il y avoit des écuries, un ferrail & des chapelles. Au refte, Memphis ne s'aggrandit & ne fe peupla qu'à mefure que Thèbes devint déferte : car il ne faut point croire que ces deux villes aient été très-florissantes à la fois, ce que la population de l'Egypte ne permettoit point ; & fi on lit, dans l'ouvrage de M. d'Origny, que vingt mille villes ont pu y exifter fans faire aucun tort aux terres labourables (*a*), nous dirons que de telles affertions font des rêves, qui reffemblent à ceux que ce même auteur a eus fur l'ifle Eléphantine, dont l'étendue lui paroiffoit être prodigieufe ; & nous avons déjà eu foin d'avertir que cette ifle n'eft qu'un point de terre dans le Nil.

L'aggrandiffement de Ptolémaïs & d'Alexandrie fit tomber Memphis à fon tour, & la même révolution arriva lorfqu'on bâtit le Caire, fur lequel les voyageurs modernes fe font autant trompés, que les anciens fe trompoient touchant la prétendue grandeur de Thèbes. On peut être certain que l'enceinte du Caire, n'eft pas à beaucoup près de trois lieues de 2500 toifes chacune.

On tâchera de tenir un milieu entre la trop grande élévation que Diodore donne aux maifons de l'ancienne Egypte & l'état où les réduit M. Pococke, qui prétend que ce n'étoient que des tentes. Suivant cette bizarre idée toute une ville Egyptienne n'eût confifté qu'en un temple, & en une affemblée de gens qui campoient

---

(*a*) Voyez *l'Egyte ancienne*. Tom. I. chap. II.

sur les Egyptiens & les Chinois. 61

autour de ce temple. Mais M. Pococke est le seul qui ait jamais imaginé de faire camper les Egyptiens, sans s'appercevoir qu'ils avoient pour ce genre de vie une horrible aversion ; au point qu'ils ne permirent pas même aux Juifs de camper en Egypte, & il seroit à souhaiter que les Turcs eussent observé la même conduite à l'égard des Arabes Bédouins, auxquels ils ont permis de vivre sous des tentes ; ce qui a entraîné la ruine des différentes provinces. C'est une maxime qu'il ne faut jamais permettre dans quelque pays que ce soit, que des familles entieres entreprennent de camper.

S'il convient de mettre, comme nous l'avons dit, des bornes à la trop vaste étendue de Thèbes, il est également nécessaire de se désabuser sur le nombre des temples de l'ancienne Egypte, qui n'a point été aussi grand que quelques auteurs l'ont dit, avant qu'on en eût exactement reconnu les ruines. L'opinion la plus générale est que le tronc d'un palmier a servi de modele aux colonnes de tous ces édifices : mais si cela étoit vrai, ces colonnes se ressembleroient plus ou moins entre elles ; tandis qu'il n'y a rien de plus varié. C'est ce qu'on observe aussi par rapport aux chapiteaux : ceux, qui représentent une cloche renversée, ont été adoptés dans l'ordre Corinthien ; & on nomme encore aujourd'hui le corps du chapiteau Corinthien *Campane*. Ainsi l'aventure du panier trouvé par Callimaque, & autour duquel étoit crû de l'Achante, est une fable puérile, inventée par les Grecs, qui ont voulu nous persuader, qu'ils n'avoient rien emprunté de l'Egypte ; tandis que l'on voit manifestement le contraire. Les Grecs ont encore voulu nous faire accroire que les triglyphes employés dans le Dorique, représentent les extrémités des poutres, qui reposent sur l'architrave ; ce qui n'eſt point vrai à beaucoup près. Les triglyphes ſont de purs ornements de caprice, imaginés par les ſculpteurs ou les architectes de l'Egypte, qui ne bâtiſſoient jamais en bois, & les Grecs n'ont ajouté à ces ornements que les *gouttes*, qui n'y étoient pas fort néceſſaires. Ce qu'il y a de ſingulier, c'eſt qu'on n'a point retrouvé juſqu'à préſent, dans les ruines de l'Egypte, des colonnes dont les vertebres ſoient alternativement de marbre blanc & de marbre noir : cependant on aſſure que les Egyptiens eſtimoient beaucoup cette b.garrure, qui a dû produire un mauvais effet ; mais ſouvenons-nous toujours que les yeux des Orientaux ne ſont point faits comme les nôtres.

Je n'ai découvert dans les auteurs qu'une ſeule conſtruction où l'on eût effectivement pris le tronc du palmier pour modele des colonnes, afin de ſatisfaire le goût du pharaon *Amaſis*, qui fit travailler d'une maniere prodigieuſe dans la ville de *Saïs* ; & cela quelques années avant la chûte de la monarchie Egyptienne : d'où l'on peut juger que la paſſion de bâtir ne ſe ralentit jamais dans cette contrée, où la chaleur & la fertilité portent naturellement les hommes à la pareſſe. Ariſtote a bien ſoupçonné que les prêtres ne vouloient point que le peuple reſtât oiſif (*a*) ; mais indépendamment de tous les autres motifs purement politiques, les prêtres paroiſſent avoir été perſuadés que l'action & le mouvement étoient très-propres à entretenir la ſanté d'un peuple ſujet à la lèpre ; & pour empêcher les corvées de devenir inſupportables, ils avoient inſtitué beaucoup de jours de fête ou de repos. Sous

---

(*a*) *Ariſtot. de* Républic. *lib. V, cap.* 2.

un climat aussi ardent que le leur, ce tempérament n'étoit point mauvais ; mais il ne vaudroit rien dans nos climats froids, où les forces s'épuisent beaucoup moins en un temps égal. S'il est vrai que tous les colleges de l'Egypte aient témoigné du mécontentemnt au sujet de la conduite du roi *Chéops*, ce n'est sûrement point parce qu'il faisoit travailler à une pyramide ; mais parce qu'il faisoit travailler pendant les jours de fête ; quoique le récit d'Hérodote à cet égard soit une pure fiction, qui choque toutes les idées que nous avons du gouvernement de l'Egypte, bien moins despotique que les écrivains modernes le prétendent. Il est ridicule sur-tout de leur entendre dire que dans un pays de liberté comme l'Angleterre, on ne s'aviseroit pas d'élever des pyramides ; tandis qu'on a calculé qu'en Angleterre la culture des campagnes exige neuf fois plus de travail qu'en Egypte ; & si les Anglois vouloient donner une liste exacte de tous ceux qui périssent en mer pendant le cours d'une année, soit par le naufrage, soit par d'autres accidents, on verroit que leur marine absorbe plus d'hommes dans le cours d'un an que la construction de toutes les pyramides n'en a pu absorber en un long laps de siecles. Il ne faut donc pas comparer entr'elles des choses, qui ne sont nullement comparables : comme l'agriculture n'occupoit point assez les Egyptiens, & comme la marine & le commerce extérieur ne les occupoient pas du tout, il falloit les appliquer à d'autres travaux. Quand on réfléchit à l'état florissant de leur pays sous les pharaons, & à l'état misérable & malheureux où il fut réduit sous les empereurs chrétiens depuis Constantin, & ensuite sous les Turcs, alors on se persuade aisément que l'ancienne forme du gouvernement n'étoit pas aussi mauvaise que de petits esprits le disent.

On a sans doute beaucoup exagéré un événement qui, s'il étoit arrivé comme on le décrit, eût encore été un événement très-imprévu. On veut que le pharaon *Necho*, en faisant creuser un fossé de communication entre le Nil & le golfe Arabique, ait perdu cent vingt mille hommes. D'abord il n'est point croyable que cent vingt mille hommes aient pu périr en travaillant à un fossé que Ptolémée Philadelphe fit faire dans un autre endroit, sans qu'il lui en ait coûté un ouvrier.

Voici ce qui a pu donner lieu à tous ces bruits populaires.

Les prêtres de l'Egypte désapprouvoient hautement le projet de faire communiquer la mer Rouge avec le Nil : ils avoient même publié un oracle pour détourner le pharaon *Necho* de son entreprise; car, ayant une connoissance bien exacte du local, ils savoient d'avance qu'un tel fossé ne serviroit jamais à rien. Or, voilà ce que l'événement a prouvé ; puisque Ptolémée ne put réussir à établir un port pour le commerce des Indes & de la côte d'Afrique, dans l'endroit où son canal se déchargeoit dans le golfe Arabique. Il fallut établir ce port beaucoup plus au Sud ; ce qui rendoit tous les travaux faits sur l'isthme de *Suez* inutiles : car, qu'il me soit permis de dire que Strabon doit s'être bien trompé, s'il a cru qu'on pouvoit naviguer sur ce fossé avec de gros vaisseaux très-chargés; puisque Cléopatre n'y put même faire passer de petites galeres, en un instant de crise où il s'agissoit de sa vie & de son empire.

On avoit fait accroire de nos jours aux Turcs, que s'ils vouloient s'enrichir prodigieusement & tout à coup, il n'y avoit qu'à r'ouvrir l'ancienne communication entre le Nil & le port

sur les Egyptiens & les Chinois. 65
de *Suez*. Mais l'homme, que la Porte envoya sur les lieux pour y examiner les choses, déconseilla cet absurde projet au sultan. En effet, si un prince tel que Ptolémée, qui avoit entre ses mains une branche du commerce des Indes, ne put tirer aucun avantage sensible de ce canal, qu'en feroient les Turcs ? qui n'ont que douze ou treize mauvais vaisseaux qui ne sortent jamais du golfe Arabique, & qui viennent chercher les marchandises des Indes à *Giddah*, où les Européens en apportent annuellement pour quinze ou seize millions de livres. Quand on compte ce que les Turcs perdent par les naufrages en retournant de *Giddah* à *Suez*, alors on voit qu'ils feroient mieux d'aller débarquer leurs cargaisons à *Bérénice* ; & de prendre ensuite le chemin de terre, comme on le faisoit sous les Ptolémées. Mais il y a actuellement dans la Thébaïde deux tribus de voleurs ou d'Arabes Bédouins, connus sous le nom de *Beni-Vhaffel* & d'*Arabdé*, qui rançonneroient vrai-semblablement les caravanes. Comme les Turcs ont très-mal gouverné les pays qui leur sont soumis, ils méritent qu'on les vole comme ils ont volé & opprimé les autres.

Quant au fameux lac *Mœris*, on ne peut juger de sa véritable situation qu'en jetant un coup-d'œil sur la carte qui accompagne ces recherches ; & où on le verra placé au Nord de la ville des Crocodiles, ou de ce qu'on nomme aujourd'hui la province de *Feium*.

Le pere Sicard est tombé dans une erreur fort grave, lorsqu'il a reculé le *Mœris* trop au Sud, en le convertissant en un long canal, parallele au lit du Nil, & dont nous avons également indiqué la trace. C'est avec surprise qu'on a vu M. d'Anville adopter cet arrangement inconnu à des géographes tels que Strabon & Ptolémée,

& inconnu encore à des historiens tels qu'Hérodote & Diodore, qui dit positivement que le *Mœris* étoit à peu de distance de la ville des Crocodiles (*a*), Et ce passage qui contribue à en fixer la situation, doit avoir échappé à M. d'Anville (*b*).

D'un autre côté les habitants du pays assurerent à Hérodote que ce lac communiquoit avec la Syrte d'Afrique par un conduit souterrain, dirigé vers l'Occident, & qui passoit derriere la montagne de Memphis. Or, il n'y a pas d'autre grand dépôt d'eau en Egypte, qui eût pu avoir un conduit, qu'on supposoit passer derriere la montagne de Memphis, que le lac qu'on connoît aujourd'hui au Nord de la province de *Feium*. Et on peut être certain que c'est là le véritable *Mœris*, comme Strabon & Ptolémée n'en ont point douté un instant. Ainsi il y a une fausse indication dans la carte de l'Egypte de M. d'Anville, & cette erreur se trouve reproduite dans sa grande carte d'Asie; parce qu'il a accordé trop de confiance aux mémoires du pere Sicard, qu'une mort prématurée avoit empêché de lire les auteurs anciens avec assez d'attention. Il faut observer que c'est par une suite de ces combinaisons mal liées entre elles, qu'on voit aussi paroître dans la carte de M. d'Anville deux labyrinthes en Egypte; quoique toute l'antiquité n'en ait connu qu'un seul;

(*a*) *Bibliot. lib. II.*

(*b*) Ce géographe veut prouver, dans ses *Mémoires sur l'Egypte ancienne & moderne p.* 151, qu'Hérodote & Diodore en parlant du lac *Mœris*, ont pris la mesure de surface pour la mesure de circuit : mais c'est-là une erreur où un enfant de dix ans ne tomberoit pas. Les Grecs n'étoient point si imbécilles ; mais ils étoient exagérateurs.

& c'est vraiment ici qu'il ne falloit pas multiplier les êtres sans nécessité.

Le lac *Mœris* a de nos jours onze lieues & demie de long, & trois lieues dans sa plus grande largeur; ce qui forme un espace assez étendu pour que ceux, qui ne le mesurent qu'à l'œil, puissent se tromper considérablement, selon la position où ils se trouvent. Quand on le regarde d'Orient en Occident, il paroît plus grand qu'il ne l'est : quand on le regarde du Sud au Nord, il paroît plus petit qu'il ne l'est. Comme aucun naturaliste n'a eu occasion de l'observer, on ne sait point s'il s'est formé par les eaux du Nil, qui s'y déchargent, ou si c'est un vestige de la mer Méditerranée, comme l'a cru le géographe Strabon, qui peut avoir raison en un certain sens : car je soupçonne que les Egyptiens ont creusé dans cet endroit pour dessécher la province de *Feium* ou le nome Arsinoïte, qui paroît avoir été anciennement un marais tout comme le *Delta*. Quand ils eurent mis ce canton à sec, on y fit venir de l'eau douce, en ouvrant un canal qui semble avoir eu sept rameaux ou sept embouchures, par lesquelles il se déchargeoit dans le lac *Mœris*, comme le Nil dans la Méditerranée (*a*).

Après ces éclaircissements, on conçoit que les Egyptiens ont pu soutenir que ce lac même étoit un ouvrage de leurs mains, ou un effet de leur industrie. Et en faveur d'un travail si utile on leur pardonne la superstition touchant le rapport qui devoit exister entre le nombre des embouchures & le nombre des planettes.

(*a*) Des sept embouchures que doit avoir eu le canal qui se décharge dans le lac *Mœris*, il y en a encore six qu'on remarque distinctement quand le Nil se déborde, & quand on ouvre les digues.

Quant au conduit souterrain, par lequel Hérodote dit que le *Mœris* communiquoit avec la Syrte, nous n'en avons aucune connoissance: mais comme ce Grec n'entendoit pas la langue Egyptienne & que les interpretes lui expliquoient peut-être mal les choses, il se peut qu'il est question d'une trace connue sous le nom de *Fleuve sans eau*, & que quelques voyageurs ne regardent pas comme un ouvrage fait de main d'hommes.

Ce que les cartes Françoises nomment le *Bathen*, & les cartes Allemandes le *Gara*, est le vestige d'un grand canal ou d'un ancien lit du Nil; & c'est cette lagune qui a induit le pere Sicard en erreur.

Les architectes de l'Egypte étoient infiniment plus habiles lorsqu'il s'agissoit de conduire les eaux & de creuser des fossés, que quand il falloit élever un bâtiment superbe & régulier. Le grand temple d'*Héliopolis*, où l'on n'avoit épargné ni le travail ni la dépense, n'étoit néanmoins qu'une fabrique vraiment barbare, sans goût & sans élégance; comme Strabon le dit de la maniere la plus positive. Il en est de l'architecture, comme de la peinture, de la sculpture & de la musique: jamais les Orientaux n'ont pu, malgré leurs efforts, porter cet art au dernier degré de sa perfection; parce que leur esprit est trop déreglé, ou, ce qui est la même chose, trop ennemi des regles.

On sait que le comte de Caylus a mis en fait que les architectes de l'Egypte ignoroient la pratique de construire des voûtes; ce que M. Goguet a voulu démontrer jusqu'à l'évidence en faisant graver tout exprès les estampes qu'on peut voir dans son livre sur l'origine des sciences & des arts. Mais Corneille de Bruyn, qui à la faveur de quelques flambeaux, étoit parvenu à deſſiner une vue de l'obſcure galerie de la grande pyramide, a prétendu que cette galerie étoit voûtée (*a*) Pline en dit tout autant de quelques appartements inférieurs du labyrinthe : M. Thévenot en dit encore tout autant de quelques caves à momies. Et enfin, M. Pococke a découvert un arc Egyptien dans la province de *Feium*. Ainſi M. Goguet & le comte de Caylus ne paroiſſent point avoir bien examiné toutes ces choſes. Il ſe peut que la difficulté de ſe procurer le bois néceſſaire pour les échaffaudages & les ceintres a empêché les architectes de l'Egypte de voûter les grands temples, ou bien cette maniere de bâtir ne leur a pas paru aſſez ſolide ſuivant leurs idées d'indeſtructibilité. La diſette du bois eſt, comme on ſait, extrême dans cette contrée : or, en couchant des pierres plattes ſur les têtes des colonnes, ils n'avoient beſoin que de quelques échafauds : mais s'ils avoient voulu voûter ce prodigieux temple de Thèbes, ils auroient eu beſoin d'une forêt.

Les Egyptiens paroiſſent être le premier de tous les peuples, qui ait cru qu'on pouvoit fortifier un pays comme on fortifie des citadelles : car, il faut regarder le grand rempart de l'Egypte comme beaucoup plus ancien que le rempart de la Médie, dont nous indiquerons la poſition dans l'inſtant.

Séſoſtris, dont on fait ſi mal à propos un conquérant, tâcha de mettre un peu ſon royaume en état de défenſe en élevant une muraille, qui alloit par une ligne oblique depuis la ville du

---

(*a*) *Reizen door klein Aſia. Fol.* 193. Ce voyageur appelle le haut de cette galerie *gewelf*, terme dont il ne ſe feroit jamais ſervi, s'il n'eût été perſuadé que c'étoit une voûte.

soleil située hors du *Delta*, jusqu'à Péluse, par un trajet de quinze cent stades de la petite mesure, & qui étant évalués comme ils doivent l'être, font précisément trente lieues de 2500 toises chacune. Ce prétendu héros vouloit principalement empêcher les pasteurs de l'Arabie de rentrer en Egypte, d'où on les avoit chassés; parce que leurs excès y étoient parvenus à un degré insoutenable; & ce qu'il y a de singulier, c'est que les Arabes Bédouins, qui campent aujourd'hui insolemment sur les ruines d'Alexandrie, ont conservé parmi eux la tradition de cette longue muraille, laquelle renfermoit tous les défauts imaginables, car elle aboutissoit, comme on vient de le dire, à Péluse (*a*). Ainsi il ne s'agissoit que de s'emparer de cette ville pour rendre inutiles tous les travaux de Sésostris, qu'on laissoit à sa gauche; & on remontoit ensuite le Nil sans obstacle comme le fit Cambyse, & comme le fit encore Alexandre.

Ce grand mur de l'Egypte a disparu sans qu'on sache comment; mais il y a de l'apparence qu'on le rasa lors de la conquête des Persans; car, il n'existoit déjà plus sous Artaxerxe *Mnémon*, c'est à dire en un temps où les Egyptiens, soutenus par les troupes auxiliaires de Lacédémone & d'Athenes, firent un dernier effort pour briser leurs chaînes, qu'ils ne briserent point. Alors, le pharaon Nectanebe retrancha de nouveau par des murailles tout le bord du Nil le long du bras Pélusiaque; & Chabrias,

___

(*a*) *Diodor. Bibl. lib. I. cap.* 57. Il eût été plus court pour bien fermer l'Egypte, de bâtir une muraille depuis Péluse jusqu'à la ville des héros; & j'avois d'abord cru que le texte de Diodore avoit été altéré, & qu'il falloit y lire *Héroopolis* au lieu de *Héliopolis*, mais d'autres considérations ne permettent point d'adopter cette leçon.

qui commandoit sous lui les Grecs, couvrit une seconde fois les avenues de Péluse d'un boulevard qu'on nommoit le *Charax Chabriæ* (a). Mais il ne reste non plus de vestige de ces ouvrages que de ceux de Sésostris : on ne les retrouve que dans l'histoire & dans la carte qu'on a dressée, afin d'en donner au lecteur une notion plus précise.

M. de Maillet prétend qu'on découvre dans l'heptanomide quelques pans d'une autre rempart construit par les Egyptiens, & qui doit avoir eu plus de vingt-quatre pieds d'épaisseur (b); mais l'existence en a été inconnue à tous les auteurs de l'antiquité, & elle me paroît très-suspecte; à moins qu'on n'ait voulu couvrir par ce retranchement ce qu'on nomme aujourd'hui la plaine de l'*Araba*, & où il peut réellement y avoir eu des terres cultivées dans l'espace qu'on a ponctué sur la carte aux environs d'*Alabastronpolis*; & où l'on voit aussi une gorge entre des montagnes, qu'il importoit peut-être de boucher.

Comme on a soutenu que cette idée de fermer son pays par des murailles, met une grande conformité entre les Egyptiens & les Chinois, il faut démontrer ici que cette idée est venue à toutes les anciennes nations policées, qui ont eu dans leur voisinage des barbares ou des nomades, qui ne cultivant pas la terre, sont le fléau de tous ceux qui la cultivent. Car, la vie pastorale que des historiens, qui n'étoient point philosophes, ont cru être le véritable état de l'innocence, excite tellement au brigandage,

---

(a) *Plin. lib. V. cap.* 20 . . . . *Diodor. lib. XIV. cap.* 22.
(b) *Joseph. Ant. Judaïc. lib. XIII. cap.* 23.

qu'il n'y a presque pas de différence entre le terme de nomade & le terme de voleur; parce que dans cette vie pastorale le droit des gens péche singulierement.

Un grand mur assez bien imaginé, si l'on n'en considere que la position, est celui qui fermoit la vallée entre le Liban & l'anti-Liban pour arrêter les Arabes Scénites. Cet ouvrage avoit été prodigieusement fortifié ; mais il n'existoit déja plus au temps de Pline, qui en parle comme d'un monument dont on conservoit seulement la mémoire, mais on peut en voir une description plus détaillée dans Diodore de Sicile (*a*).

On sera surpris que les Juifs aient aussi entrepris de bâtir une muraille longue de cent cinquante stades, & déployée depuis la ville de *Joppé* jusqu'a la ville d'*Antipatris* (*b*) : ce rempart fut, comme tous les autres, d'abord renversé ; & les Juifs, qui prétendoient le défendre contre Antiochus, s'y laisserent battre de la maniere la plus infame.

En allant de *Joppé* toujours le long des côtes de la Méditerranée, on rencontroit le grand mur qui environnoit toute la province de Pamphylie & une partie de la Pisidie. Des voyageurs faisant vers la fin du dix-septieme siecle, le trajet d'Anthalie à Smyrne, découvrirent les débris de cet immense boulevard (*c*), dont aucun auteur ancien n'a parlé ; tellement qu'on ne sait ni par qui, ni quand il a été construit ;

_____

(*a*) Spon, *Miscell. erudit antiquitat. sectio. IV. in-fol*
(*b*) *Expedit. des dix mille. liv.* 2.
(*c*) *De Mirabilibus. cap. IX.* Les trente milles Romains, qu'Ampélius donne à la muraille de la Médie, ne font que dix parasanges. Ainsi il faut corriger son texte, & lire *soixante milles*, qui font les 20 parasanges de Xénophon a trente toises près.

mais

mieux entreprendre des courses par-tout où il y avoit quelque espoir de pouvoir piller. On les appelloit les voleurs par excellence ; parce qu'ils faisoient encore mieux ce métier que les Juifs & les Arabes ; & presque aussi bien que les Algériens font la piraterie. Les Romains les châtierent plus d'une fois ; mais ils redevinrent formidables sous le regne de Valens & sous celui de ses successeurs ; de sorte que sans entrer dans plus de détails à cet égard, on peut regarder le rempart de la Pamphylie comme un ouvrage du bas-empire, & nous en indiquerons d'autres, qui remontent à la même époque.

En passant de là dans le centre de l'Asie, on trouvoit la grande muraille de la Médie, alongée à peu près du Tigre à l'Euphrate. Xénophon, le seul historien qui ait parlé de cet ouvrage comme l'ayant vu, au moins dans sa partie Orientale, en fixe la longueur à vingt parasanges (a), mesure qu'on ne peut guere accorder avec celle de Lucius Ampélius (b). Mais ce qu'il y d'impardonnable dans Ampélius, c'est d'avoir placé ce rempart au nombre des merveilles du monde : il étoit élevé, à la vérité de cent pieds Grecs & en avoit au moins vingt d'épaisseur ; & malgré tout cela ce n'étoit pas une merveille du monde : comme on l'avoit cimenté avec du bitume, on pouvoit aussi par le moyen du bitume l'entamer, en y appliquant des gâteaux allumés, pour calciner les endroits, qu'on se proposoit d'ouvrir. Artaxerxe, dans la vue de prévenir

---

(a) *Expedit. des dix mille. liv. 2.*

(b) *De Mirabilibus. cap. IX.* Les trente milles Romains, qu'Ampélius donne à la muraille de la Médie, ne font que dix parasanges. Ainsi il faut corriger son texte, & lire *soixante milles*, qui font les 20 parasanges de Xénophon à trente toises près.

de tels accidents, avoit fait tirer de larges foffés, dans lefquels le Tigre dérivoit ; tellement que pour protéger un ouvrage très-foible, il en avoit entrepris un autre, qui n'étoit pas plus fort.

On voit clairement que ces prodigieufes fortifications, dont il n'eft refté aucune ruine fur la furface de la terre, avoient été faites dans le deffein d'affurer Babylone & la partie méridionale de la Babylonie contre les invafions d'un peuple, qui habitoit les confins de l'Arménie, & de la Méfopotamie ; & ce peuple ne peut jamais avoir été fort nombreux : car il occupoit des montagnes auffi ftériles que celles de l'Ifaurie, & je crois que les *Satchlis*, qu'on trouve vers le *Senjar*, en font un refte.

Comme c'étoit la folie des Grecs & des Romains d'attribuer à Sémiramis toutes les conftructions, qu'ils rencontroient au-delà de l'Euphrate, ils n'ont pas manqué de lui attribuer auffi le mur de la Médie. Mais, fi cela étoit bien vrai, il s'enfuivroit que les Affyriens, qui trembloient alors devant une petite nation fauvage, n'étoient point en état de faire trembler à leur tour l'Afie en la couvrant d'armées innombrables. Mais fouvenons-nous toujours, que cette hiftoire des Affyriens & de Sémiramis n'a pas été écrite par des philofophes.

Avant que de parvenir au *Van-ly* de la Chine, on trouvoit jadis à l'Orient de la mer Cafpienne deux murs, qui ont fait partie de la chaîne de retranchements, dont on a environné prefque toute cette prodigieufe portion du globe, que nous appellons la Tartarie, comme les anciens l'appelloient la Scythie ; & quoique cette dénomination foit fort impropre, il n'eft guere poffible d'en trouver une plus commode pour défigner une foule de nations prefque toutes nomades & ambulantes.

Parmi les déserts de l'Hyrcanie, qui sont sablonneux, il y a un canton privilégié d'une extrême beauté, & qu'on connoît dans la Géographie sous le nom de Margiane : Alexandre en fut si charmé, qu'il résolut d'y fonder une ville ; mais ce projet qui n'eut pas lieu de son vivant, fut repris par Antiochus fils de Séleucus Nicator, qui s'apperçut bien que toutes les terres, qu'on y défricheroit, seroient ravagées par les Scythes, si on ne les arrêtoit d'une maniere ou d'une autre : là-dessus il se détermina à envelopper toute la Margiane d'une muraille de quinze cent stades ; qu'on ne sauroit évaluer à moins de quarante-cinq lieues ; & c'étoit, par conséquent, un ouvrage qui n'a point dû échapper à nos recherches (a). Quand on sait que cette ville fondée par Antiochus, a été depuis pillée, saccagée & brûlée plus d'une fois par les Tartares, alors il est superflu d'observer que ce boulevard de la Margiane rentre dans le cas de tous les autres par son inutilité la plus complette.

Sous le quarante-deuxieme degré de latitude Nord a existé le grand mur de l'*Irak*, déployé depuis le mont *Shabaleg* jusqu'à l'extrêmité de la vallée d'*Alshash*, distance qui peut être de vingt grandes lieues. Pour peu qu'on ait quelque notion du local, il est aisé de voir que cet ouvrage avoit été entrepris contre les voleurs du Turkestan, dans la vue d'assurer la ville de *Toncat* & ses environs, qui, lorsqu'ils étoient cultivés au quatorzieme siecle, formoient un grand jardin, entrecoupé de mille canaux. La nature, dit Abulféda, n'est nulle part au monde plus belle que dans cet endroit

___

(a) *Strabo, geograph. lib.* XI.

tout couvert de verdure, de fleurs & de fruits(a). Mais le voisinage des Tartares errants a dû diminuer beaucoup ces agréments de *Toncat*, dont les environs sont presque convertis aujourd'hui en un désert. Quelques autres villes considérables de la *Mavhar-al-ennar*, comme *Samarcand* & *Bochara*, ont eu aussi d'immenses enceintes murées, qui enveloppoient tout leur territoire & tous leurs champs labourés à plusieurs lieues à la ronde : car c'est principalement les champs labourés, qu'il importoit d'y préserver contre des peuples pasteurs, qui croient avoir le droit de fourager par-tout : & cette prétention est fondée sur leurs maximes, suivant lesquelles ils ne reconnoissent pas la propriété qui résulte de la possession des terres. La chûte de l'empire de Tamerlan, qui se plaisoit beaucoup à *Samarcand*, a entraîné la destruction totale de ces belles provinces situées au-delà de l'Oxus ou du *Gihon*. Des nomades les parcourent avec leurs troupeaux, & rien ne les arrête dans leurs courses ; de sorte qu'il n'y a que des misérables qui en pillent d'autres dans tout ce vaste district ; & je suis étonné que l'empereur Chinois *Kien-long* ne l'ait pas envahi, lui qui est venu de nos jours jusqu'à *Badakchan*, qui a été le terme de son expédition : ainsi on a beaucoup exagéré en Europe, lorsqu'on y a publié que ce prince Tartare avoit étendu ses conquêtes jusqu'à la mer Caspienne, comme il est dit dans l'extrait de l'Histoire universelle par M. Boysen : car il y a de *Badakchan* à la mer Caspienne plus de cent cinquante lieues.

(a) *Locorum omnium quæ Deus creavit, amœnissimus*, dit le traducteur d'Abulféda. *Descript. Choras. & Mayharal-nahræ pag.* 51. *in*-4.

sur les Egyptiens & les Chinois. 77

Convenons que de tous les ouvrages élevés pour arrêter les Tartares, la muraille de la Chine est sans contredit le plus grand & le plus foible : puisqu'ici la force diminue à mesure que la grandeur augmente. Et comment ceux, qui ne sauroient défendre une redoute, pourroient-ils défendre des lignes si prodigieuses, & qui étant bien percées en un endroit deviennent inutiles par-tout ailleurs ? Au reste, le Van-ly de la Chine n'étoit pas dans son origine ce qu'on en a fait depuis. Des princes indépendants éleverent quelques pans de muraille pour contenir la cavalerie impétueuse des Tartares, sans s'appercevoir qu'en de tels cas une double ou triple palissade valoit beaucoup mieux. Et cela est si vrai, que la palissade, qu'on voit aujourd'hui régner le long du *Zeang-tong* a moins de fois été forcée que la grande muraille. On a dit & on a cru en Europe, que l'empereur *Schi-chuan-di* avoit entrepris & achevé cet ouvrage en cinq ans ; mais ce sont là des bruits populaires où il n'y a aucune ombre de vérité. *Schi-chuan-di* n'étoit point encore né, lorsque les princes du *Tzin* fortifierent une partie de la province du *Chan-si* ; & en cela, ils furent imités par les princes de *Tchao* & d'*Yen*, qui couvrirent de même les provinces de *Chan-si* & de *Petcheli* ; mais par des ouvrages sans comparaison plus forts. Le désordre & la mauvaise chronologie, qui regnent dans les livres Chinois, ne permettent point de fixer ici une époque précise : on soupçonne seulement que ce fut vers l'an 300 avant notre ére qu'on entreprit les premiers travaux de cette nature (*a*).

(*a*) Ce que M. de Guignes dit de la construction de la muraille de la Chine, dans l'*Histoire des Huns*, T. I.

Tous ces princes, qu'on vient de nommer, étoient des souverains vraiment indépendants, qui ne reconnoissoient personne au-dessus d'eux, pas même l'empereur de la Chine : comme ils ne pensoient qu'à leur propre sûreté, ils ne firent pas travailler sur un même plan, & il resta de grands interstices entre les différents remparts qu'ils avoient élevés. Au reste, cette entreprise quelle qu'elle soit, prouve que sous leur regne la population étoit déjà florissante & le gouvernement assez modéré ; aussi traitoient-ils leurs sujets infiniment mieux qu'ils ne furent traités ensuite sous le gouvernement despotique des empereurs de la Chine.

Le monstrueux *Schi-chuan-di* fut assez injuste & assez fort pour détruire tous les souverains indépendants, en foulant également aux pieds les loix divines & humaines ; & après la défaite de ces malheureux martyrs de la souveraineté, il réunit les différents boulevards qu'ils avoient opposés aux Tartares, tellement qu'on en forma une chaîne non interrompue, sinon par des groupes de rochers ; & cette ligne fut étendue jusqu'au commencement du *Chan-si* où se termine la grande muraille, dont on fixe ordinairement la longueur à cinq cent lieues, qu'il faut dans la réalité réduire à moins de cent soixante. Car on ne sauroit appliquer ce terme de mur, en quelque sens qu'on l'entende, à la branche qui court du *Chan-si* vers l'Occident ; puisque ce n'est qu'une levée de terre où l'on n'a employé ni brique, ni mortier ; & dont les flancs ont été si mal assurés,

---

part. 2. *pag.* 20. n'est point exact, parce qu'il a confondu l'empereur *Schi-chuan-di* avec un autre prince du *Tsin*, qui régnoit long-temps auparavant,

qu'elle s'est démentie au point que la cavalerie peut la franchir. Ainsi, il faut beaucoup rabattre de l'idée qu'on se forme communément de ces choses en Europe, où l'on n'a d'ailleurs jamais eu aucune copie des inscriptions, qui doivent se trouver sur quelques pans de ce rempart, à ce que prétendent les missionnaires: qui ont soutenu aussi que dans la province de *Chan-tong* on découvre sur la face du mont *Taï-tchan*, des caracteres que personne n'est en état de comprendre; mais on en voit de semblables sur quelques rochers de la Sibérie, & que nous ne regardons pas comme des monuments d'une haute antiquité (a).

Quand on considere avec attention le *Van-ly-tzin*, ou ce que les Chinois appellent par hyperbole la muraille de dix mille *lis*, alors on doute que les hommes aient entrepris, depuis que le monde existe, un travail plus inutile. D'abord les Tartares Occidentaux, en se détournant du chemin le plus court, & en déclinant jusqu'au-delà du 40. degré, ont pu & peuvent encore entrer à la Chine de plein pied, sans s'appercevoir que la province de *Chan-si* est enveloppée par une terrasse, & sans soupçonner qu'au-delà on trouve un mur. Cela est si vrai, que Marc Paul alla avec une troupe de ces Tartares jusqu'à *Pékin*, revint en Italie,

---

(a) Voyez *Strahlenberg, observat. sur la partie Septent. & Oriental. de l'Asie.* pag. 364.

Quant aux neuf tambours de marbre, que le pere de *Mailla* dit se trouver dans le college de *Pekin*, & où suivant lui, on distingue d'anciens caracteres, nous dirons que la superstition au sujet du nombre neuf, qu'on sait avoir infecté toute la Chine, a pu aisément faire tailler quelques morceaux de marbre en tambours.

& mourut à Venise, sans avoir jamais ouï parler de la grande muraille de la Chine, & sans même avoir eu le moindre doute sur son existence. Ce qui a fait croire à quelques savants que cet ouvrage n'avoit été construit que depuis le treizieme siecle : car, selon eux le silence de Marc Paul prouve plus que la déposition des historiens.

L'expérience a démontré aux Chinois qu'on ne peut arrêter les Tartares que par des armées bien disciplinées, qui doivent d'abord entrer dans la Tartarie, & y dissiper les hordes à mesure qu'elles s'assemblent : car quand on leur donne le temps de se réunir & de conspirer, tout est perdu. L'empereur *Cam-hi*, qui étoit lui-même un Tartare Mandhuis, savoit cela mieux que personne : aussi au moindre bruit de guerre fit-il une invasion sur les terres des *Eleuths*, leur livra quelques petits combats, & prévint par-là des batailles. On a vu de nos jours l'empereur *Kien-long* observer la même conduite, & parvenir au même but ; de sorte qu'on laisse actuellement tomber le *Van-ly-zin*, ainsi que la muraille de la Corée, qui est percée en tant d'endroits, qu'elle ne peut servir à rien, & dans deux ou trois siecles il restera à peine quelque trace de ces ouvrages sur le globe.

Comme la Russie s'est trouvée à peu-près dans la même situation que la Chine par rapport aux Tartares ; elle a aussi employé les mêmes moyens pour les contenir ; mais dans un temps où sa foiblesse ne lui permettoit rien de plus, dans un temps où loin de prévoir sa grandeur future elle désespéroit de sa propre sûreté. On sait que par un de ces événements presque unique, les Mongols firent au treizieme siecle d'immenses conquêtes en Asie, & en Europe : ils subju-

sur les Égyptiens & les Chinois.

guerent d'un côté la Chine, de l'autre la Russie; & tout l'ancien continent retentit du bruit de leurs armes.

Ce fut en 1237 que le célebre Tartare *Bathi-Sain* entra en Russie à la tête de la grande horde, qu'on a aussi nommée la *horde dorée*; parce qu'elle étoit toute couverte de dépouilles, & composée d'hommes choisis, qui croyoient pouvoir en moins de dix ans se rendre maîtres de l'Europe; mais ils ne connoissoient pas l'Allemagne, où la frayeur fut bien moindre qu'elle l'étoit en Italie, où l'on vit sur-tout trembler le pape & les moines. Au reste la conduite de *Bathi-Sain* fut d'abord assez conforme à celle que tint à la Chine son cousin *Koublai-Kan*, c'est-à-dire qu'il fit bâtir des villes sur le Wolga, & entr'autres *Casan* (a), mais lui & ses successeurs, au lieu d'ôter aux Moscovites leurs grands-ducs, aimerent mieux rendre ces grands-ducs tributaires, en leur laissant un vain titre & une ombre d'autorité. Cette faute impardonnable en politique ruina insensiblement la domination des Tartares: d'ailleurs ils exigeoient de trop fortes contributions dans un pays pauvre, ce qui excita sans cesse des révoltes, & leur regne ne fut qu'une longue guerre. D'un autre côté ils s'affoiblirent eux-mêmes en se divisant, & on vit sortir du sein de la grande horde une infinité de petites; mais ces rejetons au lieu de fortifier le tronc l'épuiserent. Enfin on chassa honteusement ces Tartares du royaume de *Casan*, & encore du royaume d'*Astracan*;

(a) Voyez principalement sur tous ces faits un ouvrage intitulé, *Versuch einer Historie von Kasan*, pag. 57. Riga 1772.

D 5

mais on ne put leur enlever la Crimée, où ils respirerent jufqu'à ce qu'ils fe mirent en état d'entreprendre de nouvelles courfes : on les vit même arriver un jour à *Mofcou* où ils jetterent le feu. Ce nouveau défaftre engagea Fédor Ivanowitz ou plutôt fon tuteur Boritz Goudenow à retrancher les limites de l'Empire : il y a apparence que ces ouvrages ne furent dans leur origine qu'un grand foffé, tel que celui qui a exifté en Afrique jufqu'à la hauteur de *Thene*; & que dans la fuite on en fit un boulevard conduit des environs de *Toula* dans le gouvernement même de *Mofcou*, jufqu'à *Sibirski* dans le royaume de *Cafan*; de façon qu'on ferma à peu près cent quarante-quatre lieues de pays. Mais la Ruffie n'en eût point été pour cela plus à l'abri des invafions : ce qui fit fa fûreté, c'eft qu'après avoir eu tant de Czars, elle eut enfin un prince. Pierre premier, au lieu de réparer l'ancien rempart élevé contre les Tartares, alla les battre, & fe contenta de leur oppofer les lignes de l'Ukraine, qui exiftent encore dans leur entier.

La grande route des Barbares, lorfqu'ils méditoient de fortir de la Scythie fuivant la maniere de parler des anciens, étoit jadis entre la mer Cafpienne & le pont-Euxin ; ce qui fit qu'on fe détermina à murer contre eux des gorges entieres du mont Caucafe ; & on trouve encore, dans le diftrict des *Souanis*, plufieurs veftiges de cette maçonnerie ; mais l'ouvrage le plus confidérable élevé dans cette partie du globe, c'eft la muraille de la Colchide. Cette province aujourd'hui fi défolée recevoit alors dans fon fein les marchandifes des Indes par une route trop connue pour qu'on la décrive. Ces richeffes accumulées par les Phéniciens & les Grecs, qui avoient de grands entrepôts de

sur les Egyptiens & les Chinois. 83

commerce fur le Phafe, irritoient fans ceffe la cupidité d'un peuple barbare, que les géographes François nomment les *Acbas* ou d'un terme encore plus corrompu ; quoique leur véritable nom foit *Awchafzi* ; & on les foupçonne même d'être la fouche des *Afes*, qui fous la conduite d'Odin pénétrerent jufqu'en Suede fuivant les fables feptentrionales. Au refte les *Awchafzi* ont toujours habité & habitent encore entre l'embouchure du *Don* & le fleuve *Corax* : ils faifoient leurs irruptions au centre de la Colchide en longeant les côtes de la mer Noire, & en paffant le détroit au-delà de *Pétyunta* ; tellement qu'on réfolut de les arrêter dans ce détroit même, en y bâtiffant un mur, qu'on regardoit comme le plus fort qu'on eût jamais conftruit de main d'hommes. Et voilà pourquoi on le nommoit par excellence le *murus validus* (*a*) ; mais les *Awchafzi* le rendirent pour le moins auffi inutile qu'il étoit fort : car ils le tournerent, & le laifferent à leur droite ; ce qui fit élever contre eux une autre muraille, dirigée entre le Nord & l'Eft, fur une longueur de foixante lieues de France ; & qu'on peut compter au nombre des plus grandes conftructions en ce genre : car elle étoit par-tout bien maçonnée & hériffée de diftance en diftance de tours. Cependant M. Chardin, qui en chercha les ruines en 1672, ne put les trouver, parce qu'elles font cachées fous des forêts impénétrables. (*b*)

Dans la Colchide il eft arrivé une chofe étrange : l'extrême defpotifme y a replongé les habitants dans la vie fauvage, & je ne

---

(*a*) *D'Anville Géographie ancienne.* Tom. II. p. 115.
(*b*) *Chardin Voyage.* Tom. I. pag. 55. in-4.

connois d'autre cause capable de replonger un peuple une fois policé, dans la vie sauvage, que le despotisme : car la célebre peste noire & tous les ravages des Huns n'ont rien pu produire de semblable en Europe.

Quand on sait que l'Isthme de la Chersonese Taurique a aussi jadis été fermé par un fossé, que les Grecs nommoient *Taphros* : & ensuite par une muraille, dans l'endroit où sont de nos jours les lignes de la Crimée : quand on connoît les portes Caspiennes, celles du Caucase, & les ouvrages dont on a rendu compte jusqu'à présent, alors on voit qu'il est très-vrai que depuis le Boristhene jusqu'aux extrémités de l'ancien continent, presque toute la Tartarie a été environnée au Sud d'une prodigieuse chaîne de retranchements pour empêcher les habitants d'en sortir ; mais ils en sont sortis toutes les fois qu'ils l'ont voulu.

Ce peuples, remarquables à tant d'égards, ont eu entre leurs mains les trésors de l'Asie & de l'Europe ; mais ils n'en ont jamais rien rapporté chez eux, parce que leurs conquérants périssent dans le torrent de leurs conquêtes, ou s'établissent dans les pays conquis : au contraire des Romains, qui rapportoient à Rome les dépouilles de l'univers ; & ce qui causa la foiblesse des Romains, a fait pendant long-temps la force des Tartares ; car aujourd'hui leur situation est si critique qu'il n'y en a pas d'exemple depuis que le monde existe. Ces malheureux se voyent resserrés entre les deux plus grands Empires qui aient jamais existé, c'est-à-dire, la Chine & la Russie ; de façon qu'ils peuvent à peine respirer. Mais le projet de leur ôter absolument les chevaux est impraticable ; quoiqu'on prétende que les Mandhuis l'ont proposé à l'empereur *Kien-Long*, pour mettre à jamais les Tartares hors d'état de faire ce qu'ils appellent des expéditions d'éclat.

Le nombre des provinces fortifiées dans l'ancienne Europe a aussi été très-grand, & si l'on n'y a pas vu des ouvrages comparables à ceux de l'Asie par leur étendue, on peut au moins les leur comparer par leur inutilité. D'abord des colonies Athéniennes, envoyées dans la Chersonese de Thrace sous la conduite de Miltiade, enfermerent l'isthme par un mur que les Grecs nommoient le *Mucron teichos* (a). Il alloit depuis Pactye jusqu'à Cardie : & dans le Périple de Scylax la distance entre ces deux villes est indiquée de quarante stades. Il paroît que cette construction fut bientôt percée ensuite réparée & augmentée encore de deux bras, dont il n'existe plus de vestiges.

Après tous les travaux, dont il est tant parlé dans les auteurs de l'antiquité pour ouvrir l'isthme de Corinthe, on se détermina enfin à le fermer ; mais celui qui le ferma le mieux, fut Manuel Paléologue, qui il fit construire un mur très-épais, auquel les Grecs croyoient que le salut de leur pays étoit attaché, & cela eût été vrai comme ils le croyoient, s'ils y avoient témoigné plus de bravoure, & fait de meilleures dispositions : mais cette muraille, derriere laquelle ils se cacherent, les empêcha de fuir. Les Turcs ne firent jamais plus de prisonniers en un jour, qu'au jour qu'ils forcerent la muraille de la Morée, que les Vénitiens ont été assez laborieux pour relever : ce qui a une seconde fois donné aux Musulmans la peine de la raser. Car, s'il importoit beaucoup aux Vé-

---

(a) Herodot, lib. VI,... Plin. lib. IV. cap. XI.

nitiens que l'isthme de Corinthe fût fermé, il importoit bien davantage aux Musulmans qu'il fût ouvert.

Il faut maintenant indiquer le troisieme *Mucron teichos*, ou le long mur d'Anastase, placé à neuf ou dix lieues en avant de Constantinople. Zonare assure qu'il commençoit à Sélembrye (*a*); mais les débris, qui en restent, & qui en indiquent mieux la direction, prouvent qu'il commençoit un peu au-delà d'Héraclée, & qu'il aboutissoit à Dercon; de façon qu'il occupoit tout l'espace qu'il y a de la Propontide au Pont-Euxin, espace qu'on évalue à quatre cent vingt stades. Un auteur ecclésiastique, nommé Evagre, insinue que derriere ce boulevard on avoit creusé un canal par lequel les navires passoient au travers du continent de la Propontide dans le Pont-Euxin. Mais cet Evagre étoit un homme si peu judicieux qu'on ne sauroit faire aucun fond sur son témoignage. Constantinople, dit-il, qui avoit toujours été située dans une péninsule, se trouva alors dans une isle (*b*). N'est-il point honteux qu'il ait fallu bâtir un tel rempart si près de la capitale de l'empire d'Orient pour arrêter la cavalerie des Bulgares, celle des Thraces, & celle des Scythes? Mais Anastase n'avoit lui-même aucune cavalerie en état de se présenter devant l'ennemi; tellement que pour conserver sa capitale il se vit dans la nécessité de se dépouiller de tous ses états en Europe; car ce qu'il possédoit en Europe, se réduisoit réellement

---

(*a*) *Annal. in Anastas. Dicor.*
(*b*) *Evag. lib. III. cap.* 38. Voyez aussi *Suidas & Nicéphore lib.* XXXIX. *cap.* 16.

au peu de terrain compris entre le grand mur & l'enceinte de Constantinople ; ce qui formoit à peine une seigneurie. Au-delà tout étoit à la discrétion des Barbares, qui avoient ouvert depuis long-temps les gorges du mont *Hémus*, murées sous Valens, & qui ouvrirent bientôt aussi le *Mucron teichos*, que les Turcs ne trouverent plus en venant assiéger Constantinople.

Telle étoit déjà dès le commencement du sixieme siecle la situation de cet empire d'Orient, qui passa, pour ainsi dire, par tous les degrés de foiblesse, & jamais un état ne fut plus réguliérement détruit. On y perdit d'abord les sciences, ensuite les arts, ensuite la discipline militaire, enfin tout ce qu'on appelle la puissance. Mais ce qui ne cessa jamais dans ces temps malheureux ce furent les impôts énormes & les disputes de religion, qui contribuent beaucoup à jeter toutes les parties du gouvernement dans un desordre dont il n'y a pas d'exemple.

En vain souhaiteroit-on de pouvoir donner quelques éclaircissement sur un quatrieme *Mucron teichos*, plus grand encore que celui d'Anastase, & dont on trouve des vestiges dans la Bulgarie, aux environs d'une ville connue sous le nom de *Drysta*. Tout ce qu'on peut en dire, c'est que la construction décele l'ouvrage d'un empereur Grec, qui opposa encore inutilement cette digue aux inondations des Barbares. Il ne faut pas s'étonner au reste que nous soyions aujourd'hui si peu instruits sur un monument caché dans une région presque sauvage ; car nous n'en savons pas davantage sur la muraille du Valais dont il existe de grands restes entre le Rhône & le Burgberg : on ignore si elle a été élevée à l'imitation du rempart que fit faire César pour arrêter les Suisses, qu'il n'arrêta cependant point, ou si elle est antérieure aux temps mêmes de César ; ce que je ne saurois me persuader.

Il regne aussi beaucoup de confusion dans tout ce qu'on a écrit touchant les ouvrages entrepris & exécutés par des empereurs Romains dans la Grande-Bretagne ; & les auteurs même de ce pays sont difficiles à concilier ; mais on tâchera d'aplanir toutes ces difficultés en quelques mots. Agricola, qui connoissoit bien la Bretagne, étoit d'avis que pour s'y maintenir il falloit conserver le détroit entre la riviere de *Clyd* & le *Firth of Forth*. Cependant Hadrien, au lieu de choisir ce terrain large seulement de 32 milles, en choisit un autre, large de 80, & il faut observer que sur les voies millitaires de cette isle, le mille est évalué à 420 pieds plus que sur les voies du continent. Cela engagea alors les Romains à faire un *vallum* ou un rempart de pieux & de gazons une fois plus long qu'il n'auroit dû l'être. Ce rempart de l'empereur Hadrien ne résista pas : l'empereur Antonin Pie en fit faire un autre, qui fut encore bientôt renversé : l'empereur Sévere en fit faire un troisieme, qui fut encore renversé. Enfin, sous Valentinien III, Aëtius se mit dans l'esprit que tous ces ouvrages avoient péché par leur construction, de sorte qu'il fit élever en Angleterre une véritable muraille, épaisse de vingt pieds ; mais ce qui prouve qu'Aëtius s'étoit prodigieusement trompé, c'est que son rempart résista moins que les autres : car, il n'étoit achevé que depuis cinq ans, lorsqu'on le força à *Granisdyck*, & ensuite on le força par-tout. Buchanan assure que ce ne fut que de son temps qu'on en retrouva les ruines, qui ont au moins servi à quelque chose, puisqu'elles ont servi à bâtir des maisons (*a*).

On voit par ces faits & par d'autres circonstances qui y ont rapport, que c'est au regne d'Hadrien qu'il faut faire remonter l'origine de la puissance des Barbares. La maniere, dont on se fortifioit contre eux, leur apprit le secret de leurs forces ; car plus les Romains retranchoient les limites de l'Empire, & la discipline militaire dégéneroit parmi eux ; plus je crois qu'elle a dégénéré dans tous les pays qu'on a tâché de fermer par des murailles, sans même excepter la Chine.

On ne fut pas en état, comme nous l'avons fait voir, de défendre un seul de tous les remparts de la Bretagne, qu'Agricola avoit su tenir sous le joug par la seule disposition de ses postes & de ses cantonnements. Au reste, tout ceci n'est pas comparable à ce que les Romains ont fait dans la haute Allemagne, où ils avoient une espece de *Van-ly*, rempli d'autant de défauts que celui de la Chine, & aussi difficile à défendre que celui de la Chine ; une carte de la Germanie ancienne, dressée par M. d'Anville, le fait commencer vis-à-vis d'Ober-Wesel, y représente de grands interstices, & en assigne la principale force dans l'endroit où étoient les travaux de Valentinien sur le Bas-Necker. Mais cet arrangement n'est point tel qu'on puisse l'adopter : car, il s'agit certainement d'une ligne non interrompue, & également fortifiée dans toute son étendue. M. Hanselmann, qui a très-bien

---

(*a*) Buch. lib. IV. in rege 27... Polydor. Virgile. lib. I. hist.

décrit ce monument dans un ouvrage Allemand, dit que la tradition constante du pays en rapporte l'origine au regne d'Hadrien, & la continuation aux empereurs suivants. En effet la derniere branche, qui alloit vers le Danube, y avoit été ajoutée par Probus; & les médailles de ce prince, qu'on y a découvertes, en font foi (*a*).

Ce rempart s'élevoit sur la rive du Rhin, vis-à-vis de Bingen, où les Romains ont eu dès le temps d'Auguste un camp retranché : delà il s'étendoit dans la comté de Solms, où il formoit un grand coude pour pouvoir se replier sur le Mein. Ensuite il s'enfonçoit dans la forêt d'Otton ou d'Odenwald, traversoit la comté de Holbach, touchoit au Necker, s'élevoit delà jusqu'à Hall en Souabe, & venoit par Eicstadt & Weissenbourg se terminer à Pfeurring dans le territoire de Ratisbonne. De sorte qu'il n'existoit point de passage entre le Rhin & le Danube, toute cette immense étendue de pays ayant été fermée par la même barriere : il paroît par les ruines qu'on en déterre, que des citadelles entieres y avoient été enclavées, & qu'on en avoit fortement muré toutes les tours.

La cause des sinuosités que décrivoit cet ouvrage nous est bien connue : les Romains étoient alliés de le maniere la plus étroite avec quelques nations Trans-Rhénanes, comme les *Mattiaques*, de façon qu'ils furent obligés d'envelopper aussi le territoire de ces alliés-là : mais quand même

----

(*a*) Voyez *Dœderlein Vorstellung des alten Rœmischen Valli und. Landwehr*, III.ᵉ Absch. On peut consulter aussi l'ouvrage de M. Hanselmann; dont le but est de rechercher jusqu'où les Romains ont pénétré dans la Souabe & la haute Allemagne.

sur les Egyptiens & les Chinois. 91

on eût conduit ce rempart par le chemin le plus court, & avec toute la régularité possible, il n'en auroit point été pour cela plus propre à remplir l'objet qu'on se proposoit, & qui étoit de contenir les *Cattes*, & toutes les peuplades Germaniques, qu'on nommoit ambulantes; c'est-à-dire celles, qui n'ayant pas de patrie, en cherchoient toujours une dans le monde entier, qui marchoient avec leurs troupeaux comme les Tartares & se battoient comme eux, en passant avec une facilité étonnante de l'état de berger à l'état de soldat. Il y a eu dès la plus haute antiquité, dans la Germanie, de ces hordes plus inquiétes que les autres, & qui erroient toujours ou qui se transplantoient souvent. Les peuplades sédentaires ne trouverent d'abord contre ces assauts imprévus d'autre remede que de faire autour d'elles une vaste solitude : & cette méthode encore adoptée du temps de Jules-César, eût à jamais entretenu la barbarie. Mais, depuis, les Germains s'étant procuré de meilleurs instruments de fer pour abattre le bois & creuser la terre, se fortifierent les uns contre les autres par des ouvrages qu'ils appelloient *Landwehr*, & dont ils paroissent avoir pris l'idée dans la Gaule où on en découvre les premieres traces, quoiqu'en général ce soit là la pratique de toutes les nations qui veulent quitter la vie sauvage ou la vie pastorale, pour entreprendre de cultiver régulierement la terre dans des contrées où leurs voisins ne la cultivent pas encore.

Il suffira ici d'avoir indiqué un rempart ou un *vallum Romanum*, alongé depuis *Vidin* jusqu'au petit *Waradin*, & quelques autres ouvrages dans le même goût, mais construits par les Goths : car, de tous les Barbares, qui parurent alors, les Goths inclinoient le plus à se policer. Ce qui, dans le Nord de l'Europe, mérite quelque considération, c'est le *Danewerk* élevé par les Normans, lorsqu'ils commencerent à se faire connoître sous le nom de Danois. Pour n'être pas inquiétés dans la Juthie par les Saxons, ils tâcherent de la fermer en la couvrant d'une terrasse conduite jusqu'au bord de la mer Baltique, & c'est sur cette digue même que Waldemar le Grand fit depuis bâtir une muraille, qui est moins ruinée de nos jours que l'on auroit dû s'y attendre.

 Telle est l'histoire des plus grands & des plus inutiles ouvrages, que les hommes aient élevés sur la surface de l'ancien continent.

Fin de la seconde Partie.

RECHERCHES
PHILOSOPHIQUES
SUR
LES EGYPTIENS
ET
LES CHINOIS.

TROISIEME PARTIE.

SECTION VII.

De la Religion des Egyptiens.

LA religion de l'ancienne Egypte est véritablement un abyme, qu'on a vu engloutir plus d'une fois ceux qui ont prétendu en sonder la profondeur.

Il ne faut pas entreprendre d'expliquer par un seul système, mille superstitions différentes, dont quelques-unes sont même inexplicables dans tous les systêmes.

Van-Dale a pu croire que les animaux sacrés avoient été institués en Egypte pour y rendre des oracles : cependant, si on en excepte un passage assez obscur d'Elien par rapport aux Crocodiles, il est certain que nous ne connoissons positivement que les oracles rendus sur toutes sortes de sujets par le bœuf *Apis*, dont la premiere institution paroît avoir été uniquement relative au débordement du Nil, que, par une inquiétude singuliere, les Egyptiens ont toujours voulu & veulent encore aujourd'hui connoître d'avance ; quoique cela soit humainement impossible, & les animaux n'en savent pas plus là-dessus que les hommes. Car que les Crocodiles déposent constamment leurs œufs dans des endroits où l'inondation ne peut atteindre, c'est une opinion populaire, qui paroît avoir été en vogue dans quelques villes situées sur des canaux du Nil. Les naturalistes croient que l'Hippopotame donne à cet égard des indications plus certaines ; puisque les gens du pays doivent avoir observé que, quand il sort fréquemment du fleuve, cela annonce que les eaux parviendront à la hauteur requise pour arroser toutes les terres : mais les Coptes n'emploient de nos jours aucun animal dans la cérémonie par laquelle ils prennent les pronostics sur l'état futur du débordement ; & cette cérémonie, pendant laquelle les Turcs même assistent à la messe, est de l'aveu de tous les voyageurs aussi superstitieuse que les moyens qu'on avoit jadis imaginés pour interroger le bœuf *Apis*, auquel on offroit à manger ; & quand il ne mangeoit pas, l'augure n'étoit pas moins funeste que celui des poulets sacrés, que les Romains consultoient sur les grandes affaires d'état, comme ils consultoient les corneilles sur les petites. Si Juvenal eût eu assez de jugement pour bien réfléchir à tout ceci, il n'auroit jamais écrit sa satyre contre les Egyptiens. Car qu'on interroge sur l'avenir un poulet ou un veau, cela revient tellement au même, qu'il est impossible d'y découvrir la moindre différence.

Il paroît, par tout ce que j'ai recueilli dans cette section, touchant le culte des Scarabées, qu'ils servoient également aux augures ; & il faut bien croire que des insectes de cette espece n'étoient pas moins instruits des événements futurs que les prêtresses de Delphes, dont Platon ne parle jamais qu'avec le plus profond respect ; parce qu'il étoit convaincu qu'un peuple civilisé ne sauroit avoir une religion raisonnable, & ce sentiment semble avoir été répandu parmi tous les législateurs de l'antiquité. On verra dans l'inſtant, qu'une opinion ſi fauſſe & ſi bizarre n'a été fondée que ſur le prétendu danger que ces légiſlateurs trouvoient à faire des innovations dans les pratiques religieuſes, qui leur venoient des Sauvages ou des premiers habitants de la contrée, que Platon nomme les indigenes.

Quant aux Egyptiens, la plupart de leurs pratiques religieuſes venoient des Sauvages de l'Ethiopie, comme Diodore le dit de la maniere la plus poſitive, & c'eſt là un fait, dont on ne doit point même raiſonnablement douter. Cependant il n'eſt tombé juſqu'à préſent dans l'eſprit de perſonne de chercher en Ethiopie l'origine d'un culte qui venoit réellement des Ethiopiens. M. Jablonski eût été fort capable d'entreprendre à ce ſujet des recherches, dont le réſultat auroit été plus ſatisfaiſant que les conjectures, auxquelles il s'eſt livré, & que les contradictions qu'il n'a pu éviter.

A l'article du *Phtha* il dépeint les Egyptiens comme des athées, dont le ſyſtême reſſembloit tellement à celui de Spinoſa qu'il n'eſt pas poſſible, dit-il, de s'y tromper, pour peu qu'on ait de pénétration.

A l'article du *Cneph* ou du *Cnuphis* il change, comme par preſtige, ces mêmes Egyptiens en des déiſtes, qui admettoient un être intelligent, diſtinct de la matiere, & ſouverain de la nature.

M. Jablonski, qui ne manquoit ni d'eſprit, ni ſur-tout d'érudition, eût ſûrement raiſonné d'une maniere plus conſéquente, s'il n'avoit pas entretenu une liaiſon ſi étroite avec la Croze, qui de l'aveu même de celui qui a compoſé ſon éloge, n'étoit ſur la fin de ſes jours qu'un viſionnaire, auquel il ne reſtoit aucune apparence du peu de jugement avec lequel il étoit né. Cet homme qu'on fait avoir été moine dans sa jeunesse, se flattoit d'avoir une merveilleuse pénétration pour découvrir par-tout l'athéisme, & même dans de pitoyables vers Latins, composés par un fou, nommé Jordan le Brun, qui fut brûlé vif par quelques scélérats d'Italie.

C'est une fureur, ou pour se servir d'un terme moins dur, c'est une imbécillité d'accuser d'athéisme des nations entieres, qui n'ont peut-être jamais produit que quelques mauvais métaphysiciens, qui à force de subtilités s'étoient perdus dans un nuage d'idées, & qui enfin ont dit des choses obscures ou absurdes, dans lesquelles on reconnoît plutôt des raisonneurs impertinents, que des athées, qui se seroient appliqués de bonne-foi & méthodiquement à résoudre toutes les objections qu'on peut leur faire : car ceux, qui soutiennent des systêmes sans connoître les objections qu'on peut leur faire, sont des insensés qui feroient beaucoup mieux de se contenir dans les bornes du doute.

Il seroit à souhaiter, je l'avoue, que nous eussions plus d'éclaircissements sur les Ethiopiens qu'on n'en trouve dans les historiens & les géographes de l'antiquité. Cependant le peu de notions, qu'on a recueillies sur ce peuple, suffit pour expliquer plusieurs difficultés, & pour rendre les ténebres moins épaisses.

D'abord nous voyons que les Ethiopiens ont toujours entretenu par rapport aux affaires de la religion un commerce très-étroit avec les Egyptiens : ils venoient même une fois par an chercher la chasse de Jupiter Ammon à Thebes, & la portoient vers les limites de l'Ethiopie où l'on célebroit une fête, qui a sûrement donné lieu à la tradition singuliere de *l'héliotrapeze* ou de la *table du soleil* où les dieux venoient manger. Quand Homere assure dans l'Iliade (*a*), que Jupiter alloit de temps en temps en Ethiopie pour y assister à un grand festin, cela prouve bien que ce poëte avoit ouï parler vaguement de la procession qui partoit tous les ans de Thebes ou de la grande Diospolis, où l'on portoit réellement la statue de Jupiter vers l'Ethiopie, comme on le sait par Diodore & par Eusthate (*b*).

Au reste c'est reculer la *table du soleil* trop vers le Sud, que de la placer dans le Méroé, comme a fait Hérodote, ou au-delà comme a fait Solin. Car on dit que cette procession n'employoit que douze jours pour aller & pour revenir en suivant un chemin différent de celui qui côtoyoit le Nil à l'Orient. On ne peut en six jours aller par quelque chemin que ce soit de Thebes dans le Méroé, où il existoit d'ailleurs aussi un temple de Jupiter Ammon (*c*); & ce fait contribue encore à prouver que la religion des Ethiopiens & des Egyptiens n'étoit dans son origine qu'un seul & même culte; mais qui essuya, chez le dernier de ces peuples, quelques changemens en un long laps de siecles. La plus importante de ces révolutions est celle qui concerne l'immolation des victimes humaines; Héliodore, qui étoit un grand admirateur des Ethiopiens, avoue néanmoins qu'ils sacrifioient des garçons au soleil, & des filles à

(*a*) Lib. I.
(*b*) Diod. lib. II..... Eustat. in Iliad. pag. 128.
(*c*) Plin. lib. VI. cap. XXIX.

la lune (a) ; ce que la colonie qu'ils envoyerent en Egypte ne manqua pas d'imiter, en tuant des étrangers ou des hommes roux fur les tombeaux d'Ofiris, ou fur des pierres confacrées au foleil, & en égorgeant vrai-femblablement des femmes en l'honneur de la lune, dans une bourgade que les Grecs ont nommée la ville d'Ilithyie, & dont on retrouve des veftiges fur la rive droite du Nil, dans un endroit appellé *el-Kab*, qui n'eft véritablement éloigné des limites de l'Ethiopie que de 24 lieues.

Ces atrocités, qu'on n'emprunta pas des Arabes pafteurs, comme M. Jablonski fe l'eft fauffement perfuadé, furent abolies fous le regne du Pharaon Amofis : tandis que le fameux acte pour brûler vifs tous les hérétiques n'a été aboli en Angleterre que fous le regne de Charles fecond. Depuis Amofis, on ne trouve plus aucune trace de quelque crime femblable dans l'hiftoire de l'Egypte, mais bien dans celle de l'Ethiopie, où l'on ne put parvenir fitôt à réformer la religion ; parce que les loix civiles n'y avoient pas tant de force fur un peuple qui fe difperfoit aifément, foit pour aller à la chaffe, foit pour aller avec fes troupeaux chercher des pâturages dans un pays où ils font rares.

Les premiers gymnofophiftes de l'Ethiopie

(a) *Æthiop. lib.* X. Héliodore dit que les Ethiopiens ne facrifioient que des étrangers qu'ils avoient fait prifonniers à la guerre ; & quoique les Gymnofophiftes réprouvaffent ces facrifices, le peuple y perfiftoit malgré eux. Les Grecs fe font imaginé que les Egyptiens immoloient des hommes roux dans la ville d'Ilithyie ou de Diane ; mais il eft beaucoup plus probable, dis-je, qu'ils y immoloient des femmes.

ne paroissent avoir été que des prêtres errants, qu'on peut comparer à ces hommes qu'on rencontre aujourd'hui en Afrique sous le nom de *Marabut*, mot qui étant traduit littéralement, signifie *enfant du roseau ardent*: soit parce que ces charlatans brûlent quelquefois leurs victimes avec des roseaux, soit parce qu'ils se vantent de savoir cracher du feu ; ce qu'ils font en tenant des étoupes allumées sous leur robe, comme on en vit un exemple en 1731 ; mais ce tour est si grossier, qu'il n'y a que des Negres qui y puissent être trompés. On conçoit que quand un peuple n'a encore que des sacrificateurs ambulants, il doit nécessairement s'introduire chez lui des superstitions très-variées, & qui souvent se contredisent les unes les autres ; parce que les opinions ne sont pas réduites en un corps de doctrine, & chaque jongleur tâche de faire valoir les siennes. Le comte de Boulainvilliers dit que c'est principalement parmi une nation comme les Arabes pasteurs, que l'idée d'un Dieu créateur a dû se conserver long-temps dans toute sa pureté (a). Mais le comte de Boulainvilliers ne connoissoit pas du tout les anciens Arabes, sur lesquels Sales nous a procuré des éclaircissements, qui démontrent que les notions de la Divinité étoient extrêmement altérées parmi eux ; & cela arrive chez tous les peuples errants, où chaque tribu & même chaque famille multiplie le nombre des Fétiches & des Manitoux, dont les animaux sacrés de l'Egypte & de la Grece sont des restes : car on pourroit prouver, si la chose en valoit la peine, que les anciens Grecs ont aussi été sin-

_____

(a) *Vie de Mahomet, p.* 147.

guliérement attachés au culte des bêtes ; & j'en ai compté jufqu'à douze ou treize efpeces différentes qu'ils révéroient, fans y comprendre la belette de la Boétie.

Il eft bien certain que l'efprit des gymnofophiftes ne commença à fe développer que quand ils furent réunis en un corps fédentaire, ou un college, qui avoit fes principales habitations dans la péninfule du Méroé : alors ils s'appliquerent à l'étude, & mirent quelque ordre dans les hiéroglyphes Ethiopiques, fur lefquels le philofophe Démocrite avoit écrit un traité particulier, qui, par les plus grands malheurs, s'eft entiérement perdu (*a*). Je fuis auffi éloigné qu'on peut l'être, d'ajouter la moindre foi à des éloges auffi outrés que le font ceux que le romancier Philoftrate prodigue aux gymnofophiftes (*b*) : mais malgré cela il eft poffible qu'en travaillant à rédiger leurs hiéroglyphes, ils aient inventé l'alphabet fyllabique, dont on fe fert encore de nos jours dans la Nubie & l'Abyffinie, & où il n'a fûrement pas été apporté d'ailleurs (*c*). Cette découverte étoit d'autant plus intéreffante, que fans cela on n'eût pu parvenir à l'invention de l'alphabet littéral, qui paroît être due aux Egyptiens ; & c'eft une véritable folie de la part de Platon d'accufer les prêtres de l'Egypte d'avoir fait un tort irréparable aux fciences en inventant l'écriture ; ce qui, fuivant lui, a

___

(*a*) *Apud Laërtium. lib. IX.*
(*b*) *In vit. Apollon. lib. VI. cap. 6.*
(*c*) Héliodore obferve, *lib. IV.* que les Ethiopiens avoient deux caracteres différents : le premier confiftoit en hiéroglyphes, fur lefquels ceux de l'Egypte ont été copiés ; le fecond étoit, comme nous le fuppofons, un alphabet fyllabique.

prodigieusement affoibli dans l'homme la faculté mémorative ; & Jules-César semble avoir voulu appuyer ce préjugé en parlant des Druïdes, qui n'apprirent jamais par cœur que des absurdités.

Quoiqu'on rencontre dans Diodore & dans Strabon quelques passages relatifs aux opinions qu'avoient les gymnosophistes touchant la Divinité, il faut convenir qu'il regne beaucoup d'obscurité dans ces passages-là, qui ne paroissent être fondés que sur des rapports de quelques marchands Grecs, qui vers le temps de Ptolémée Philadelphe commencerent à pénétrer fort avant dans le cœur de l'Afrique. Tout ce qu'on peut dire avec certitude, c'est qu'ils reconnoissoient l'existence d'un Dieu créateur, incompréhensible par sa nature, mais sensible dans ses ouvrages, qui leur paroissoient tous également animés par son esprit. De cette doctrine découla le culte symbolique, qui est comme approprié au génie des Africains, dont l'imagination ardente devoit être fixée par des objets sensibles ou des fétiches, & dont l'inquiétude sur l'avenir devoit être calmée, d'une façon ou d'une autre, par les augures qu'ils tiroient de ces fétiches mêmes.

Chez les Grecs & les Romains, l'usage de consulter à chaque instant les oracles, n'étoit qu'une mauvaise habitude ; mais chez les Africains ce semble être un besoin physique qui tient aux climats chauds, où l'esprit du petit peuple est extrêmement foible & impatient. On a pu remarquer en Europe même, que les femmes sont bien plus avides de connoître l'avenir que les hommes : tandis que le philosophe qui se repose sur sa propre prudence, ne s'inquiete pas du tout des événements futurs : il corrige la fortune, ou la supporte.

Il y a des raisons très-naturelles qui nous expliquent pourquoi les oracles ont cessé dans quelques endroits de l'ancienne Europe & de l'Asie; mais ils ne cessent pas, & ne cesseront jamais en Afrique : on en connoît aujourd'hui deux à la côte occidentale, qui sont aussi fameux qu'a pu l'être celui de Delphes. C'est par une ignorance presqu'impardonnable de l'histoire moderne que Van Dale & Fontenelle accorderent à leurs propres adversaires que les oracles se sont réellement tus : ce qui est une fausseté démontrée par les relations de quelques voyageurs qui vivent encore, & surtout par celle de Rœmer.

Quand Pline & Solin disent que des peuplades Ethiopiennes avoient élu pour leur roi un chien, cela ne signifie & ne peut signifier autre chose, sinon qu'elles rendoient un culte à cet animal, comme on en a vu ensuite tant d'exemples chez les Egyptiens leurs descendants. Les anciens connoissoient mieux que nous l'intérieur de l'Afrique; mais en revanche nous en connoissons mieux qu'eux les côtes, où l'on n'a guere trouvé de nations qui ne révérassent les serpents. Celui qui est révéré parmi les Negres du royaume de *Judhac*, ne paroît avoir aucune qualité malfaisante, & il passe même pour dévorer de petites couleuvres noirâtres qui sont vénimeuses : mais chez d'autres Negres on a converti en fétiches de véritables viperes, dont la morsure entraîne presque toujours la mort.

En général, le culte rendu aux serpents est fondé sur la crainte que les hommes ont naturellement pour ces reptiles : ils ont tâché de calmer ceux qui ont du venin, en leur offrant des sacrifices; & ceux qui sont sans venin leur ont paru mériter une distinction particuliere, comme si un génie ami de l'humanité eût eu soin de les désarmer en leur laissant leur forme; & c'est principalement de cette espece qu'on s'est servi pour en tirer des pronostics : on auguroit bien des serpents Isiaques, lorsqu'ils goûtoient l'offrande, & se traînoient lentement autour de l'autel. Mais il faut observer que quelques-uns de ces animaux s'attachent, comme le chien, aux personnes qui les nourrissent, & on leur enseigne différents tours qu'ils n'oublient jamais; de sorte qu'on peut dire avec quelque certitude que les serpents Isiaques avoient été dressés, & obéissoient à la voix ou aux gestes des ministres.

C'est par une couleuvre qui n'étoit pas vénimeuse, qu'on représentoit le *Cneph* ou la bonté divine, comme on représentoit la force & la puissance par une vipere, dont les prêtres de l'Ethiopie portoient, ainsi que ceux de l'Egypte, la figure entortillée autour de leurs bonnets de cérémonie; & nous avons déja eu occasion de faire observer au lecteur, que le diadême des Pharaons étoit aussi orné de cet emblême (*a*).

Ce n'est pas seulement dans quelques villes particulieres de la Thébaïde & du *Delta*, qu'on rendoit un culte aux serpents; car Elien assure qu'on en nourrissoit dans tous les temples de l'Egypte en général (*b*) : ce que je suis très-porté à croire, puisque c'est là une des plus anciennes & peut-être la premiere superstition des habitants de l'Afrique, où l'on alloit chercher les plus grosses couleuvres

---

(*a*) *Sacerdotes Æthiopum & Ægyptiorum gerunt pileos oblongos in vertice umbilicum habentes, & serpentibus quos Aspides appellant, circumvolutos.* Diod. lib. III.
(*b*) *De nat. Animal. lib.* X, *cap.* 31.

qu'on pût trouver pour les mettre dans les temples de *Serapis* ; & on en a vu que des Ethiopiens avoient apportés à Alexandrie, qui étoient longs de vingt-cinq à vingt-six pieds, quoiqu'on en connoisse maintenant dans le Sénégal, qui ont plus du double de cette dimension.

On ne sauroit, faute de mémoires, entrer dans plus de détails sur la doctrine particuliere du college des gymnosophistes du Méroé, qui finit de la maniere la plus funeste, pour s'être constamment opposé aux progrès du despotisme, cette ancienne maladie des souverains, dont quelques-uns sont comme les insensés qui desirent ce qu'ils ne connoissent pas. On dit qu'un tyran nommé Ergamene, qui doit avoir été contemporain de Ptolémée Philadelphe, & Grec d'origine, fit massacrer en un jour tous les gymnosophistes ; ce qui jeta cette partie de l'Ethiopie dans une désolation dont elle ne s'est plus relevée : on voit seulement les ruines d'*Axum*, de *Pselchés*, de *Napatha* ; & on a prétendu il y a quelques années, que cet endroit, qui étoit déja dévasté du temps de Pline, avoit été choisi par les Juifs pour y former un état indépendant de la domination des Turcs & des Abyssins ; mais cette nouvelle ne s'est point confirmée, & nous regardons les Juifs comme incapables non-seulement d'exécuter de tels projets, mais même d'y penser : car ils ne connoissent d'autre héroïsme que l'usure.

Au reste, il est croyable que les philosophes de l'Ethiopie enveloppoient leurs connoissances sous des allégories, tout comme ceux de l'Egypte. Et là-dessus doit être fondée la fable qu'on trouve dans Plutarque, au sujet de quelques villes & de quelques villages situés aux environs de l'isle Éléphantine, que le Pharaon Amasis avoit promis de céder au roi d'Ethiopie, s'il pouvoit faire résoudre par ses gymnosophistes les énigmes qu'on leur proposeroit ; & les Ethiopiens hasarderent aussi, dit-il, aux mêmes conditions quelques-unes de leurs bourgades. Mais quoiqu'on lise des contes assez semblables dans l'exagérateur Joseph, & dans la vie d'Esope, composée par un fou, nommé Planude, il ne faut pas croire que les souverains de l'antiquité se soient ainsi joués de leurs états, ni sur-tout en Egypte, pays trop petit pour être démembré au sujet d'une énigme bien expliquée, & cela par d'aussi bons voisins que l'étoient les Ethiopiens, qui ne firent jamais des canaux pour détourner ou pour saigner le Nil, ce qu'on ne croit pas être absolument impossible ; mais j'en parlerai plus au long dans la section qui concerne le gouvernement.

Après tout ce qu'on vient de dire il seroit inutile de réfuter cent systêmes proposés depuis Isocrate jusqu'à nos jours sur l'origine du culte des animaux ; puisqu'on voit clairement que les Egyptiens n'en étoient pas les inventeurs ; mais qu'ils l'avoient apporté avec eux de l'Ethiopie, où il paroît avoir commencé ; comme on l'a observé, par les serpents & ce petit bœuf qu'on croit être le *Bubalos* des naturalistes : cet animal, qui est comme le nain de son espece, porte des cornes qui imitent celles de la lune, & l'esprit des Africains a souvent été frappé par des similitudes beaucoup moins sensibles. Au reste la colonie, qui vint prendre possession de la vallée du Bas-Nil, loin de renoncer à ces pratiques superstitieuses, s'y attacha de plus en plus opiniâtrément, dès qu'elle eût remarqué que de certains animaux, comme les chats, les belettes, les ichneumons, les éperviers, les vautours, les chouettes, les cicognes & les ibis, font d'une utilité si décidée qu'il est néceffaire de les mettre fous la protection particuliere des loix, dans un pays, qui fans eux ne feroit pas abfolument habitable. Les Turcs, qui ne croient point être idolâtres, ne permettent à qui que ce foit de tuer des ibis, que les Grecs & les Romains épargnerent tout de même. De quelque religion que puiffent être ceux, qui dans la fuite des fiecles envahiront cette contrée, on les verra toujours refpecter des animaux, qui ont été furnommés avec raifon les purificateurs de l'Egypte.

Mais ce qui a toujours paru inconcevable aux anciens & aux modernes, c'eft le culte que quelques villes rendoient aux crocodiles. Cicéron eft le feul qui ait cru que l'utilité, qu'on retiroit de ces lézards, avoit porté de certains Egyptiens à les révérer (*a*): mais il eût été extrêmement embarraffé de nous expliquer en quoi confiftoit réellement cet avantage, que des naturaliftes bien plus habiles dans l'hiftoire des animaux, que ne l'étoit Cicéron, n'ont jamais pu entrevoir.

Ce ne fut qu'en 1770, lorfque je m'appliquai plus particuliérement à connoître la topographie de l'Egypte, que je découvris que les trois principales villes, qui ont nourri des crocodiles, comme coptos, Arfinoé & Crocodilopolis feconde, étoient fituées fort loin du Nil fur des canaux dans lefquels ce fleuve dérive. Ainfi pour peu qu'on eût eu la négligence de laiffer boucher les foffés, ces animaux qui ne marchent pas fort avant dans

---

(*a*) *Poffem de Ichneumonum utilitate, de Crocodilorum, de Felium dicere; fed nolo effe longus.* Cicero de nat. Deorum. lib. I. cap. 36.

les terres, n'auroient pu venir ni à Crocodilopolis seconde, ni à Arsinoé, ni à Coptos, où on les regardoit comme le symbole de l'eau propre à boire, & propre à féconder les campagnes, ainsi qu'on le sait par Elien, & sur-tout par un passage d'Eusebe (*a*).

Le gouvernement pouvoit être bien assuré qu'aussi long-temps que ce culte seroit en vogue, les superstitieux ne manqueroient pas d'entretenir les canaux avec la derniere exactitude. D'un autre côté, on se reposoit sur les Oxyrinchites pour l'entretien du grand canal connu aujourd'hui sous le nom de *Kalitz il Menhi*, sans quoi le poisson, qu'ils révéroient sous le nom d'*Oxyrinchus* n'eût pu arriver chez eux.

Il est vrai qu'on connoît encore deux autres villes qui nourrissoient des crocodiles, comme Crocodilopolis troisieme & Ombos. Quand il s'agit de fixer la position incertaine d'Ombos, M. d'Anville hésite; mais il faut la mettre plus avant dans les terres vers le pied de la côte Arabique : car nous savons que les habitants de cette ville avoient creusé de grands fossés pour arroser leurs campagnes, & c'est dans ces fossés mêmes qu'ils donnoient à manger à leurs lezards (*b*).

Après tout cela on conçoit pourquoi ceux, qui habitoient le Nome Arsinoïte ou la pro-

---

(*a*) *Per hominum Crocodilo impositam navem ingredientem ; navemque significare motum in humido, Crocodilum vero aquam potui aptam.* Euseb. Præpar. Evan. lib. III, cap. XI.

(*b*) Elian. de nat. Animal. lib. X. cap. 21.

Quant à la situation de Crocodilopolis troisieme on ne la connoît point ; mais le cas des autres villes, qui ont porté de tels noms, prouve qu'il ne faut pas la placer au bord du Nil.

vince de Feïum, firent voir à Strabon un crocodile, qu'ils nommoient le *Suchu* ou le *Juste*, & qu'ils ornoient de brasselets & d'oreillettes d'or : car, eu égard à leur situation, cet animal étoit pour eux l'emblême, non pas du typhon comme on l'a dit ; mais de l'eau amenée par des dérivations, dont toute l'existence de cette province dépend ; puisqu'il ne seroit pas possible d'y vivre pendant six mois, si on laissoit boucher les canaux du côté d'*Illahon*. Et on peut croire que les Arsinoïtes tiroient de leurs crocodiles sacrés de certains augures sur l'état futur du débordement du Nil, auquel ils s'intéressoient encore plus vivement que les villes situées au bord de ce fleuve.

Nous avons déjà tenté d'expliquer, dans un autre endroit de cet ouvrage, quel peut avoir été l'objet du culte rendu à l'oignon marin par les Pélusiotes & les habitants de *Casium*, dont quelques-uns étoient atteints d'une maladie du genre de la Tympanite, & d'un transport au cerveau, ou de la *Typhomanie*, terme qui désigne une indisposition Egyptienne ; & il est étonnant que Saint Jérôme ne se soit pas apperçu que ce gonflement des intestins, dont il parle lui-même, étoit précisément l'origine du mal qui tourmentoit ces misérables, qu'il tâche de tourner en ridicule par des expressions que nous ne nous permettons point de traduire en François (*a*). Mais on ne voit pas qu'il y ait quelque ombre de ridicule dans une disposition naturelle, occasionnée par les brouillards du Lac Sirbon, qu'on a dit être

---

(*a*) *Taceam de formidoloso & horribili Cepe, & crepitu ventris inflati qui Pelusiaca religio est.* In Isaï. lib. XII, cap. XLVI.

aussi pernicieux que ceux du Lac Asphaltite ou de la mer Morte, & sur-tout pendant les grandes chaleurs de l'été. M. Pococke, qui alla voir cette Mer Morte au mois d'avril, se trouva quelques jours après attaqué d'une foiblesse d'estomac, & de vertiges, que les gens du pays attribuerent au pouvoir des vapeurs, contre lesquelles il ne s'étoit pas assez précautionné. Car, quand les Arabes passent seulement aux environs de cette immense cloaque, dont l'eau supporte le corps de ceux qui s'y plongent, ils se couvrent la bouche, & ne respirent que par les narines.

Parmi les superstitions Egyptiennes, il y en a quelques-unes dont on ne découvre d'abord ni la cause prochaine, ni la cause éloignée. Telle est, par exemple, la dévotion envers les Musaraignes, qu'on révéroit dans la ville d'*Athribis*, & qu'après leur mort on embaumoit pour les porter à *Butos* où étoit leur sépulture; quoiqu'il y eût plus de dix-neuf lieues de distance de *Butos* à *Athribis*.

Comme dans ce petit animal les yeux sont presque aussi cachés que dans la taupe, Plutartarque prétend que les Egyptiens le supposoient entiérement aveugle, & lui trouvoient quelque rapport avec l'affoiblissement de la lumiere dans la lune qui décroît, & avec l'*Athor* ou cet attribut de la divinité qu'on avoit personifié sous ce nom là, & qui n'étoit autre chose que l'incompréhensibilité de Dieu, comparée aux plus épaisses ténebres de la nuit & du chaos. Mais avant qu'on ait pu parvenir à des similitudes si forcées, si compliquées enfin, il faut qu'on ait reconnu dans la Musaraigne quelque autre propriété beaucoup plus naturelle. Et j'ai toujours soupçonné que les Egyptiens rangeoient cet animal, tout comme les naturalistes Grecs, dans la classe des belettes (*a*), qu'on ne tuoit, non plus que les ichneumons que nous savons avoir été consacrés à Hercule Egyptien, qui ne fut jamais qu'une seule & même divinité avec Hercule de Thebes en Béotie. Mais comme, dans la Béotie, on ne trouve point d'ichneumons, les Thébains avoient cru pouvoir, sans aucune difficulté, les remplacer par les belettes, auxquelles ils rendoient un culte religieux. Et quoiqu'ils soient Grecs de nation, dit Elien, ils ne méritent pas moins d'être à jamais l'objet de la risée à cause d'une dévotion si impertinente (*b*). Mais la guerre, que ces animaux font sans cesse aux rats & aux souris, avoit porté les Egyptiens à les mettre sous la protection des loix. Et il leur a suffi de trouver dans la Musaraigne quelque chose qui ressemblât tant soit peu à la belette, pour imaginer ensuite toute la doctrine symbolique, dont on vient de parler.

Au reste, il est certain que quelques animaux sacrés n'avoient que des propriétés énigmatiques & augurales, sans qu'on puisse leur en découvrir d'autres de quelque côté qu'on les considere, comme le scarabée, qu'on avoit dédié au soleil. Mais il ne faut cependant pas croire qu'il soit réellement question d'un aussi vilain insecte que celui dont parle Pline. Après avoir réfléchi à la description, qu'en donne Horus Apollon, qui le représente comme rayonnant de cet éclat qu'ont les yeux des

---

(*a*) Les Grecs nommoient la Musaraigne *souris-belette*; parce qu'ils la croyoient composée de ces deux especes. Et elle ressemble beaucoup à la belette, & point du tout à une araignée.

(*b*) *Thebani, quamvis natione Græci, risu sunt obruendi; qui mustellam, ut audio, religiose colunt*, De nat. Animal. lib. XII. cap. 5.

sur les Egyptiens & les Chinois. 113

chats dans les ténebres, je me suis apperçu que les Egyptiens avoient pris pour le symbole du soleil le grand scarabée doré, que quelques-uns appellent cantharide, & qu'on voit communément dans les jardins, où il dévore les fourmis, & chasse les vers. Cet insecte est comme couvert d'une lame d'or ; & quand la lumiere tombe directement sur les étuis de ses ailes, il paroît un peu rayonner ; ce que le traducteur Latin d'Horus a rendu par les termes de *radiis insignita*, à-peu-près comme le porte le texte.

Les autres scarabées sacrés de l'Egypte ont été le monocéros, qui n'a qu'une corne au haut de son corset, & le cerf ou le taureau volant qui en a deux qui serrent comme des tenailles. Toutes les superstitions relatives à ces trois différentes especes d'insectes doivent être regardées comme fort anciennes ; & il se peut qu'elles fussent répandues parmi les Ethiopiens & les autres habitants de l'Afrique avant même que l'Egypte ait été peuplée (*a*). On en trouve des traces non-seulement dans le Grillon sacré de l'île de Madagascar, mais jusque parmi les Hottentots, qui, comme on l'observe dans l'Histoire générale des Voyages, regardent avec vénération les personnes, sur lesquelles le scarabée marqué de tâches d'or, ou le taureau volant du Cap vient se reposer ; parce que c'est à leurs yeux un pronostic très-heureux. Mais ce qui peut nous étonner davantage c'est que des préjugés semblables se soient introduits en Europe au sujet du scarabée, que le vulgaire

―――――――――――――――――――

(*a*) On voit déjà des scarabées sculptés en pierres dans les sépultures royales de *Biban-el-Moluk*. Et j'ai dit que ces sculptures sont aussi anciennes que les pyramides.

nommé ridiculement *mouche du seigneur* Il n'est pas croyable, ni même possible que cette superstition ait été puisée dans les écrits de saint-Ambroise, puisque le peuple ne lit jamais les écrits de S. Ambroise ; & il ignore profondément que cet auteur a comparé plusieurs fois le Christ ou le Messie à un scarabée, sans qu'on ait pu jusqu'à présent deviner sur quoi une si étrange comparaison est fondée. Il y a aussi une infinité d'endroits en Europe où le chant du grillon est reçu comme un augure favorable, & on s'y opiniâtre singuliérement à conserver des insectes dont le bruit aigu & monotone est insupportable, lorsqu'ils se multiplient jusqu'à un certain point dans les foyers. Mais quelle que soit la dévotion de certains Européens envers les grillons, elle n'égale point celle des Africains, qui en font commerce, & les gens riches s'y croiroient sérieusement brouillés avec le ciel, s'ils n'en possédoient des essaims entiers, qu'on renferme dans des fours construits tout exprès.

Il faut établir comme une maxime, que l'esprit du petit peuple peut être fortement frappé par de petites choses ; & il n'y a que quelques années que des paysans François commencerent à rendre une espece de culte religieux aux chrysalides de la chenille, qui vit sur la grande ortie, parce qu'ils croyoient y voir des traces manifestes de la divinité : & M. Des Landes assure que les curés même en avoient orné les autels, comme on les orne en Espagne de cigales renfermées dans de petites cages, & de moineaux de Canaries, qui chantent pendant la messe (a).

_____

(a) *Recueil de différents traités de physique*, pag. 56. Voyez aussi *Baretti, Lettres sur l'Espagne.*

Si sous nos climats tempérés l'imagination de l'homme a pu s'égarer jusqu'à ce point, y a-t-il quelqu'un parmi nous, qui soit surpris de ce que les Africains, dont l'esprit est exalté par le feu de l'athmosphere, ayent découvert de la ressemblance entre les cornes de la lune & les cornes du bœuf nain, qu'on nomme *Bubalos* ; entre le Scarabée, qu'on nomme taureau volant, & le taureau Zodiacal ?

Dans des monuments rapportés par Montfaucon & le comte de Caylus, on voit des femmes Egyptiennes, qui paroissent donner à manger à des Scarabées sur des tables ou des autels : or je m'imagine que cela nous représente la véritable maniere de tirer des augures de cette sorte d'insectes, qu'on observoit à peu près comme les Romains observoient les poulets, lorsqu'ils faisoient ce que Cicéron appelle dans le second livre de la divination, le *tripudium* & le *terripavium*. Au reste quelque bizarres que soient ces pratiques, elles n'approchent pas à beaucoup près de la maniere dont les Chinois ont consulté la tortue, qui a été un de leurs plus grands oracles ; & cette superstition ne leur est sûrement pas venue de l'Egypte : car jamais il n'a été question de tortue parmi les animaux sacrés, dont on a souvent tâché de connoître toutes les especes ; mais jusqu'à présent il n'en a point paru d'énumération complette ; & les recherches de M. Blanchard, inférées dans le neuvieme volume des mémoires de l'académie des inscriptions, n'offrent qu'un essai très-imparfait, & où il n'y a rien de suivi. Cependant pour qu'on sache une fois à quoi s'en tenir, nous indiquerons ici à peu près tout ce qu'on trouve à cet égard dans les auteurs de l'antiquité, & après avoir fait connoître les objets du culte symbolique, on tâchera de développer les véritables sentiments des Egyptiens sur l'essence de la divinité.

On soupçonne que, dans une bourgade située à la pointe septentrionale du lac Maréotis on nourrissoit un bœuf sacré comme dans beaucoup d'autres villes de l'Egypte, dont nous ne connoissons positivement aujourd'hui qu'Hermonthis, Héliopolis, & Memphis, où la réputation du bœuf *Apis* éclipsa celle de tous ses rivaux, dès que la cour des rois y fut transférée de Thebes. D'ailleurs les Egyptiens avoient pour les environs de Memphis une vénération aussi particuliere que pour les environs d'Abydus.

Les savants n'ont pu tomber d'accord entre eux sur le terme qu'on fixoit à la vie du bœuf *Apis*. Plutarque prétend qu'on le noyoit dès qu'il avoit atteint vingt-cinq ans : & c'étoit aussi là, suivant lui, le nombre des caracteres de l'alphabet Egyptien. Cependant M. Buttener, qui par l'étude des bandelettes des momies a retrouvé cet alphabet, croit qu'il n'étoit composé que de vingt-deux lettres. Il y a bien de l'apparence qu'on se défaisoit de l'*Apis* dès qu'il perdoit l'appétit, & que sa vigueur cédoit au poids de l'âge : car dans cet état, il ne pouvoit guere donner des augures favorables au peuple, qui n'exigeoit rien autre chose. Et on présume aisément que les *Pullarii* attachés aux légions Romaines, ne laissoient pas non plus vivre les poulets sacrés au-delà d'un certain terme marqué par les regles de l'Aruspicine. Les Egyptiens tiroient aussi des pronostics de la voix des enfants, qui chantoient, qui jouoient dans la procession du bœuf *Apis*, ou à la porte de son étable. Et M. Jablonski observe que l'oracle des Juifs, connu sous le nom de *Bat-kol* ou *fille de la voix*, paroît avoir été absolument le même que celui que donnoient les enfants de l'Egypte, où l'on étoit devin avant que d'être homme.

Plusieurs villes de cette singuliere contrée entretenoient des vaches sacrées, comme Momemphis, Chuse & Aphroditopolis : mais la sépulture commune de ces animaux étoit à Atharbéchis, où l'on apportoit leurs os en bateau ; & on en agissoit à peu près de même par rapport aux chats, qu'il n'étoit permis de tuer nulle-part ; mais on venoit les enterrer à Babuste. L'ours avoit aussi une sépulture vrai-semblablement à Paprémis, ville dédiée au Typhon ou au mauvais principe, qu'on tâchoit d'y calmer en rendant un culte à l'Hippopotame, le véritable symbole de l'esprit Typhonique : cet animal, loin de venir aujourd'hui jusqu'à la hauteur du vieux Caire, ne descend pas même au-dessous des cataractes du Nil, & c'est par hazard qu'on en a vu un, qui s'étant égaré suivit ce fleuve jusqu'à son embouchure, & se laissa prendre à Damiette. Il faut que dans l'antiquité les Hippopotames ayent été beaucoup plus nombreux ; & que leur race se soit éclaircie d'âge en âge, comme celle des tigres & des lions : on soupçonne quelque chose de semblable par rapport aux crocodiles du Nil, car il est très-certain qu'ils ne se trompent jamais de nos jours dans des endroits où le naturaliste Séneque dit qu'on en voyoit des troupes entieres de son temps (*a*).

(*a*) *Nat. quæst. lib. IV. cap. 2.* Il faut cependant supposer que Séneque a été bien instruit.

Il semble que les Egyptiens avoient voulu faire de leur pays une immense ménagerie, où l'on ne comptoit cependant pas autant d'especes différentes que Cicéron l'insinue. D'abord les bêtes de somme, comme le dromadaire, le chameau & l'éléphant en avoient été exclus : on en avoit exclu aussi les solipedes ; le cheval n'ayant jamais été au nombre des fétiches, & bien moins l'âne, pour lequel la répugnance des Egyptiens étoit extrême ; ce qu'on a toujours attribué à la nuance de son poil, qui est ordinairement rousse dans ce pays-là, où tous les animaux roux étoient soupçonnés de porter en eux le germe d'une maladie ; & enfin les Egyptiens ne pouvoient se mettre dans l'esprit que cette couleur fût la marque d'une bonne constitution. Quoique leurs naturalistes ayent été à ce sujet tournés en ridicule, & même par M. de Montesquieu, il est sûr que leur observation s'est de plus en plus vérifiée par rapport aux bœufs & aux vaches.

Ce qu'il y a de singulier, c'est que les mêmes animaux étoient ordinairement consacrés dans deux villes différentes : il y avoit deux villes pour les lions ; deux pour les chiens, deux pour la brebis ou le belier ; & deux enfin où l'on nourrissoit des loups. Elien prétend même que les habitants de la grande Préfecture Licopolitaine avoient eu soin d'arracher dans toute l'étendue de ce district une plante du genre des Aconits ; & qu'on connoît sous le nom vulgaire d'*étrangle-loup* ; de peur qu'il n'arrivât quelque accident funeste par rapport à ce qui faisoit l'objet de leur vénération. Mais ce conte est plus ridicule qu'on ne pourroit le dire ; puisque les Lycopolitains ne laissoient pas courir les loups en liberté dans leurs provinces, où ces animaux étoient d'ailleurs très-petits, & à peu près de la taille du chien domestique, dont des momies bien conservées ont fait connoître le caractere, fort différent de celui qu'indique Hérodote.

La belette étoit révérée principalement dans la Thébaïde, l'ichneumon ou le rat de pharaon dans les villes d'Hercule, dont quelques géographes en comptent trois, la musaraigne à Athribis & à Butos, la chevre sauvage ou la dorcade à Coptos, le bouc domestique à Mendès, à Thmuis, & probablement aussi à Panapolis. La loutre paroît avoir été privilégiée dans toute la contrée; quoiqu'on n'en ait nourri nulle-part d'apprivoisées. Les deux villes de Mercure entretenoient des singes cynocéphales ou des papions, qu'on alloit chercher en Ethiopie; ainsi que le singe-cébus, qu'on voyoit à Babylone d'Egypte située à deux lieues au-dessous de Memphis.

Epiphane parle d'une chapelle où l'on nourrissoit des corbeaux (a); mais on ne sait ce que se peut avoir été qu'un tombeau, qu'on montroit dans les environs du lac *Méris*, & où devoit être ensevelie une corneille, qui, suivant la tradition du pays, avoit porté les lettres d'un ancien roi d'Egypte, où l'on ne connut jamais que la poste aux pigeons, qui est d'une institution dont l'époque se perd dans la nuit des siecles; car il en est déjà parlé comme d'une chose fort commune dans les poésies d'Anacréon, qui envoyoit par ce moyen des billets, dignes sans doute d'être portés par les oiseaux chéris de Vénus (b). Au

---

(a) In Ancot. Tom. II. §. 102.
(b) ODE IX.

reste, il convient d'avertir ici, que ce qu'on trouve dans l'ouvrage de M. de Maillet touchant la poste aux pigeons, est copié ou extrait de quelques auteurs Arabes, qui ont manifestement exagéré, & dont le témoignage n'est d'ailleurs d'aucune autorité par rapport aux temps reculés, dont nous nous occupons. On lit dans Diodore de Sicile, que le gouvernement de l'Egypte envoyoit par-tout des lettres pour annoncer les différents degrés de la crue du Nil, qu'on ne peut rien observer que dans des nilométres, dont on en comptoit trois ou quatre dans toute l'étendue du pays, qui étoit alors rempli, comme on à déjà eu occasion de l'observer, d'un prodigieux nombre de colombiers, auxquels on avoit principalement recours dans les temps de peste : ainsi il n'est pas étonnant qu'il soit venu dans l'idée des Egyptiens d'employer ces oiseaux pour porter promptement des avis : d'ailleurs dans cette contrée les pigeons ne peuvent presque s'égarer ; car à mesure qu'ils s'élevent en l'air, ils ne voient plus autour d'eux que la mer & d'immenses espaces sablonneux, sur lesquels ils ne s'abattent point.

Deux villes connues sous le nom d'Hiéraconpolis, nourrissoient des éperviers d'une espece différente de celle qui étoit consacrée dans le temple de Philé, où on l'apportoit de l'Ethiopie, & qu'aucun naturaliste ne peut déterminer. L'aigle étoit révéré dans la Thébaïde, la Chouette à Saïs. Le vautour, l'ibis, la tadorne, la cigogne & la hupe l'étoient par-tout ; quoique l'on ne trouve pas qu'on leur eût décidé des temples particuliers : tandis qu'Arnobe assure qu'on rencontroit des chapelles construites tout exprès pour les scarabées (a).

_____
(a) Arnob. adversus Gent. lib. I. pag. 15.

La perche, ou ce poisson qu'on nomme la variole, étoit dans une grande vénération à Latopolis; la carpe à Lépidotum, ville de la Thébaïde; le brochet à Oxirinchus; le phare ou le spare rougeâtre à Syene; & le méotis dans l'ifle Eléphantine; mais nous ne connoissons pas le caractere de ce poisson, non plus que celui du physa, qui semble aussi avoir exercé la superstition.

Au reste, les Grecs ont été dans l'erreur, lorsqu'ils ont mis l'anguille parmi les poissons sacrés; parce que les Egyptiens n'en mangeoient point: car tous les animaux, dont il leur étoit défendu de se nourrir par les loix du régime diététique, ne doivent pas être comptés au nombre des fétiches; mais on y comptera, sans doute, les serpents, auxquels on rendoit un culte à Métélis dans la basse Egypte; & vraisemblablement aussi à Térenuthis, quoique d'ailleurs tous les temples de ce pays aient contenu différentes espèces de reptiles, dont le plus remarquable est la couleuvre cornue, qu'on révéroit en quelques endroits de la Thébaïde, & suivant toutes les apparences, dans l'isle Eléphantine & une petite ville connue sous le nom de Cnuphis, qu'on rencontroit au-delà du vingt-cinquieme degré.

L'histoire des plantes sacrées chez les Egyptiens a toujours été extrêmement obscure; & tout ce qu'on sait, c'est que ce peuple a témoigné beaucoup de vénération pour la nymphée, le pavot, l'olyra, le papyrus, l'oignon marin, l'absynthe de l'apoſiris, à laquelle Vesling joint la moutarde sauvage; enfin, le perséa, différentes espèces de palmiers, & l'acacia: cet arbre peut avoir donné lieu à ce qu'on lit dans l'histoire de Barlaam, au sujet d'un culte que les Egyptiens rendoient aux épines (a) ; quoique tout ce prétendu culte se soit vraisemblablement borné à porter quelques branches d'acacia dans les processions, où l'on portoit aussi les prémices des fruits & des pains : mais on ne voyoit rien de tout cela dans l'intérieur des temples, où il étoit rare de rencontrer des statues de figures humaines : on n'y trouvoit que quelques animaux, des vases toujours remplis d'eau du Nil, & des lampes qu'on ne laissoit jamais éteindre. Rien n'est plus connu que la lumiere perpétuelle du temple de Jupiter Ammon, par le moyen de laquelle on avoit même tenté de mesurer la durée de quelques révolutions célestes : mais de tels essais, comme les anciens s'en sont apperçu eux-mêmes, ne pouvoient absolument aboutir à rien.

Telle est l'énumération des fétiches, dans lesquels les Egyptiens cherchoient toutes sortes de rapports avec les étoiles, la lune, le soleil & les attributs de la Divinité. Et ces objets en général constituoient le culte symbolique, qu'on a confondu avec l'idolâtrie, par une erreur égale à celle où l'on est tombé par rapport aux Indiens, qui ont constamment passé pour idolâtres, aussi long-temps qu'ils n'ont été connus que par les relations des missionnaires & des voyageurs ; mais depuis

---

(a) *Ægyptii coluerunt cattum, & canem, & lupum, & simiam, & draconem, & aspidem. Alii cepas, & allia, & spinas.* Ad calcem Oper. Damas. p. 67. De tout cela, il n'y a rien de plus avéré que le culte rendu à l'oignon marin dans la ville de Péluse, que la *Notice de l'Empire* désigne par un animal singulier, pris par Pancirole pour un symbole relatif aux empereurs Romains.

qu'on a traduit leurs propres livres, on y a découvert précisément le contraire. Au reste, nous ne prétendons pas parler ici de la populace des Indes, qui s'égare aussi loin que la populace de l'Europe; & il existe une grande distance entre son culte & la religion naturelle. Mais si jamais des fanatiques furent punis par le fanatisme même, ce sont sans doute ces Indous, qui se soumettent au régime le plus dur & aux pénitences les plus effrayantes: cependant la plus effrayante de toutes est, de leur propre aveu, celle qui les fait aller en pélérinage à la Pagode du Grand-Lama, où ils ne peuvent arriver qu'en traversant pendant treize ou quatorze mois des déserts affreux, remplis de bêtes féroces & de Tartares. Les plus dévots poussent néanmoins leur route jusqu'en Sibérie, afin de visiter encore des *Kutuktus* ou des évêques particuliers; de sorte qu'on rencontre de ces Indiens qui sont venus à pied en portant de l'eau & des provisions sur leur dos depuis Calécut jusqu'à Sélinginskoi, vers le cinquieme degré de latitude nord. Et si l'on ne nous fournit point de nouvelles lumieres sur le motif de ces pélérinages vraiment prodigieux, je serai toujours porté à croire que la religion de l'Indoustan dérive de la religion Lamique.

Quoique tous les climats chauds entraînent le cœur de l'homme vers la superstition, il semble que celui de l'Egypte y incite encore davantage que les autres. Car on ne trouve pas que les prêtres aient pu avoir quelque intérêt pour aigrir de plus en plus le génie pervers des fanatiques; puisque ces prêtres jouissoient d'un revenu fixe en fonds de terre, qu'on abandonnoit à des fermiers pour un prix fort modique, & qui par-là même a pu se soutenir toujours sur un pied égal. De cette somme ils étoient obligés de déduire ce que coûtoient les victimes & l'entretien des temples: car ils devoient faire tous les sacrifices à leurs frais. Et il ne faut point les comparer à d'infames vagabonds, qui empruntoient leur nom & leur caractere en Italie, & qui gueusoient dans les rues de Rome depuis la seconde heure du jour jusqu'à la huitieme, lorsqu'ils revenoient fermer le temple d'Isis ; ce qu'on n'eût pas souffert en Egypte de la part du dernier des hommes, & bien moins de la part d'un prêtre, puisque la loi n'y toléroit aucun mendiant.

Quand l'ordre sacerdotal jouit d'un revenu fixe, & quand il ne permet la mendicité à aucun de ses membres, alors il est sûrement intéressé à maintenir l'ancienne religion, quelle qu'elle soit : mais il ne peut gueres être intéressé alors à introduire de nouvelles superstitions, qui doivent même lui paroître plus dangereuses qu'utiles.

On a toujours regardé comme un défaut essentiel dans la constitution politique de l'Egypte, le partage des terres, dont Diodore prétend que la classe sacerdotale possédoit la troisieme partie : ce qui eût été un objet de plus de 650 lieues quarrées. Et comme on assure que l'ordre militaire en possédoit autant, & le souverain autant, il se trouveroit que le peuple n'y avoit rien. Cependant cela n'est point vrai, puisque les conquérants qu'on a nommé les rois bergers, forcerent le peuple en Egypte à se défaire de ses terres, qui lui furent ensuite restituées ; ce qui prouve qu'il en avoit avant les rois bergers, & qu'il en eut encore après leur expulsion.

On ne sauroit faire aucun fond sur le rapport d'Hérodote & de Diodore, lorsqu'il s'agit des véritables principes du gouvernement de l'Egypte, dont la constitution avoit été altérée long-temps auparavant, & dès le regne de Séthon, qui sema tant de confusion autour du trône, qu'après sa mort on ne put trouver de milieu entre l'extrême liberté & l'extrême servitude. Comme les états monarchiques brillent ordinairement sous les premiers despotes qui les envahissent, pour tomber ensuite dans une éternelle obscurité, l'Egypte brilla aussi quelques instants avant sa chûte.

M. Schegel, connu par le savant commentaire qu'il a fait sur l'ouvrage de l'abbé Banier, suppose que chaque prêtre Egyptien ne possédoit que douze arures de terre, qui ne font pas à beaucoup près douze arpents de France(a). Où en seroit réduit un chef de moines, ou un évêque, qui devroit maintenant subsister du produit de douze arpents? Loin d'avoir alors le moyen d'aller en voiture, il n'auroit pas le moyen d'aller à pied. On connoît des auteurs, comme Piérius, qui ont soupçonné qu'en Egypte il étoit défendu à la classe sacerdotale d'entretenir des chevaux; & il se peut que la loi de Moïse soit relative à cette disposition particuliere, quoique beaucoup de savants s'imaginent qu'elle n'est relative qu'au climat de la Palestine, qui ne fut jamais favorable à cette espece de quadrupedes. Au reste, comme on vouloit changer un peuple berger en un peuple cultivateur, la défense qu'on lui fit de nourrir des chevaux, étoit très-sage; & il seroit difficile de trouver un autre moyen que celui-là pour réformer les mœurs des

---

(a) Tom. II, pag. 29. ob. XIII. de la traduction Allemande de l'ouvrage de l'abbé Banier.

Arabes bédouins, qui se servent de leurs ju‑ments de bonne race, comme les Algériens de leurs navires.

Il faut avouer qu'on ne voit point clair dans la division des terres de l'ancienne Egypte. Car quand on fait chaque portion sacerdotale de douze arures, on tombe dans le même incon‑vénient où est tombé Hérodote au sujet des portions militaires ; de sorte que, suivant lui, la paye du gén'ral n'étoit pas plus forte que celle du soldat ; ce que personne n'a jamais cru & ne croira jamais. Le souverain ou l'état de‑voit payer en argent ou en denrées ceux d'entre les prêtres qu'on députoit à Thebes pour y rendre gratuitement la justice en dernier res‑sort ; d'où on peut inférer que le produit de leurs terres n'étoit pas fort considérable, & sur-tout lorsqu'on réfléchit qu'ils devoient tous être mariés, sans quoi il ne paroît pas qu'ils ayent pû s'acquitter d'aucune fonction pu‑blique. Et c'est en cela qu'on voit au moins quelque ombre de ce qu'on a affecté d'ap‑peller la sagesse des Egyptiens, dont les prêtres étoient d'ailleurs chargés des magistratures, de la conservation des loix, des archives, du dépôt de l'histoire, de l'éducation publique, de la composition du calendrier, des observa‑tions astronomiques, de l'arpentage des terres, du mesurage du Nil, & enfin de tout ce qui concernoit la médecine, la salubrité de l'air, & les embaumements ; de sorte qu'en y com‑prenant leurs femmes & leurs enfants, ils com‑posoient peut-être la septieme ou la huitieme partie de la nation. On se forme donc sur ce corps des idées fausses & ridicules, lorsqu'on le compare au clergé de quelque pays de l'Europe que ce soit, où sept ou huit couvents de moines ont plus de revenus que tout l'ordre sacerdotal de l'Egypte, quoiqu'il fut d'ailleurs accablé de travail, & foudivifé en différentes claffes qui avoient leurs occupations particulieres. La premiere de toutes les claffes comprenoit les prophetes, qu'on fait avoir préfidé dans les tribunaux, où ils décidoient les procès fans parler, en tournant l'image de la vérité vers l'une ou l'autre partie; & fi on peut regarder comme exacte la repréfentation d'un magnifique monument de la Thébaïde, inférée dans les voyages de M. Pococke, il eft fûr que le juge tenoit cette image fufpendue à une efpece de fceptre, & non attachée à fon cou, comme on le croit vulgairement.

Il faut obferver ici que les anciens Grecs étoient déjà tombés dans de grandes erreurs par rapport à la fignification de ce terme de *prophete*, quoique ce foit un terme Grec; & Platon a tâché de redreffer là-deffus leurs idées. Ceux-là, dit-il, font vraiment ignorants, qui s'imaginent que le prophete foit celui qui prédit l'avenir; ce qu'on n'attribue, ajoute-t-il, qu'au *mantis*, & le mantis eft toujours un fou, ou un furieux, ou un maniaque. De tout cela il fuit néceffairement, comme Platon l'obferve, que le prophete n'étoit que l'interprete de la prédiction qu'il n'avoit point faite, & qu'il ne pouvoit faire lui-même, parce qu'il devoit être dans fon bon fens, qu'on regardoit comme incompatible avec l'efprit prophétique. Ainfi ces miférables, qu'on a qualifiés par le terme de *mantis*, n'étoient que les inftrumens de la fuperftition, de même que les pythies de Delphes; puifque tout dépendoit de ceux qui interprétoient l'oracle: & fi nous lifons que des pythies s'étoient laiffées corrompre à prix d'argent pour donner des réponfes favorables à quelques villes au détriment de quelques autres, il faut qu'elles seules n'aient pas été corrompues, mais toute la troupe des sycophantes attachés au temple de Delphes.

Quant aux Egyptiens, Clément d'Alexandrie indique plus positivement quelles étoient les fonctions de leurs prophetes : ils devoient être versés dans la jurisprudence, & connoître exactement le recueil des loix divines & humaines, inférées dans les dix premiers livres canoniques, qui contenoient tout ce qu'on supposoit être relatif à la religion, aussi ces prophetes ne passoient-ils pas pour être savants dans les sciences purement prophanes, en comparaison des Hiérogrammatistes ou des Scribes sacrés, qui s'appliquoient plus à la physique & à l'histoire ; ce qui leur attiroit beaucoup de considération : & on leur accordoit même le rang sur les astronomes & les géometres ou les arpédonaptes, qui étoient néanmoins aussi compris dans la premiere classe, de même que les Hiérostolistes (a).

Ensuite venoient les Comastes, qui présidoient aux repas sacrés ; les Zacores, les Néocores & les Pastrophores, qui veilloient à l'entretien des temples & ornoient les autels ; les chantres, les spragistes, les médecins, les embaumeurs & les interpretes, qui paroissent avoir été les seuls qui sussent un peu parler la la langue Grecque : car les autres prêtres ne

---

(a) Quelques passages d'Aulu-gelle & de Macrobe, qui attribuent aux Egyptiens de grandes connoissances dans l'anatomie, ont fait croire qu'on sacroit chez eux les prêtres du premier ordre, en leur frottant du baume ou du myron sur le doigt qui touche le petit dans la main gauche à cause d'une veine qu'on croyoit y venir du cœur.

savoient vraisemblablement que l'Egyptien, qui différoit peu de l'Ethiopien. Et on voit qu'au temps de la conquête des rois bergers, on dût se servir de truchements à l'égard de ceux qui parloient l'Arabe & le Phénicien; & cette observation, indépendamment de cent autres, prouve quelle est l'erreur de ceux qui s'imaginent que l'Egypte a été peuplée par des Arabes, qui avoient franchi le détroit de *Bal-el-Mand-eb*, dont la largeur est à peu de sept lieues : car en ce cas la langue Egyptienne n'eût été qu'un dialecte de l'Arabe; ce qui n'est assurément point.

Quant à ces prétendus moines, qu'on croit avoir vécu en Egypte plusieurs siecles avant le Christianisme, & même avant l'invasion de Cambyse, & qu'on désigne par les termes de *sanses* & de *remobotes*, nous osons garantir qu'il n'en a jamais été question. Aussi l'existence de ces frelons a-t-elle été inconnue à tous les auteurs Grecs, qui ont écrit sur l'Egypte, où l'on n'eût pas souffert une espece d'hommes, qui ne pouvant être comptée ni parmi le clergé, ni parmi les soldats, ni parmi le peuple, eût été plus à charge à l'état que tous les animaux sacrés ensemble. C'est dans les temps de confusion, qu'amena le despotisme des empereurs Romains, qu'on vit l'Egypte dévorée par des légions de Cénobites; & cette plaie là valut bien toutes celles dont nous parlent les juifs (*a*).

───────────────

(*a*) Les premiers moines chrétiens de l'Egypte furent appellés dans la langue de ce pays *Sarabait*, ce qui, suivant l'interprétation de Bochart, désigne des gens rebelles aux loix, ou rebelles au magistrat. Le terme de *remobotes*, peut être corrompu par celui de *remoites*, qui paroît aussi indiquer des factieux.

Quoique M. de Schmidt ait publié sur le sacerdoce des Egyptiens une dissertation très-approfondie, il faut cependant remarquer qu'il lui est échappé une particularité assez essentielle sur ce qui formoit un des caracteres extérieurs des prêtres. Ils portoient, ainsi que les rois d'Egypte, un sceptre fait exactement comme une charrue (*a*) : & il paroît que cette coutume avoit été prise des anciens Gymnosophistes de l'Ethiopie, qui assuroient que les premieres graines alimentaires avoient été trouvées près des cataractes du Nil ; & on croit réellement avoir découvert qu'il naît dans ces environs une espece d'Epeautre sauvage. Les savants ont vu cent fois sur les monuments, & même entre les mains des Momies le sceptre aratriforme des rois & des prêtres de l'Egypte, sans le reconnoître : M. Cleyton en a fait un instrument purement ridicule (*b*), & le pere Kircker, le plus malheureux des hommes dans ses conjectures sur les Hiéroglyphes, en a fait un alpha; parce que la charrue Thébaine, telle qu'on la trouve dessinée dans le voyage de Norden, ressemble tant soit peut à un A, qui, d'ailleurs n'étoit pas la premiere lettre du caractere Egyptien, qu'on sait avoir commencé par le *Thoth*, en l'honneur du génie qui présidoit aux sciences.

Au reste, on aime infiniment mieux ces sceptres faits en forme de charrue que les grands ongles des lettrés Chinois ; & il seroit remar-

---

(*a*) *Sacerdotes Ægyptiorum & Æphiotum gerunt sceptrum in formam aratri factum : quo reges etiam utuntur.* Diod. Sicul. lib. IV.

(*b*) Voyez *Journal from grand Cairo Writtent by the prefetto of Egyt.*

quable qu'on eût emprunté de cet inftrument le premier caractere de la royauté & du facerdoce, fi l'on ne favoit que les Egyptiens, qui refpectoient beaucoup l'agriculture, faifoient de leurs dieux mêmes des cultivateurs & des laboureurs dans le ftyle allégorique, qui a été la fource d'un prodigieux amas de fables, où l'on voit Ofiris fabriquer la premiere charrue, & ouvrir le premier fillon.

Primus aratra manu folerti fecit Ofiris,
Et teneram ferro follicitavit humum.

TIBULLE lib. I.

On comptoit dans l'ancienne Egypte quatre choniathim ou quatre colleges célebres; celui de Thebes où Pythagore avoit étudié; celui de Memphis où l'on fuppofe qu'avoient été inftruits Orphée, Thalès & Démocrite; celui d'Hhéliopolis ou avoient féjourné Platon & Eudoxe; enfin, celui de Saïs où fe rendit le légiflateur Solon, qui comptoit probablement pouvoir y découvrir des mémoires particuliers touchant la ville d'Athénes, qui paffoit chez les Grecs pour une colonie fondée par les Saïtes, dont le college étoit le dernier dans l'ordre des temps : auffi n'avoit-il pas le droit de députer au grand confeil de la nation, comme les trois autres, qui députoient dix de leurs membres à Thebes ; ce qui formoit le tribunal des trente, préfidé par un prophete, que les hiftoriens défignent par le terme d'archidicaftes.

On ne fait pas trop bien à quoi tous les Grecs, qui alloient en Egypte, paffoient leur temps ; mais Platon paroît y avoir commercé; & je crois que le commerce même l'occupoit infiniment plus que l'étude des fciences & de l'hif-

.toire des Egyptiens, fur lefquels il nous a procuré prefqu'aucune lumiere ; & cela après un féjour de treize ans à Héliopolis & à Memphis : car, on trouve qu'il s'étoit arrêté dans ces deux villes. Cependant ce font ces continuels voyages des philofophes & des poëtes Grecs en Égypte, qui ont le plus contribué à illuftrer cette région, que fans eux & fans les Juifs, nous connoîtrions à peine : car, tous fes monuments font muets, & il n'eft point refté dans le monde un feul volume de la bibliotheque de Thebes.

Il faut regarder comme une fable ce que dit Eufebe d'un college de prêtres, qu'on avoit établi à Alexandrie ; & qui étoit, fuivant lui, compofé uniquement d'hermaphrodites (*a*): tandis qu'il n'y a pas d'apparence que ceux qui naiffoient avec quelque défaut notable, aient pu feulement être confacrés en Egypte; puifque les animaux mêmes, aufquels on remarquoit la moindre difformité, ne fervoient pas aux facrifices, ni au culte fymbolique. Comme Eufebe prétendoit louer Conftantin, il met hardiment au nombre de fes plus belles actions, l'ordre qu'il donna d'égorger fans miféricorde tous ces prétendus Hermaphrodites d'Alexandrie. Mais fi cela étoit vrai, un tel affaffinat nous révolteroit infiniment de la part d'un prince qui devoit être fatigué d'en commettre. Il eût été à la fois abfurde & cruel de faire mourir des filles, parce qu'elles étoient mal configurées par un écart de la nature qui n'eft point rare en Egypte : auffi les autres

---

(*a*) *In vit. Coftant. lib. cap.* XXV.
Les Grecs d'Alexandrie avoient un culte fort différent de l'ancienne religion de l'Egypte.

écrivains ecclésiastiques ne parlent-ils pas de ce prétendu meurtre ; & il paroît que Constantin ne fit que changer l'endroit où l'on gardoit le Nilometre portatif ou la perche propre à mesurer les crues du Nil, ce qui aigrit beaucoup le peuple contre lui, parce qu'on s'apperçut qu'il agissoit par instigation dans des petites choses : car que l'on conservât cette perche dans le temple de Sérapis, ou en une chapelle de chrétiens, cela ne changeoit rien au degré de l'inondation : mais cela choquoit seulement les anciens usages, que quelques peuples comptent parmi leurs richesses.

On a toujours cru que de tous les auteurs modernes, Conring est celui qui a montré le plus de zele à combattre le phantôme de la sagesse des Egyptiens, dont il réduit toute la prétendue philosophie en un vain amas d'opinions grossieres ; & ensuite il accuse jusqu'à leurs médecins d'avoir entretenu un commerce régulier avec les démons, & de n'avoir su en même temps guérir aucune maladie. (*a*). D'où l'on peut juger que Conring n'étoit pas le plus grand philosophe de son siecle, & en écrivant de si palpables absurdités, il a fait plus de tort à son propre jugement, qu'à la réputation des Egyptiens, qui n'ont sûrement pas prévu qu'un jour ils seroient accusés d'athéisme : cependant, dit-on, il faut qu'ils aient été athées ; puisqu'ils donnoient deux sexes à chaque élément, & que leur maxime étoit que *Dieu est tout*. Mais ils n'ont jamais prétendu que les éléments peuvent produire par leur seule force ou par leur seule puissance ; & il n'y a qu'à lire attentivement là-dessus le naturaliste Séneque pour

_____

(*a*) *De hermeticâ medicinâ, cap.* X, & XI.

s'appercevoir que cette diſtinction n'étoit qu'une maniere de parler dans la phyſique populaire, pour mettre quelque différence ſenſible entre le feu & la lumiere ; entre la terre végétale & les ſubſtances du regne minéral, qui ne peuvent nourrir des végétaux ; entre l'air tranquille & l'air agité ; entre l'eau pure & l'eau marine (*a*).

Cette diſtinction, qui peut paroître aujourd'hui extrêmement ridicule, ne l'étoit point dans ces temps reculés, lorſque la phyſique faiſoit ſes premiers efforts pour ſortir du berceau, comme un enfant, qui commence à marcher ; & les Egyptiens croyent avoir beaucoup fait en établiſſant qu'il n'y a dans la nature que quatre ſubſtances élémentaires. Et à cet égard leurs idées, qui ſont encore adoptées aujourd'hui, ont été plus juſtes que celles des Chinois, qui en portant le nombre des élémens juſqu'à cinq *Hing*, en ont exclu l'air ; & enſuite leur imagination s'eſt tellement échauffée, qu'ils ont prétendu que ces cinq *Hing* ou ces cinq élémens ſont animés par génies, qui produiſent néceſſairement les uns après les autres une dynaſtie d'empereurs Chinois. Et delà provient, dit Viſdelou, cette formule ſi commune dans leurs livres : *telle Dynaſtie a regné par la vertu du bois : telle*

___

(*a*) *Ægyptii quatuor elementa fecere : deinde ex ſingulis bina, marem & fœminam. Aerum marem judicant, qua ventus eſt : fœminam, qua nebuloſus & iners. Aquam virilem vocant : mare : muliebrem, omnem aliam. Ignem vocant maſculum, qua ardet flamma, & fœminam qua lucet innoxius tactu. Terram fortiorem, marem vocant, ſaxa cauteſque : fœminæ nomen aſſignant huic tractabili ad culturam.* Sen. nat. quæſt. lib. III, cap. XIV.

sur les Egyptiens & les Chinois. 135
autre a regné par la vertu du métal, de la terre, du feu, de l'eau. La couleur-jaune feroit croire que les Tartares font actuellement cenfés regner par la vertu de la terre ; Mais Vifdelou affure que leur dynaftie eft regardée comme une production du génie de l'eau (*a*) ; d'où l'on peut inférer que les Chinois font les plus grands métaphyficiens du monde.

Quant à l'axiome que *Dieu eft tout*, il ne fignifie rien, dès qu'il eft dépouillé de l'interprétation, car comme on peut l'entendre en différents fens, tout dépend de la maniere dont on l'explique. Et c'eft mal à propos fans doute qu'on a tant infifté fur ce prétendu axiome, lorfqu'il a été queftion d'accufer les Egyptiens d'athéifme. Il fera à jamais furprenant que les efforts, qu'a fait Cudworth pour les juftifier, aient été inutiles : & une caufe, qui n'étoit pas abfolument difficile à défendre, eft devenue entre fes mains une caufe défefpérée ; parce qu'il a accordé trop de confiance à des ouvrages apocryphes, connus fous le nom de *Livres Hermétiques* : qui font des productions ténébreufes & méprifables, forgées par quelques chrétiens : enfuite il a voulu fe prévaloir de l'autorité de Jamblique : mais quand même Jamblique n'eût point été un fou & un rêveur, il feroit toujours vrai qu'il n'avoit aucune connoiffance de la doctrine des Egyptiens touchant l'effence de la divinité ; puifqu'il place *Ofiris* au nombre des trois premiers dieux, comme Cudworth en eft convenu lui-même (*b*). Et

---

(*a*) Voyez *Notice de l'Y-king* : pag. 429. *A la fuite du Chou king* in-4. Paris. 1770.

(*b*) *Cudworth. Syft. intellec. cap. V. §. 18..... Jambl. de myft. Ægyptiorum. fect. VIII.*

C'est en quoi consiste précisément l'erreur, qui a énervé la force de toutes les autres preuves dont il a fait ensuite usage : car *Osiris*, loin d'avoir été dans le premier ordre des dieux, n'étoit pas même dans le second.

Quant aux arguments de Warburton, voici sur quoi ils sont principalement fondés. Comme son opinion est qu'on annonçoit l'unité de Dieu dans la célébration des mysteres, qui avoient été originairement institués en Egypte, il en résulte, par une conséquence nécessaire ; que les Egyptiens n'étoient point des athées ; sans quoi ils se seroient bien gardés d'annoncer l'unité de Dieu dans les mysteres, qui devinrent ensuite une branche de finances pour la république d'Athénes ; car, il falloit payer fort cher pour y être admis ; & Apulée dit de Lucius, qu'à force de se faire initier, il s'étoit tellement appauvri, qu'il ne lui restoit plus qu'une robe, que les prêtres de Rome lui conseilloient encore de vendre pour se faire recevoir de nouveau (*a*). Tout ceci démontre que l'ouvrage d'Apulée, que Warburton a cru être une excellente apologie des mysteres, en est au contraire une cruelle satire, où ces vagabonds, qui se faisoient passer pour des

---

(*a*) *Postremo jussus, veste ipsâ mea quamvis parvula distractâ, sufficientem corrasi summulam, & idipsum præceptum fuerat specialiter.* Met. lib. XI. pag. 1016.

Il est ici question des mysteres d'Osiris, qu'on célébroit à Rome ; & on peut s'étonner que Warburton n'ait trouvé aucune difficulté à croire qu'on révéloit à des femmes & à des enfants, que Jupiter Capitolin étoit un homme déifié, indigne de leur encens, & de leurs victimes ; puisque le Jupiter très-grand, très-bon, *optimus maximus*, n'étoit assûrément point un homme déifié.

Egyptiens dans la Grece & en Italie, font appellés par ironie les aftres terreftres de la grande religion, *magnæ religionis terrena fidera*; quoique ce fuffent pour la plupart des fcélerats dignes du dernier fupplice, qui employoient les intrigues & les profanations les plus fcandaleufes pour dépouiller quelques dévots de leur argent : ils alloient même jufqu'au point de les dépouiller de leurs habits; tant ils avoient l'art de répandre le fanatifme dans le cœur de la populace, dont ils favorifoient d'ailleurs toutes les débauches.

On ne doute plus que les hiérophantes Grecs n'ayent infenfiblement fait de grands changements à la doctrine des myfteres de Cérès Eleufine. Et s'il eft vrai que du temps de Ciceron ils annonçoient en fecret, que tous les dieux du paganifme étoient des hommes déifiés, ils fe font groffierement trompés. Mais cette erreur même, en fuppofant qu'elle étoit inculquée aux initiés de la Grece, ne concernoit en quelque maniere que ce foit les véritables Egyptiens, qui n'allerent jamais à Athenes pour confulter les Hiérophantes fur les différents points de leur religion, dont la doctrine me paroît avoir été telle, que je tâcherai ici de l'expofer. Ils avoient perfonnifié les attributs de la divinité ; mais en un fens bien différent de celui des Indiens, qui ne fe font attachés qu'à la puiffance de créer, de conferver, & de détruire, ce qu'ils défignent dans le ftyle allégorique par trois perfonnages qui portent des noms différents.

Les Egyptiens reconnoiffoient une être intelligent, diftinct de la matiere, qu'ils appelloient *Phtha*; c'étoit le fabricateur de l'univers, le Dieu vivant, dont ils avoient perfonnifié la fageffe fous le nom de *Neith* qu'on représentoit comme une femme qui fort du corps d'un lion ; ainsi que, dans la mythologie Grecque, Minerve fort du cerveau de Jupiter. Et il n'y a plus de doute aujourd'hui que la *Neith* & la *Minerve* ne soient un seul & même personnage allégorique.

Je ne crois point devoir entrer ici dans des détails pour prouver que le Sphinx, le véritable symbole de la divinité, ne signifia jamais le débordement du Nil sous le signe du lion & de la vierge. Car, indépendamment de plusieurs autres raisons, il est manifeste que dans des temps très-reculés le débordement du Nil n'arrivoit point sous ces signes-là ; en supposant même qu'ils ayent existé dans le zodiaque Egyptien, ce qui n'est rien moins que démontré. Le zodiaque, tel que nous l'avons aujourd'hui, a été retouché & réformé par les Grecs, qui ont laissé subsister assez de traces pour qu'on en reconnoisse l'origine, qu'on ne peut rapporter qu'aux Egyptiens, qui partageoient ce siecle en douze sections, dont chacune étoit encore soudivisée en trois ; de sorte que le total des soudivisions étoit pour eux 36. tandis que le zodiaque des Chinois, qui l'appellent la *bande jaune*, a été de tout temps partagé en vingt-quatre sections égales, dont chacune est encore soudivisée en six ; de sorte que le total des soudivisions est pour eux 72.

Au reste on peut soupçonner que la doctrine des Egyptiens sur la *Neith* ou la sagesse divine, a été à peu près la même que celle qui s'est conservée dans les paraboles Hébraïques, attribuées à Salomon, qui avoit épousé une femme d'Egypte, où beaucoup de personnes du sexe portoient des noms dérivés de celui de *Neith*, comme on a ensuite donné le nom même de *Sophie* à des filles.

Le dernier attribut de l'être suprême, que les Egyptiens avoient personnifié, c'est la bonté divine, qu'il appelloient *Cnuph* (*a*), mot célebre dans les Abraxes. Et par-là on voit que dans le fond leur doctrine s'éloignoit beaucoup de celle des Indiens, avec lesquels ils n'ont que des rapports extérieurs, dont la plupart même s'évanouissent, lorsqu'on les examine attentivement; mais il n'en eurent jamais avec les Chinois, qui ont peuplé la nature de génies, parmi lesquels il n'existe point toujours une parfaite subordination.

Ce qu'on a dit jusqu'à présent peut suffire pour démontrer que M. Jablonski a été dans une singuliere illusion, lorsqu'il a prétendu que toute la théologie Egyptienne n'étoit appuyée que sur l'hypothese de Spinosa, qui a pu lire les hiéroglyphes d'Horus Apollon: mais il n'y a sûrement rien trouvé de favorable à ses principes; puisque cet Egyptien, né à Phœnébyth dans la préfecture Panopolitaine, ne parle jamais de la divinité que comme d'un être distinct de la matiere. Cependant dans une accusation si grave, & dans un sujet qui peut paroître obscur, je n'ai point voulu m'en rapporter absolument à mes propres lumieres, & j'ai consulté sur ce point comme sur beaucoup d'autres Mr. Heiming chanoine de Cleves, avec lequel je suis lié

(*a*) Jamblique a fort corrompu ce mot, & Plutarque écrit *Cneph*, qui a prévalu dans l'usage. Quant à l'*Athor* des Egyptiens, il signifioit en un sens le cahos, & en un autre l'incompréhensibilité de Dieu, & son état antérieur à la création.

depuis plusieurs années par l'amitié la plus étroite. Cet homme, qui a consacré toute sa vie à l'étude, & qui joint à un grand génie de vastes connoissances dans toutes les parties des sciences, m'a repondu, qu'il n'est pas possible de prouver que les prêtres de l'Egypte ayent même incliné vers l'athéisme, car on ne parle pas ici du peuple, qui, dans aucun pays du monde, n'a adopté de tels systêmes, qu'on sait exiger une espece de métaphysique fort compliquée, & destructive de toute saine Philosophie. Mais d'un autre côté nous ne prétendons pas non plus que le peuple de l'Egypte ne soit tombé dans des superstitions & des erreurs monstrueuses ; puisque les princes mêmes y ont quelquefois été assez imbéciles pour croire qu'ils contemploient les dieux, ou que les dieux leur apparoissoient (*a*). Ces sortes d'apparitions peuvent provenir d'un phénomene naturel, qui suivant moi est fort commun dans tous les pays, hormis peut-être dans la Zone Glaciale : il consiste en un faux rêve : qui a lieu quelques instants avant que le véritable sommeil commence. Les personnes en santé, dont l'esprit est tranquille & surtout les enfants de l'un & de l'autre sexe croyent voir alors des têtes ordinairement sans corps, qui voltigent à la maniere des ombres. Je doute que jamais un naturaliste ou un médecin ait recherché pour-

---

(*a*) Il est parlé dans l'histoire de deux rois d'Egypte, qui croyoient contempler les dieux : l'un se nommoit *Orus* & l'autre *Suphis*. Ce dernier passe pour avoir été auteur du livre appellé l'*Ambre sacré* ; mais cela ne paroît nullement vrai. L'*Ambre* étoit un livre d'astrologie judiciaire fort en vogue chez les Egyptiens.

quoi ces images, qui précédent de quelques moments le sommeil représentent toujours des têtes humaines & même quelquefois des têtes d'animaux ; ce qui paroît provenir du rallentissement des esprits vitaux, lorsqu'ils commencent à se calmer dans les replis & les méandres du cerveau.

Les plus ardents fanatiques de l'Egypte ont pu prendre ce faux rêve pour une apparition de quelque génie, qui se montroit à eux presque toujours sous la même forme. Aujourd'hui les moines Turcs & de certains Arabes de ce pays ont inventé tout exprès une méthode pour se procurer des visions : d'abord ils jeûnent très-long-temps, entrent ensuite dans une caverne ou un endroit extrêmement obscur, & y prient à haute voix jusqu'à ce que les forces les abandonnent : alors il leur survient une syncope, pendant laquelle ils croyent que le feu leur sort des yeux, & qu'ils voyent des phantômes tantôt agréables, tantôt effrayants. Et on ne sauroit plus douter que ce ne soit là la même méthode, dont les moines chrétiens de l'Irlande ont fait usage à l'égard de ceux qu'ils conduisoient dans la caverne, qu'on nommoit le purgatoire de St. Patrice, qui n'avoit aucun rapport avec les mystères de Cérès Eleusine, comme l'a pensé M. Sinner (a). C'est proprement la faim, qui occasionne le délire où ces malheureux ne peuvent manquer de tomber, & dont quelques-uns ne sortent jamais plus, sans qu'on puisse les plaindre.

La diversité des animaux sacrés de l'ancienne Egypte a fait croire à des auteurs modernes

---

(a) *Essai sur le dogme de la Métempsycose & du Purgatoire.* pag. 136.

très-peu instruits, que le fond de la religion y varioit d'une province à l'autre. Mais il est aisé de s'appercevoir que le culte symbolique n'étoit qu'un culte secondaire, & que les animaux n'étoient que consacrés à ces mêmes divinités, que les Grecs & les Romains reçurent ensuite chez eux ; sans qu'il soit jamais venu dans l'esprit de quelqu'un de soutenir que la religion varioit d'un quartier de Rome à l'autre, ou d'un quartier d'Athénes à l'autre, parce qu'on y voyoit des temples de Vulcain, de Jupiter, de Minerve ou d'Apollon, auquel les Egyptiens avoient particulierement consacré le loup (b). Cependant dans la préfecture Lycopolitaine on n'adoroit non plus le loup, qu'on adoroit la chouette à Athénes, l'aigle à Rome, la bélette à Thebes ou la souris dans la Troade.

On se seroit infiniment moins trompé, si l'on avoit soutenu que les quatre grands colleges de l'Egypte n'ont point toujours été d'accord sur différents points d'histoire, de physique & d'astronomie : car cela me paroît bien avéré ; & delà provient la contradiction qui existe entre les systêmes que les modernes leur attribuent. Pythagore, qui avoit étudié à Thebes, semble y avoir été imbu de deux opinions qui faisoient partie de sa doctrine secrette : il soutenoit premierement, que la terre est un astre ou une planette ; & il soutenoit en second lieu qu'elle tourne autour du soleil, ce que son sectateur Philolaüs enseigna ensuite publiquement. Cependant il regnoit en Egypte un autre systême, qui, à peu de chose près, est le même que celui de Tycho-Brahé : on y supposoit la terre immobile, &

(a) Macrob. lib. I. cap. XVII.

on y admettoit le mouvement de Vénus & de Mercure autour du soleil, comme nous le savons par les commentaires de Macrobe sur le songe de Scipion.

Quoique ces deux hypotheses soient en partie contradictoires, il est possible qu'elles ont été admises par différents colleges à la fois. Alors toute la difficulté disparoît, & les choses se concilient d'elles-mêmes : comme on avoit à Thebes la liberté de penser ce qu'on vouloit, on utoit aussi de ce droit à Héliopolis, à Saïs & à Memphis. Si l'on demandoit encore, ainsi qu'on l'a fait cent fois, pourquoi Ptolomée rejetta le mouvement de Vénus & de Mercure autour du soleil, malgré l'autorité de tous les prêtres de l'Egypte qui l'avoient observé ; nous demanderions à notre tour pourquoi Tycho-Brahé rejetta le système de Copernic. Les idées des hommes sont souvent inexplicables : ils voient la lumiere & vont vers les ténébres.

Séneque suppose, sans la moindre preuve, qu'Eudoxe & Conon avoient fait pendant leur séjour en Egypte des recherches sur le sentiment des colleges touchant la nature & la théorie des cometes, sans avoir pu rien découvrir. D'abord il est possible que Conon & Eudoxe n'ont pas même pensé à la théorie des cometes ; & il y a bien de l'apparence que s'ils s'en étoient instruits, ils auroient encore trouvé les opinions extrêmement partagées : car cette matiere en étoit alors fort susceptible : tandis qu'on convenoit généralement des principaux points de cosmographie, & les Egyptiens ne disputoient pas sur la cause des éclipses, qu'ils attribuoient à l'ombre, ni sur la figure de la terre qu'ils faifoient ronde (*a*). Et s'il eût jamais exifté la moindre communication entre eux & les Chinois, on n'auroit pas trouvé qu'à l'arrivée des jéfuites, tous les prétendus lettrés de la Chine faifoient la terre carrée ; & ignoroient la caufe des éclipfes. Ils imaginoient dans le ciel, dit le pere Kircker, je ne fais quel génie qui mettoit tantôt fa main droite fur le foleil, & tantôt fa main gauche fur la lune (*b*) ; alors on entendoit d'abord battre des tambours & des chaudrons : les plus timides fe cachoient dans des caves, & les empereurs trembloient fouvent fur leur trône.

On peut croire aifément que des opinions philofophiques n'ont jamais troublé en Egypte le repos du peuple ou agité l'état ; & nous avons fait voir auffi, que la diverfité des animaux confacrés aux dieux n'a pas occafionné de guerre entre les provinces dans les temps où ce pays étoit gouverné par fes propres loix & fa propre police : mais quand des conquérants lui ôterent tout cela : quand on lui donna des loix nouvelles, & une police qui ne valoit rien, alors on vit fans doute naître la haine & la jaloufie entre des villes qu'on incitoit les unes contre les autres, & ces factions éclaterent d'une maniere horrible. Warburton affure qu'on ne trouve, dans l'hiftoire, qu'un feul exemple de quelque démêlé femblable ; mais s'il eût voulu s'inftruire, il auroit trouvé jufqu'à quatre exemples, fans parler d'une efpece d'émeute excitée à l'occafion de ce Romain, qui avoit tué un chat, & commis vraifemblablement d'autres excès, que les Egyptiens ne

---

(*a*) *Diogen. Laër. in Proem.* §. 10. & 11.
(*b*) *China Illuftrat. fol.* 105.

pouvoient

pouvoient tolérer, & ils exposerent leur vie pour en tirer vengeance : car ils étoient encore alors d'une opiniâtreté singuliere, & même remarquable : on les regardoit comme les seuls d'entre les hommes, qui eussent la patience de résister long-temps à la douleur de la question (*a*) ; & ils essuyoient souvent des tourments affreux plutôt que de trahir un secret ou que de payer le tribut qu'exigeoient les Romains, auxquels ils ne croyoient rien devoir; & la vérité est, qu'ils ne leur devoient rien. Au reste, cette opiniâtreté différoit extrêmement du véritable courage, & extrêmement encore de ce que nous appellons l'Héroïsme.

Warburton, dont on vient de parler, soutient aussi que le combat des Tentyrites & des prétendus Ombites n'étoit pas l'effet d'une guerre de religion. Ce n'étoit pas, à la vérité, une guerre de religion comme on en a fait en France & en Angleterre ; puisqu'il n'y eut qu'un seul homme de tué : mais on y découvre cependant le même fanatisme, mis en action par les mêmes vues d'intérêt que nous pouvons encore assez bien dévoiler, malgré les ténebres qui semblent les dérober à nos yeux.

La dispute élevée au sujet des chiens & des brochets entre les Cynopolitains & les Oxyrinchites, dégénéra en une véritable guerre : & les Romains, qui avoient alors beaucoup de troupes réglées en Egypte, auroient pu, s'ils avoient voulu, empêcher ces malheureux d'en venir aux mains, mais ils les laisserent battre,

---

(*a*) *Ægyptios aiunt patientissime ferre tormenta : & citius mori hominem Ægyptium in quæstionibus tortum, examinatumque, quam veritatem prodere.* Elien. hist. divers. lib. VII. Voyez Ammien Marcellin. lib. XXII.

& quand ils furent affoiblis par leurs pertes mutuelles, on les châtia si cruellement, qu'ils n'eurent rien de plus pressé que de faire la paix.

Quand je dis que des vues d'intérêt ont pu être cachées ici sous l'extérieur de la religion & du zele, il faut observer que cela est fondé sur ce qu'on lit dans les voyageurs modernes, de ces fréquents combats que se livrent les Arabes, qui habitent aujourd'hui les deux rives du Nil. M. Pococke nous parle d'un de ces combats dont il avoit été témoin; & ce ne sont point les animaux sacrés, dont il n'est plus question, qui excitent ces émeutes populaires parmi les Mahométans de l'Egypte. Il est très-commun en Europe même de voir régner de l'inimitié entre les villes qui se trouvent situées sur les bords opposés d'un même fleuve à de petites distances : car il n'est point possible que de telles villes soient également florissantes à la fois ; & c'est cette inégalité de fortune & de puissance, qui aigrit l'ame du vulgaire.

Ce n'a été qu'en suivant jusqu'à présent le texte manifestement corrompu de Juvenal, qu'on a supposé que ce furent les Ombites, qui se battirent contre les Tentyrites au sujet des crocodiles ; ce qui n'est assurément point vrai : car on comptoit de Tentyre à Ombos plus de trente-sept lieues, & des villes si éloignées les unes des autres ne sauroient avoir, sous de si vains prétextes, de si grands intérêts à discuter. Le démêlé, dont il s'agit, s'est réellement élevé entre les Tentyrites & les habitants de Coptos, ville beaucoup plus voisine, & qui devint très-riche, dès qu'on eut ouvert dans le centre de la Thébaïde, une route qu'on fait avoir abouti à Bérénice ; de sorte que toutes les marchandises des Indes, de l'Arabie & de la côte d'Afrique étoient apportées par des chameaux à Coptos, où on les embarquoit en partie pour les expédier à Alexandrie. Ces flottes passoient sous les remparts des Tentyrites, qui n'avoient aucune part à ce commerce; quoiqu'ils fussent d'ailleurs dans un état très-avantageux, comme on le voit par les magnifiques débris de leurs temples, qui existent encore en partie.

Avant le regne des Ptolémées, lorsque les Egyptiens n'avoient tracé aucun chemin dans la Thébaïde, ni fabriqué une seule barque sur le golfe Arabique, il n'étoit point possible de prévoir que Coptos, située à l'écart du Nil, deviendroit un jour l'entrepôt du plus riche commerce de l'univers. Le bonheur inattendu de cette ville a pu inspirer beaucoup de jalousie à Tentyre; & il n'est pas surprenant que de tels hommes se soient battus sous les Romains (a).

Quant aux Oxyrinchites & aux Cynopolitains; quoique leurs capitales se trouvassent à-peu-près à une distance de huit lieues, leurs préfectures étoient néanmoins limitrophes, ou séparées seulement par le Nil. Mais Cynopolis paroit avoir eu beaucoup moins de terrein cultivé, qu'Oxyrinchus, ville très-florissante, & dont la fortune se soutint malgré les épouvantables révolutions arrivées en Egypte depuis Cambyse; mais elle ne put se soutenir contre les moines Chrétiens, qui la ruinerent de fond en comble. On prétend qu'on y a compté jus-

---

(a) Juvenal dit expressément que ce démêlé s'éleva entre Tentyre & Coptos.

Gesta super calidæ referemus mænia Copti.

qu'à trente mille Cénobites à la fois de l'un & de l'autre sexe ; & c'est là, suivant nous, une exagération très-grossiere. En général, l'abbé de Fleuri auroit dû mettre plus de critique dans ce qu'il a extrait des auteurs ecclésiastiques, & sur-tout de Rufin, sur ce singulier fléau qui désola l'Egypte depuis le troisieme siecle.

Quand on supposeroit qu'il y a eu dans la seule ville d'Oxyrinchus, alors métropole de l'Heptanomide, sept mille célibataires à la fois, au lieu de trente mille, cela étoit plus que suffisant pour la dépeupler à la longue, & la convertir enfin en une misérable bourgade, qu'on croit se nommer maintenant *Bahnese*.

Les premiers moines de l'Egypte, qui remplacerent les Thérapeutes, dont ils avoient copié beaucoup d'observances, vivoient dans les déserts, & travailloient pour vivre : or il falloit les laisser là, & non les recevoir dans les villes ; car quand on les reçut dans les villes, tout fut perdu. Leurs mœurs se corrompirent, & ils mirent le peuple à contribution par leurs quêtes : il paroît qu'on n'imagina alors d'autre moyen pour être à l'abri de ces continuelles vexations, que de se faire moine soi-même ; de sorte que c'étoit-là un monstre qui se consumoit à mesure qu'il croissoit, & il devoit périr d'une maniere ou d'une autre. C'est une observation, que jamais les ordres monastiques ne sont plus près de leur ruine, que quand ils se multiplient beaucoup : car comme ces édifices n'ont pas de fondemens, la premiere secousse les renverse, ou bien la seconde ; & cela arrive tôt ou tard.

On dit que les Anglois n'ont laissé subsister, dans tout leur pays, qu'un seul couvent ; mais les Turcs, qui gouvernent l'Egypte en aveugles, paroissent s'être reposés uniquement sur les Arabes du soin d'y extirper les monasteres; car il est sûr, comme M. Niebuhr l'insinue dans sa *description de l'Arabie*, qu'il regne une singuliere antipathie entre les bébouins & les moines, qui sont ordinairement fort maltraités, lorsqu'ils tombent entre leurs mains; & on pille leurs maisons toutes les fois qu'on peut les piller : souvent même on les y tient assiégés si long-temps, qu'ils gagnent la lepre ou le scorbut faute de rafraîchissements, comme des matelots dans un navire. Je crois qu'il existe encore de nos jours en Egypte une quarantaine de couvents hors de l'enceinte des villes; & il paroît que leur nombre a toujours diminué en raison de celui des évêchés, qu'un ancien catalogue écrit en Grec fait monter à quatre-vingt-deux (*a*), dont il n'en reste plus qu'onze, sans compter l'*Abouna* d'Abyssinie, & un autre prélat Copte qui réside à Jerusalem, où son sort n'est point meilleur que celui des Evêques qui demeurent en Egypte : ce sont des hommes obscurs & si pauvres, qu'ils ont à peine de quoi vivre : car la nation Copte, qu'on suppose être réduite à vingt-cinq ou trente mille familles, n'a pas de quoi les nourrir, ni les habiller décemment. Tout cela peut donner une idée de la maniere dont les Turcs ont gouverné ce pays.

(*a*) Il est vrai qu'on regarde ce catalogue comme une piece fort suspecte; parce qu'il place un évêché à *Scenæ Mandrorum*; mais il en a indubitablement existé un dans cet endroit, & dans d'autres lieux bien moins considérables encore; de sorte que la plupart de ces évêques d'Egypte n'étoient que des curés.

On a déjà fait remarquer que le soulevement des Egyptiens qui entreprirent de raser le labyrinthe, étoit aussi une fureur de religion très-répréhensible. Mais il n'y a pas de doute que ce ne soit sous les Romains qu'on vit éclater ce fanatime; & c'est entre le regne d'Auguste & celui de Vespasien ou de Tite, que le labyrinthe fut en partie démoli: car Strabon en parle comme d'un ouvrage qui n'avoit pas essuyé la moindre violence; & Pline dit qu'il avoit été singuliérement maltraité par ceux qui habitoient la ville d'Hercule & ses environs. Par-là on voit clairement que c'est depuis l'époque du voyage de Strabon, que cet édifice avoit tant souffert. Et c'est encore là un désordre que les Romains auroient pu prévenir, s'ils avoient voulu.

C'est en vain que quelques auteurs trop prévenus en faveur de l'ancienne Egypte ont tâché de justifier tout ce que le culte de ce pays, qu'on a appellé la mere des arts & l'école de la superstition, renfermoit de vicieux, de ridicule & d'absurde. On dit que chez tous les peuples civilisés la religion change tellement de forme à la longue, qu'après cinq ou six mille ans on n'y découvre plus l'ombre de l'institution primitive, & on s'imagine que cela arrive par des causes dont l'effet est inévitable. Mais nous voyons tout au contraire, que la grande maxime des prêtres de l'Egypte, étoit qu'en fait de religion il ne faut absolument rien innover : & leur disciple Platon a si fort insisté sur cette maxime, qu'enfin il prétend qu'il faudroit avoir perdu l'esprit ou le sens commun, pour entreprendre de changer quelque partie du culte que ce soit (a).

_____
(a) *De legibus, dial V.*

Les cérémonies & les sacrifices, dit-il, soit qu'ils viennent des anciens sauvages du pays, soit qu'ils aient été établis par ceux qui ont consulté les oracles de Delphes, de Dodone, d'Ammon, doivent rester ce qu'ils sont ; & il ne faut pas, ajoute-t-il, toucher à tout cela. Comme on découvre des idées semblables dans les discours préliminaires de Zaleucus & de Charondas, & dans les ouvrages de Cicéron, nous avons pu dire que les plus célebres législateurs de l'antiquité, soit dans la théorie, soit dans la pratique, ont été à cet égard d'un même avis. Aussi Solon, qui réforma toute la république d'Athenes, qui régla jusqu'aux endroits où l'on pourroit planter des ruches, & creuser des puits, ne dit-il point aux Athéniens un seul mot touchant leur religion (a). Car on ne sauroit regarder sous ce point de vue ses loix sur les funérailles, & celles qu'il fit pour diminuer le luxe des enterrements, qui a été un mal général dans le monde : on dut déjà le réprimer à Rome par la vigueur des douze tables ; & on dit que rien n'affoiblira davantage à la Chine la puissance des Tartares, que les dépenses qu'ils font pour s'enterrer ; si l'on n'arrête cette jactance qui leur est commune avec les anciens Scythes, par des réglements plus forts que ceux qui ont paru jusqu'à présent.

Tout ceci peut résoudre la question qu'on a faite tant de fois, lorsqu'on a demandé pour-

---

(a) On dit, à la vérité, que Solon fit bâtir dans Athenes un temple à la Vénus vulgaire, *te pantemo*; mais ce fait est douteux, & on ne sauroit d'ailleurs, en conclure qu'il se mêla de réformer la religion comme il avoit réformé les loix.

-quoi on trouvoit chez plusieurs peuples de l'antiquité, des religions si folles & des loix si sages ? La raison en est, que la plus grande partie du culte religieux avoit été imaginée dans des temps où les hommes étoient encore sauvages : les loix au contraire furent faites, lorsque la vie sauvage eut cessé. Or, la maxime de ne rien innover fit subsister chez des nations d'ailleurs bien policées beaucoup de pratiques religieuses qui venoient des barbares.

L'erreur des législateurs, dont on a parlé, consiste en ce qu'ils n'ont point distingué l'essence de la religion d'avec des choses purement accessoires. D'ailleurs, comme leurs loix les rendoient odieux à tous ceux qui étoient corrompus par le vice, ils ne voulurent pas accumuler les dangers sur les dangers, ni se rendre odieux encore à ceux qui étoient corrompus par la superstition. Le Pharaon Bocchoris conçut l'idée d'ôter à la ville d'Héliopolis le bœuf sacré, connu sous le nom de *Mnévis*; & cette seule idée lui fit perdre à jamais l'estime du peuple, qui nourrit des bœufs à Héliopolis & des lions, pendant plus de siecles que n'a subsisté l'empire Romain. On croit que l'*Apis* ne disparut pour toujours de Memphis que sous le regne de Théodose ; & suivant M. Jablonski, le premier *Apis* avoit été consacré en 1171 avant l'ere vulgaire : ainsi la succession de ces animaux dura quinze cent cinquante-un ans, & bien plus long-temps encore suivant nous, qui n'admettons point l'époque indiquée par M. Jablonski (*a*), parce qu'il nous paroît qu'en de telles choses il faut

---

(*a*) *Pantheon Ægyptiac. lib. IV. cap. II.*

plutôt adopter le sentiment de Manéthon que celui d'Eusebe.

Comme en Egypte le régime diététique étoit relatif au climat, & comme beaucoup de fêtes & de cérémonies étoient relatives à l'agriculture, au débordement du Nil & à l'astronomie, les prêtres croyoient que ce culte devoit être comme la nature elle-même, c'est-à-dire invariable.. D'ailleurs, ils voyoient les terres extrêmement bien cultivées : ils voyoient l'ordre & l'abondance régner dans les villes ; de façon qu'ils se mirent dans l'esprit, que ce pays ne seroit jamais devenu si florissant, si la religion n'eût rien valu. Mais, sans parler de ce que l'on observe de nos jours, il est certain que l'antiquité nous offre le spectacle d'un grand nombre de contrées extrêmement florissantes, quoique la religion qu'on y professoit, ne fût qu'un tissu d'absurdités & de chimeres également palpables. En de tels cas, la police & les loix font tout.

Au reste, ce n'est pas le régime diététique de l'Egypte qu'on blâme, & ce ne sont point non plus les fêtes relatives à l'agriculture, qui ont mérité l'animadversion des philosophes ; puisque ces usages à tous égards respectables, sont au contraire dignes des plus grands éloges. Mais nous parlons des désordres scandaleux, commis dans le Nome Mendétique, du culte des animaux en général, de la licence qui régnoit dans les processions & les pélérinages, de la discipline que se donnoient les dévots, du peu de décence qu'on observoit dans l'installation du bœuf Apis, des dépenses excessives qu'entraînoit l'embaumement de certains animaux, & en un mot, de mille superstitions qui auroient dû empêcher qu'on ne rendît cet oracle si fameux, par lequel les

Egyptiens furent déclarés *le plus sage de tous les peuples*, comme on déclara Socrate le plus sage des hommes. La force de la vérité a pu faire parler en faveur d'un philosophe ; mais pour les Egyptiens, on n'a pu parler en leur faveur que par un grand sentiment de reconnoissance ; car les Grecs leur devoient les arts & les sciences. Et il tombe aisément dans l'esprit des ecoliers de croire que leurs maîtres sont plus sages qu'eux, quoique cela ne soit pas toujours vrai.

C'est par rapport aux abus dont on vient de parler, que la maxime de ne rien innover est fausse & pernicieuse, d'après tout ce qu'en dit Platon. On pouvoit laisser, à la rigueur, aux Egyptiens ce qu'on appelle le culte larmoyant, puisqu'un peuple si mélancolique devoit être de temps en temps abandonné à sa mélancolie ; mais il ne falloit point permettre à de telles gens de se battre eux-mêmes dans les temples : car ceux qui surmontent jusqu'à ce point la nature, l'instinct & la raison, surmonteront tout ; & il n'y a point de forfait dont ils ne soient capables : aussi observe-t-on en Italie que les processions des flagellants ne sont ordinairement composées que de scélérats.

La doctrine des Egyptiens sur l'état futur de l'ame, semble avoir été compliquée ; & M. Mosheim s'est même imaginé qu'il régnoit parmi eux deux opinions entièrement opposées (*a*), parce qu'ils n'a pu combiner les

---

(*a*) *Ad syst. intellect. Cudworth. cap. IV. pag.* 365. Servius, le commentateur de Virgile attribue aussi une opinion singulière aux Egyptiens, mais qui est manifestement fausse.

écrivains de l'antiquité, qui prétendent que ce peuple adhéroit à la métempſycoſe, avec d'autres écrivains de l'antiquité qui le nient. Mais cette contradiction qui exiſte bien ſûrement entre les auteurs, n'exiſta jamais entre les Egyptiens, qui dans des temps fort éloignés ne paroiſſent pas même avoir eu connoiſſance du ſyſtême de la tranſmigration des ames. Et ce qu'on en lit dans Clément d'Alexandrie, Diogene Laërce, Philoſtrate, & le poëmandre du prétendu Hermès, ne dérive que d'Hérodote, qui s'eſt à cet égard trompé. Et on ne s'en étonnera pas, quand on connoît les erreurs manifeſtes où les Grecs & les Romains ſont tombés en écrivant ſur la religion des Juifs, auxquels ils prêtoient différentes opinions, dont jamais les Juifs ne s'occuperent; & cependant on ne cherchoit point par-là à les calomnier, puiſqu'il y avoit tant d'autres maux à dire d'eux: mais cela venoit de la négligence ou du peu de ſoin qu'on avoit pris pour s'inſtruire; au point que les Romains ne connoiſſoient ni l'hiſtoire, ni les dogmes du Judaïſme, qu'ils toléroient dans Rome. Voudroit-on après cela nous perſuader qu'un homme tel qu'Hérodote n'a pu ſe tromper en écrivant ſur les dogmes des Egyptiens ? lui qui n'entendoit pas leur langue, & qui s'étoit abandonné aux interpretes, qu'on ſait lui avoir conté ſur le ſeul article des pyramydes des choſes que les enfants même ne croient plus.

Il eſt ſûr que ceux qui adoptent ſtrictement le ſyſtême de la tranſmigration des ames, comme les Thibétains & les Indous, ne ſe ſoucient pas du tout de conſerver les corps morts: ils les brûlent d'abord, ou les laiſſent corrompre en terre, tandis que les Ethiopiens

& les Egyptiens faifoient tout ce qu'on peut humainement faire pour les conferver. Et voilà pourquoi ils avoient la mer en horreur : car ceux qui s'y noyoient, ne pouvoient être embaumés fans un extrême hazard, fur lequel on ne comptoit pas. Cependant comme ils naviguoient fans ceffe fur le Nil, on avoit établi des prêtres particuliers, qui devoient repêcher les cadavres, & les changer en momies aux fraix du public. Ainfi on rifquoit prodigieufement en naviguant fur l'Océan. Cette opinion étoit très-bonne auffi long-temps qu'on n'avoit point de marine, & qu'on ne vouloit pas en avoir ; mais lorfque d'autres temps amenerent d'autres circonftances, cette opinion ne valut plus rien ; & il fallut bien la mitiger, tout comme chez les Grecs & les Romains, qui avoient été affez inconfidérés pour l'adopter.

Une priere qu'on récitoit pour quelques morts en Egypte, & que Porphyre a confervée (a), prouve, felon nous, de la maniere la plus claire, qu'on n'y adhéroit pas du tout à la métempfycofe, ni à celle qu'on nomme fatale ou phyfique, & qui exclut les peines & les récompenfes, ni à celle qu'on nomme morale ou réelle, & qui n'exclut ni les unes, ni les autres. Plutarque fait affez entendre qu'on fe trompe, lorfqu'on croit que les ames humaines paffoient dans le corps des animaux facrés. Et en effet les Egyptiens, auxquels on prête cette opinion, n'en avoient jamais ouï parler, non plus que les Juifs n'avoient entendu parler de l'adoration du cochon & de l'âne, que des écrivains de l'antiquité

(a) *De abftinen. ab animal.*

leur ont imputée. Si les Egyptiens, dis-je, eussent pensé sur toutes ces choses comme les Bramines, on ne les auroit pas vu manger la chair des animaux, & offrir en victimes des bœufs, des veaux, des chevres, des brebis, & une infinité d'autres especes animales, que les Bramines n'oseroient jamais manger, & bien moins tuer, sous peine d'être châtiés dans l'autre monde (*a*), & couverts dans celui-ci de toute l'ignominie qu'on reserva pour les *Poulichis* & les *Patiah*, deux sortes d'hommes fort remarquables ; & sur lesquels on devroit nous procurer de nouveaux éclaircissements ; car j'ai déjà eu occasion d'observer qu'il s'est glissé des fables dans ce qu'en rapportent les voyageurs, qui devroient témoigner moins d'aigreur envers ceux qui examinent leurs relations à l'aide de la saine critique ; car cela est absolument nécessaire pour empêcher qu'on ne remplisse encore l'Europe de mensonges aussi grossiers que ceux, qui concernoient les géants de la Magellanique. Au reste, c'est sans fondement qu'on pourroit supposer que ces *Poulichis* & ces *Patiah* représentent aux Indes deux tribus Egyptiennes : celle qu'Hérodote nomme la caste des bateliers, & celle qui gardoit les animaux immondes comme les cochons.

D'un autre côté, les Indiens different extrêmement des Egyptiens, en ce qu'ils ne sont pas circoncis ; & en ce qu'ils admettent un enfer dans la partie la plus basse de l'*Onderah* ; & en ce qu'ils admettent encore des châtiments éter-

---

(*a*) On peut voir dans *Holwell*. partie seconde, chapitre IV. quel énorme châtiment est réservé aux Bramines qui tuent des animaux.

nels pour de certains crimes comme le suicide & la bestialité (a).

Les Egyptiens rejetoient absolument l'éternité des peines, & ne croyoient qu'au purgatoire, appellé en leur langue *Amenthés*; mais de cet endroit aucun chemin ne conduisoit directement au ciel, & tous ceux qui entroient dans l'*Amenthés*, devoient un jour ressusciter, & ranimer le même corps ou la même matiere qu'ils avoient animée la premiere fois.

Suivant la théologie Égyptienne les philosophes & ceux qui avoient embrassé la vertu la plus rigide, étoient les seuls dont l'ame alloit directement habiter avec les dieux, sans passer par le purgatoire, & sans jamais être sujette à la résurrection; & il faut observer que ce n'est qu'en ce point-là que leurs dogmes se rapprochent tant soit peu de la croyance des Indous.

Dans les cérémonies funéraires de l'Egypte on faisoit au nom de quelques morts une confession publique, par laquelle on déclaroit,

―――――――――――
(a) Comme le suicide est, suivant les Indiens, un crime inexpiable, parce qu'il interrompt le cours des transmigrations, on ne conçoit point de quelle maniere ils combinent cette opinion avec la mort volontaire des femmes, qui se brûlent elles-mêmes. Cependant c'est un suicide aussi réel que celui de Calanus & de quelques autres Bramines dont parlent les anciens.

Je ne connois pas la doctrine des Égyptiens sur le suicide, & on ne peut savoir si elle étoit conforme à celle des Grecs, que je soupçonne d'avoir imaginé une cérémonie aussi bizarre que l'oscillation pour aider l'ame de ceux, qui se pendoient eux-mêmes, à passer le Styx. Cette oscillation consistoit à suspendre de petites figures à des cordes, & à les balancer long-temps dans l'air : cela tenoit lieu de funérailles & de sépulture, que la religion ou les loix refusoient à ceux qui s'étoient défaits eux mêmes.

O curas hominum !

qu'ils avoient constamment honoré leurs parents, qu'ils avoient suivi la religion de l'état, que leur cœur ne fut jamais souillé par le crime, ni leurs mains teintes de sang humain au milieu de la paix, qu'ils avoient conservé religieusement & restitué de même les dépôts qui leur étoient confiés, & qu'enfin pendant tout le cours de leur vie, ils n'avoient fait tort à personne.

Il est manifeste que toutes ces conditions étoient absolument indispensables à ceux qui espéroient de pouvoir échapper à l'*Amenthès* ou au purgatoire. Et il me paroît que cette doctrine sur les devoirs de l'homme & du citoyen est un extrait de celle qu'on lisoit dans les petits mysteres, où on la voyoit probablement gravée sur deux tables de pierre : car les Grecs nous disent de la maniere la plus positive, qu'on apportoit en présence des initiés deux tables de pierre ; & cette circonstance explique une infinité de difficultés.

Nous sommes ici historiens : nous rendons compte des opinions, sans vouloir précisément indiquer ce qu'elles contenoient de bizarre ou d'inutile : car il étoit inutile sans doute de faire revenir une seconde fois les ames de l'*Amenthès* sur la terre ; & par-là on eût ôté la singuliere distinction entre ceux qui devoient ressusciter, & ceux qui ne ressuscitoient pas. Cependant tout le monde se faisoit embaumer par précaution ; & Plutarque dit qu'il y avoit aussi en Egypte deux endroits où l'on cherchoit à se faire enterrer préférablement à d'autres, comme les environs de Memphis, & les environs d'Abydus. Mais nous avons déjà remarqué que les momies, très-communes dans le voisinage de Memphis, sont au contraire très-rares vers *Mad-funé*, ce qui signifie *ville ensevelie*, soit qu'on ne puisse plus pénétrer dans les souterrains à cause d'une montagne de ruines qui les couvre, soit que le nombre des personnes, qui y ont fait porter leur corps, n'ait pas été aussi considérable qu'on se l'imagine. C'est proprement à *el-Berbi* que doit avoir existé le fameux temple d'Abydus; mais on en a enlevé jusqu'aux bases des colonnes: car les Turcs & les Arabes scient ces colonnes pour en faire des pierres de moulins; & voilà jusqu'où s'étend leur passion pour les antiquités.

M. Niebuhr, qui avoit été envoyé par le feu roi de Danemark en Arabie, croit avoir découvert un troisieme cimetiere Egyptien, sur une montagne, qui est éloignée de dix-neuf grandes lieues de l'endroit, où l'on passe aujourd'hui la mer rouge à pied, sans avoir, pendant le reflux, de l'eau jusqu'à la moitié de la jambe.

Il est fort remarquable qu'on découvre des monuments Egyptiens si avant dans l'Arabie pétrée, & il seroit encore bien plus remarquable, s'il étoit vrai, comme ce voyageur le prétend, qu'il a existé dans ces environs toute une ville Egyptienne, qui y possédoit des terres bien cultivées (*a*); quoiqu'aucun géographe, ni aucun historien n'en ait parlé. Les habitants d'Héroonpolis ou de la ville des héros ont pu porter quelques-unes de leurs momies à deux lieues au-delà de ce que nous appellons la mon-

---

(*a*) So viele schon gehauene Steine kœnnem ihren Ursprung nicht von herumstreifendem familien gehabt haben; sondern mußen nothwendig von den Einwohnern einer grossen Stadt herrühre.. Und wenn in dieser jetze Wusten Gegend eine grosse Stadt gustanden hat, so muß sie uberhaupt auch besser angebauet gewesen seyn. Bas. von Arabien. S. 402.

tagne taillée ou le *Gebel-el-Mokateb*, mais on n'a jamais ouï dire que les Egyptiens se soient servis de pierres sépulcrales, que M. Niebuhr nomme *Leichensteine*, & dont on ne voit pas la moindre trace dans les Champs-Elisées ou le grand cimetiere, qui est entre *Sacckara* & *Busiris*; & sur lequel l'imagination des Grecs s'est étrangement exercée. Le Cocyte, ce fleuve si redoutable, n'est qu'un chétif petit canal, qui dérive du Nil; & le Lethé est un autre canal encore plus petit que le Cocyte. Si les Egyptiens choisissoient volontiers cet endroit pour leur sépulture, c'est qu'ils aimoient être enterrés dans le voisinage des pyramides, qui auroient pu réellement embellir les descriptions que les mythologistes Grecs ont faites de ce cimetiere; & il est difficile de savoir pourquoi ils n'ont jamais parlé de ces monuments, qui étoient des objets d'une toute autre importance que deux fossés. Cependant quand on est au milieu des Champs Elisées, on voit d'un côté les grandes pyramides & de l'autre les petites; mais il ne faut pas inférer qu'elles n'étoient point encore bâties du temps d'Orphée ou d'Homere, parce que ni l'un ni l'autre n'en a dit un mot.

On n'a pu découvrir que les Egyptiens aient eu des livres qu'ils attribuoient à des auteurs inspirés; mais les grands colleges faisoient paroître sous le nom de *Thoth* ou de *Hermès*, tous les ouvrages qui concernoient la religion: car aucun prêtre, ni aucun particulier n'écrivoit en son propre nom sur de telles matieres. Au reste, le peuple regardoit comme sacrés tous les livres relatifs à la jurisprudence, à l'histoire & à l'astrologie; & sur-tout lorsqu'ils avoient été rédigés ou calculés par des pharaons mêmes : mais les traités d'astrologie ne paroissoient pas sous le nom de *Thoth*; & on y nommoit les auteurs, comme *Suchis*, *Pétosiris* ou *Nécepsos* (*a*), le grand promoteur de cette superstition, qu'on ne pourra jamais déraciner de l'esprit des Orientaux. Et nous venons de voir Kérim Kan conquérir la Perse, & être accompagné dans toutes ses expéditions par des astrologues, précisément comme Alexandre, qui prit des astrologues en Egypte, ainsi qu'on prend des pilotes pour se conduire sur des plages inconnus, & si l'on en croit Quinte Curce, ils lui rendirent de grands services à l'occasion d'une éclipse de lune, qui est très-célebre dans l'histoire ancienne ; mais le récit d'Arien differe à cet égard beaucoup de celui de Quinte Curce (*b*).

Nous connoissons par Clément d'Alexandrie le sujet de quarante-deux livres Hermétiques, adoptés par les grands colleges. On ne regrette pas la perte du premier volume ; parce qu'il ne renfermoit que les pseaumes des Egyptiens ; mais on regrette beaucoup le second, qui prescrivoit aux rois la maniere dont ils doivent se conduire, & dont nous aurons encore occasion de parler ailleurs. Il seroit à souhaiter qu'on nous eût au moins conservé un extrait du huitieme & du neuvième tome de cette collection, où l'on traitoit de la cosmographie & ensuite de la

---

(*a*) Quelques savants modernes ont regardé *Nécepsos* comme l'inventeur de l'astrologie judiciaire : parce que S. Paulin a dit de lui,

Quique Magos docuit mysteria vana Necepsos.
    Apud Auson. XIX. Epist.

Mais l'autorité de S. Paulin n'est ici d'aucun poids ; & l'astrologie judiciaire est une folie beaucoup plus ancienne.

(*b*) *Curt. lib. IV. cap*..... *Arrian. lib. III. p.* 170.

géographie, que quelques auteurs ont regardée comme la science favorite des Egyptiens. Cependant il est bien certain que leurs lumieres ont dû être à cet égard très-bornées. Et le tout se réduisoit, comme on l'a dit, à quelques pratiques de géométrie pour lever des plans ou des cartes, ce que les Chinois n'ont jamais su, & on ne pouvoit, avant l'arrivée des missionnaires, donner le nom de carte à des morceaux de papier chargés de quelques caracteres mis au Nord ou au Sud d'une riviere, & l'on ne reconnoissoit ni le local, ni les distances, ni les positions relatives des endroits, qui étoient également au Midi, ou également au Septentrion ; & l'empereur *Kan hi* dut employer des Européens pour avoir de son pays une carte qu'on sait être encore très-éloignée de la perfection ; puisque la latitude même de Pékin y est fautive, & la longitude de cette ville peut être regardée comme incertaine ; hormis qu'on n'ait fait depuis l'an 1730 de nouvelles observations, dont je n'ai point de connoissance.

S'il étoit parvenu jusqu'à nous quelque traité de cosmogonie écrit par de véritables Egyptiens, on pourroit parler avec quelque précision sur cette matiere, qu'on a voulu inutilement éclaircir à l'aide de plusieurs ouvrages supposés, comme les hymnes d'Orphée, la théogonie d'Hésiode & les fragments de Sanchoniathon, par lesquels Philon a tâché d'illustrer sa ville de Byblos en particulier & toute la Phénicie en général, sans se soucier de l'histoire qu'il ignoroit, ni de la vérité qu'il n'avoit pas à cœur. Le plus habile de tous ces faussaires ou de ces pseudonymes pourroit bien être celui qui a forgé les hymnes d'Orphée, où l'on croit au moins reconnoître quelques foibles traces de la doctrine de l'Egypte (*a*), que les Grecs & sur-tout Platon ont singulierement défigurée ; soit parce qu'ils n'entendoient pas bien la langue de ce pays, soit parce qu'ils la traduisoient mal & par des termes qui n'étoient rien moins que synonimes, à peu-près comme cela est arrivé encore au commencement de ce siecle par rapport aux Chinois ; & on sait combien on a disputé sur la signification de deux mots, *Tien* & *Chang-ti*. On vit alors une chose assez remarquable : on vit un Tartare, qui voulut mettre d'accord tous les théologiens, en déclarant malgré la décision du pape, que les Chinois ne sont point idolâtres. Mais on peut bien s'imaginer, que ce Tartare eût été à son tour très embarrassé, si on l'avoit contraint d'expliquer d'une maniere claire & intelligible ce que c'est qu'un idolâtre : car il n'y a point d'apparence qu'il eût raisonné sur tout cela avec autant de subtilité que quelques illustres écrivains Juifs, qui, comme Abravanel, ont décidé qu'il y a dix especes d'idolatrie, ni plus, ni moins ; mais ils ont sans doute oublié la onzieme, qui consiste à faire l'usure & à rogner les monnoies, car, si les avares ne sont point idolâtres, personne ne l'est.

Il ne faut pas croire, quoi qu'on en ait pu dire, que jamais les Egyptiens se soient servis du terme de *Typhon* pour désigner ce mauvais génie, qu'ils appelloient en leur langue tantôt

---

(*a*) Le dialogue entre Dieu & la Nuit, qu'on attribue à Orphée, est au moins dans le style Oriental : on en trouve un autre dans les livres des Indiens entre Dieu & la raison humaine, qui est beaucoup plus sensé.

Seth, tantôt *Baby* ou *Papy*, & qui ne sauroit avoir aucun rapport avec les *Grigry* des Negres. Mais, en examinant plusieurs fables, qui concernent le Typhon qu'on disoit être toujours allié avec une reine Ethiopienne, nommée *Azo*, je ne doute plus que ce fantôme mythologique ne vienne des anciens sauvages de l'Ethiopie, qui avoient probablement inventé quelque instrument fort grossier & fort bruyant pour chasser le *Baby* : car on a découvert dans la Sibérie, le long des côtes de l'Afrique & dans le nouveau monde jusqu'à l'opposite de la terre du feu, une infinité de nations qui emploient des crecelles, des sonnailles, des tambours ou des courges remplies de cailloux, pour éloigner les esprits mal-faisants, dont les sauvages se croient souvent assiégés pendant la nuit, & dès qu'il leur survient quelque indisposition, ils doivent être exorcisés par les jongleurs ; ce qui ne se fait jamais sans un bruit épouvantable, dont le malade est d'abord étoudi.

Comme les Egyptiens ont témoigné, on ne dira point de la constance, mais de l'opiniâtreté à retenir leurs anciennes coutumes religieuses, on peut être à peu-près certain que l'instrument dont se servoient les Ethiopiens pour écarter le *Baby*, a été le sistre, qu'on voyoit paroître dans toutes les cérémonies où chaque assistant en portoit un à la main. Et Bochard a même prouvé que dans des siecles très-éloignés toute l'Egypte a été surnommée *la terre des Sistres*, qui, comme nous avons dit, n'étoient point des instruments de musique, que les célebres musiciens d'Alexandrie, dont parle Ammien (*a*), aient jamais

_____
(*a*) *Ne nunc quidem in eadem urbe doctrinæ variæ*

pu employer dans leur concert. Au temps de Plutarque, le petit peuple de l'Egypte croyoit encore que le bruit du fiftre fait fuir le Typhon (a), dont la puiffance diminua cependant à mefure que la raifon fit des progrès, comme cela arrive dans tout les pays du monde : car ce n'eft que chez des nations enfevelies dans la barbarie, ou dans la vie fauvage, que les mauvais génies font formidables. Au refte, il eft prouvé par des monuments qu'on voyoit dans les villes d'Apollon & de Mercure, que les Egyptiens ont foumis le pouvoir du typhon au pouvoir de l'être fuprême. Et les fables facerdotales nous repréfentent ce monftre comme noyé dans le lac Sirbon, où on le précipita dès qu'il fut touché de la foudre. Il faut obferver encore qu'on lui a toujours attribué plus d'influence dans les effets naturels que dans les affections de l'ame humaine : c'étoit lui, qui déchaînoit les vents brûlants, qu'on fait être dans ce pays extrêmement nuifibles : c'étoit lui, qui produifoit les fechereffes extraordinaires, & enveloppoit les environs de Pélufe de brouillards étouffants : c'étoit lui enfin, qui régnoit fur la Méditerranée, où il excitoit ces trombes qui portent encore fon nom aujourd'hui parmi les marins.

De tout ceci on pourroit conclure que les anciens Egytiens ont été beaucoup plus embarraffés d'expliquer l'origine du mal phyfique que l'origine du mal moral. Il eft aifé d'ad-

---

filent. *Non apud eos exaruit mufica, nec harmonia conticuit.* lib. 22.

(a) *Typhonem clangore fiftrorum pelli poffe credebant.* De Ifid. & Ofirid.

mettre que des êtres, qu'on suppose nés libres, ne doivent chercher qu'en eux-mêmes la source des vices & des vertus : cette opinion est à la portée du peuple ; mais les secousses de la nature, que les hommes ne peuvent ni produire, ni arrêter, & qui renversent également l'innocent & le coupable, diffèrent à ses yeux beaucoup du mal physique, que produit le désordre des passions.

Après tout cela il est presque incroyable que dans un livre intitulé *Observations critiques sur les anciens peuples*, M. Fourmont ait voulu démontrer sérieusement que le typhon des Egyptiens a été le patriarche Jacob des Juifs. (*a*) Cette chimere vaut elle seule toutes les chimeres de Huet, du pere Kircher & de Warburton. Des fables allégoriques, conservées dans Plutarque, pourroient faire croire que les Egyptiens regardoient les Hébreux comme une race méchante & typhonique ; mais ces allégories n'ont eu cours vrai-semblablement que parmi le petit peuple, & ne paroissent point être extraites des livres des prêtres, où, suivant Joseph, on ne disoit autre chose, sinon que les Juifs avoient été réunis dans *Avaris*, qu'on appelloit aussi *la ville de Typhon*, dont la situation est un point qui intéresse la géométrie, & qui intéresse encore bien davantage l'histoire : cependant personne jusqu'à présent n'en a pu indiquer l'emplacement. Mais, suivant nous, *Avaris* est la même ville que Séthron, dont le district formoit la petite *terre de Gosen* : car jamais les Juifs n'ont occupé la grande, plus méridionale de quarante-six lieues, & qui appartenoit à

(*a*) Tom. I. lib. II. cap. XV.

une ville nommée *Heracleopolis magna*. La petite terre de Gosen au contraire appartenoit à *Heracleopolis parva* ou Séthron dans le Delta (*a*).

La victoire mythologique, que les dieux avoient remportée sur le Typhon, peut en un certain sens avoir du rapport à l'expulsion des rois bergers, & en un autre au desséchement de la basse-Egypte par le moyen des canaux, avant l'ouverture desquels cette partie n'étoit point habitable, & il a dû s'en élever des brouillards extrêmement pernicieux. Indépendamment des autres causes, auxquelles nous avons déjà rapporté l'origine de la peste en Egypte, il faut observer que les deux chaînes de montagnes, qui bordent cette contrée depuis les cataractes jusqu'à la hauteur du Caire, en forment une vallée longue, profonde & étroite où l'air ne pouvant circuler comme en un pays de plaine, est par-là même sujet à s'altérer. Et cette vallée fait d'ailleurs trois ou quatre coudes ; de sorte que le vent ne peut la parcourir en ligne droite. C'est ainsi que l'irrégularité des rues de Constantinople & leur peu de largeur y entretiennent souvent l'épidémie ; parce que

_____

(*a*) Les prêtres de l'Egypte n'inseroient point dans les mémoires historiques le véritable nom des usurpateurs de leur pays ; mais ils les désignoient allégoriquement par des symboles odieux. Cambyse étoit appellé le *poignard*, Ochus ; l'*âne*, & le premier des rois bergers le *Typhon* ou *Seth*. Ainsi, Séthron, où les rois bergers résidoient, se nommoit dans les livres sacerdotaux la ville de Typhon, quoique son véritable nom ethnique fût *Gosen* ou la petite cité d'Hercule. Ce sont les bergers qui l'appelloient *Avaris* ou *Abaris*, & après leur expulsion on continua à l'appeller Séthron ou Typhonopolis ; car ces termes sont synonymes.

le

le courant d'air manque de force dans ces détours étroits pour entraîner le principe de la contagion. Les anciens ont cru qu'en Egypte le vent ne pouvoit même se faire sentir assez sur la superficie de la terre, pour produire une agitation considérable dans les eaux du Nil; mais ils auroient dû se contenter de dire que les navires, qui veulent remonter ce fleuve à la voile, sont surpris des calmes fréquents. Au reste il est certain, comme Aristote le prétend, qu'anciennement le Nil n'avoit qu'une seule embouchure naturelle (a): toutes les autres ont été faites de mains d'hommes; & ce n'est point sans affectation qu'on a porté le nombre de ces bouches jusqu'à sept pour les égaler au planetes: mais jamais les Egyptiens ne consacrerent la bouche Tanitique au Typhon, comme on a pu le croire jusqu'à présent: la prétendue horreur, qu'ils avoient pour la Tanitique, provenoit uniquement de ce que les usurpateurs, qu'on nomme les rois bergers y habitoient: & cet endroit a toujours été fort exposé aux incursions des Arabes pasteurs: on y trouve même encore de nos jours une horde de Bédouins, qui font paître leurs bestiaux jusques dans ce district, qu'on a appellé la petite terre de Gosen.

Comme notre but n'a été que de faire sentir en quoi la religion de l'ancienne Egypte différoit essentiellement de la religion de la Chine, on nous dispensera d'entrer dans de longues

---

(a) Meteor. lib. I. cap. 2.
Aristote croyoit que la seule bouche naturelle du Nil est la Canopique; mais dans les temps les plus reculés ce fleuve se déchargeoit à la pointe du Delta à peu près à trente lieues plus au Sud que n'étoit situé Canope, ce que l'inspection du terrain rend sensible.

discussions sur les panégyres ou les fêtes, dont le nombre n'a point été aussi prodigieux qu'il paroît d'abord l'être: car toutes les provinces ne célébroient point ces solemnités à la fois, & il y en a plusieurs, qu'on regarde comme différentes: quoique elles aient peut-être été au fond les mêmes. La fête des bâtons, qu'on avoit fixée à l'équinoxe d'automne, est probablement la même qu'on célébroit à Paprémis dans le Delta, où les dévots se livroient une espece de combat avec des perches ou des bâtons, dont Hérodote dit avoir été témoin, & on lui assura qu'il n'y avoit jamais personne de tué. Ainsi cette folie, quelque grande, quelque répréhensible qu'elle ait été, ne doit cependant point être mise en parallele avec les combats des Gladiateurs en Italie. La fête, qu'on célébroit au lever de la canicule, ne semble pas avoir différé de la fête des lampes qui concernoit la ville de Saïs. Enfin, ce que les Grecs ont nommé les *Niloa*, & les Romains les jours de la naissance d'Apis, coincidoient avec la fête qu'on solemnisoit au solstice d'été, comme Héliodore s'en explique positivement. C'est alors que toute l'Egypte offroit le plus beau spectacle qu'on pût y voir pendant le cours de l'année: c'est alors que des hommes naturellement sombres & rêveurs faisoient au moins de grands efforts pour surmonter leur mélancolie. M. Niebuhr dit avoir observé que les Egyptiens modernes ne sont jamais véritablement joyeux, lors même qu'ils tâchent de l'être; & je crois qu'il en étoit à peu-près ainsi dans l'antiquité: quoique les prêtres n'eussent rien négligé pour rendre leurs théophanies, leurs panégyres & leurs pompes très-divertissantes, & c'est ce qu'Ovide nomme les délices du Nil. Les anciens médecins, qui ordonnoient

à de certains malades de faire le voyage d'A-
lexandrie pour se guérir, n'espéroient sûrement point tant de la bonté de l'air, que de
la diversité des objets singuliers & des spesta-
cles que l'Egypte offroit souvent, & où la débauche la plus grossiere n'étoit que trop mêlée.
Cependant on doutera toujours. quoiqu'en ait
dit Juvenal (*a*), que les indigenes du pays
aient constamment porté la dissolution au même point où la porterent les Grecs de Canope ;
car il ne paroît pas qu'il y ait eu dans le monde
entier un endroit comparable à Canope. Quant
à Alexandrie Polybe assuroit que de son temps
on n'y trouvoit pas d'autres honnêtes gens
que les Egyptiens indigenes, qui formoient à
peine la troisieme partie des habitants : tout le
reste étoit un mélange de Grecs, de juifs, &
d'hommes ramassés dans la boue des différentes
contrées de l'Europe & de l'Asie.

Outre le sabbat, que les Egyptiens paroissent
avoir observé fort réguliérement, ils avoient
une fête fixe à chaque nouvelle lune, une au
solstice d'été, une au solstice d'hiver, une troisieme à l'équinoxe du printemps, & une quatrieme à l'équinoxe d'automne. Toutes leurs
autres fêtes, hormis celle qui répondoit au
lever de la canicule, étoient mobiles, & les
prêtres seuls savoient dans quel ordre elles devoient s'arranger ; ce que les particuliers ne
pouvoient même prévoir, car cela dépendoit
de différentes combinaisons souvent arbitraires :
ils transféroient, comme ils vouloient, les fêtes
qui coincidoient dans des néomenies ou dans
les jours équinoxiaux & solstitiaux.

(*a*). . . . *Horrida sane*
Ægyptus ; sed luxuria, quantum ipse notavi,
Barbara famoso non cedit turba Canopo.

Aucun savant moderne n'a pu expliquer pourquoi ces prêtres de l'Egypte retinrent avec tant d'opiniâtreté l'usage de l'année vague dans les affaires de religion. Ils exigeoient un serment horrible de tous les rois au moment de leur inauguration, par lequel ces princes promettoient & juroient de ne pas abolir l'année vague, qui étoit trop courte de cinq heures, quarante-huit minutes & trente-sept secondes, faute d'un jour intercalé en quatre ans (*a*).

Les Juifs, les plus mauvais-astronomes qui aient jamais existé, si l'on en excepte peut-être les Chinois, tenoient de temps en temps un conseil secret, pour savoir s'ils ajouteroient à leur année lunaire un mois, ou s'ils ne l'ajouteroient point. Or dans ce conseil ils n'admettoient ni le roi, ni le grand-prêtre; parce que le grand-prêtre avoit intérêt qu'on n'intercalât pas: le roi au contraire avoit intérêt qu'on intercalât. Ainsi le suffrage ou la voix délibérative de l'un & de l'autre étoit nécessairement suspecte (*b*). Là-dessus je me suis imaginé que le souverain étoit à-peu-près dans le même cas en Egypte, & les prêtres se souvenoient fort bien de ce qui étoit arrivé lorsqu'on ajouta cinq jours à l'année; car alors les Pharaons déclarerent qu'ils choisissoient un de ces cinq jours pour se reposer, & ils ne vaquoient à

_____

(*a*) Les prêtres de l'Egypte n'intercaloient un jour que dans la quatrieme année fixe ou sacrée.

(*b*) Voyez *Mos. Maimonid. de consecratione Kalendar. & ratione intercalandi*.

Les rois de Judée pouvoient, dans de certaines circonstances, avoir intérêt que l'année fût de treize mois : mais il ne falloit pas faire dépendre tout cela de la volonté des hommes.

aucune affaire, dit Plutarque. D'un autre côté, l'ordre sacerdotal prétendoit conserver le droit de dresser le calendrier ; ce que lui seul pouvoit faire aussi long-temps que l'année vague subsistoit, & il n'en résultoit d'ailleurs aucun désordre dans la vie civile : car tout ce qui avoit du rapport à l'agriculture & au débordement du Nil, étoit fort exactement réglé par des fêtes immobiles, qui indiquoient au peuple les nouvelles lunes, les équinoxes & les solstices. Enfin, c'est de l'Egypte que la Grece & l'Italie avoient reçu les deux seuls calendriers supportables dont on y ait fait usage. Lucain dit que César, après avoir soupé avec Cléopatre, se vanta que l'année Julienne ne le céderoit en rien aux fastes d'Eudoxe :

Nec meus Eudoxi vincetur fastibus annus.

Mais il n'y a pas d'apparence qu'un homme qui avoit soupé avec Cléopatre, ait parlé de toutes ces choses ; & d'ailleurs Eudoxe avoit étudié chez les Egyptiens, & César employa un Egyptien même : ainsi il ne pouvoit se vanter tout au plus que de sa bonne volonté.

Je terminerai cet article par quelques considérations sur le prétendu zele à faire des prosélytes, qu'on attribue aux Egyptiens, parce qu'on trouve dans différentes contrées une infinité de temples, où le service divin se faisoit précisément, suivant les rits Isiaques, par des prêtres rasés, vêtus de lin, & dont la probité étoit très-suspecte. Mais jamais les véritables Egyptiens ne se soucierent de faire des prosélytes ; & ce sont des Grecs Asiatiques qui ont porté le culte d'Isis dans les Isles de l'Archipélague, à Corinthe, à Tithorée, & dans presque toutes les villes d'Italie, où l'on recevoit les néophytes fans les foumettre à la circoncifion, qu'on regardoit en Egypte comme une opération indifpenfable. Quelques temples d'Ifis, tels que celui de Bologne, peuvent avoir joui de revenus fixes, parce qu'ils étoient fondés par des familles Romaines, ou par de riches affranchis ; mais la plupart des autres n'étoient deffervis que par des prêtres mendiants, qui heurtoient aux portes avec leurs fiftres ; & ils faifoient croire au vulgaire qu'il n'y avoit point de différence entre commettre un énorme facrilege, & leur refufer l'aumône (a). Ce mal vint bientôt à fon comble, fans que la police, qui vouloit l'arrêter au moins à Rome & en Italie, ait pu y réuffir ; parce que le fénat & les empereurs employerent d'auffi mauvais moyens pour extirper les Ifiaques, que pour extirper les Juifs & les aftrologues.

Au refte, nous ne voulons pas nier abfolument que fous les regnes des Ptolémées, il ne fe foit mêlé de temps en temps parmi ces vagabonds, & même parmi les galles des vrais Egyptiens, que la pauvreté perfécutoit chez eux, & qui étoient des gens de la lie du peuple, dont toutes les efpérances fe fondoient fur la crédulité & la fuperftition.

(a) *Ecquis ita eft audax, ut limine cogat abire*
Jactantem Pharia tinnula fiftra manu ?
                              OVID. *de Pont.* I.

SECTION VIII.

De la religion des Chinois.

CEux qui ont tenté de mettre de l'ordre dans ce nombre prodigieux de religions, qu'on sait avoir régné dans le monde depuis son origine, jusqu'au temps de l'empereur Auguste, croient qu'on peut les réduire en trois classes; c'est-à-dire, le Barbarisme, le Scythisme & l'Hellénisme. Je n'examinerai point si cette distinction a été bien ou mal faite, & si ce cercle a assez de circonférence pour embrasser toutes les especes & toutes les variétés : mais on a certainement dû établir une classe particuliere, où l'on pût rapporter le culte que les colonies Scythes ou Tartares introduisirent dans tant de contrées sauvages; & on ne sauroit plus douter aujourd'hui que la religion des anciens Chinois n'ait été une branche du Scythisme, qui étoit approprié au caractere d'un peuple grossier, inquiet, ambulant ou nomade, mais qui ne convenoit guere à une société paisible & bien policée. Aussi jamais les Tartares n'ont-ils conservé leur religion, lors même qu'ils ont su conserver leurs conquêtes ou leurs établissements ; & c'est par cette même raison que la Chine a adopté le culte Indien, quoique ce pays situé aux extrémités de notre continent, & comme séparé du reste du monde, auroit dû retenir, à ce qu'il semble, beaucoup mieux qu'aucun autre, ses institutions nationales ; mais elles manquoient de force.

J'entrerai d'abord dans quelques discussions sur le plus ancien monument des Chinois, qui est indubitablement la table de l'*Y-King*, dans laquelle M. de Leibnitz a cru voir les élémens de l'arithmétique binaire ; mais la conjecture de ce grand homme est beaucoup trop ingénieuse. Et il y a lieu d'être surpris de ce que lui qui connoissoit l'histoire des anciens Germains, n'ait pas trouvé aussi chez eux une espece d'*Y-King*, qui n'est assurement autre chose que la table des sorts ; & je crois que, dans l'antiquité, presque tous les Scythes ont fait usage de cette divination. L'*Y-King* des Chinois renferme soixante-quatre marques, composées de lignes droites, dont les unes sont brisées & les autres entieres. Or celui qui consulte le sort, prend en main quarante-neuf baguettes, & les jette à terre au hazard : alors on observe en quoi leur position fortuite correspond aux marques de l'*Y-King* ; & on en augure bien ou mal, suivant de certains points dont on est d'accord ; & c'est Confucius qui a prescrit le plus de regles pour ce genre de sortilege, ce qui a fait un tort infini à sa réputation, aux yeux de tous les véritables philosophes, & même de ceux qui peuvent lire sans préjugés & sans prévention l'histoire de la Chine.

Que les anciens Germains aient eu des baguettes, qu'ils jetoient tout comme les Chinois les jettent encore aujourd'hui ; c'est un fait dont nous sommes bien exactement instruits par Tacite (*a*) ; & j'ai déjà eu occasion de dé-

---

(*a*) Tacite dit que chez les Germains, qui étoient Scythes d'origine, le prototype de la Rabdomancie ou

sur les Egyptiens & les Chinois.

montrer ailleurs, que c'est là l'origine des premiers *buchstaben*, terme qu'on a conservé jusqu'à nos jours, quoiqu'il signifie maintenant des choses très-différentes.

La maniere dont d'autres nations Scytiques, fixées dans le nord de l'Europe, ont jeté les Runes, n'a différé en rien de la pratique décrite dans le quatrieme livre d'Hérodote (*a*); qui dit que les Scythes n'avoient de son temps d'autre divination que celle qu'on emploie dans la plupart des pagodes de la Chine, où le prototype de la rabdomancie est attaché contre un mur (*b*). Ceux qui veulent interroger le sort, operent comme on vient de le dire; & on observe en quoi leur jet s'accorde avec les traits de l'*Y-King*, où il n'est, par conséquent, non plus question de l'arithmétique binaire que de l'algebre; & le terme de Grimoire eût été ici appliqué beaucoup plus heureusement par M. de Leibnitz, qui étoit en correspondance, comme on sait, avec les Jésuites de

---

l'*Y-King* se trouvoit gravé sur les baguettes : mais cela revient au même, & on verra que les Chinois se servent aussi quelquefois de baguettes inscrites.

(*a*) Il est vrai qu'Hérodote dit, qu'il y avoit aussi dans la Scythie des hermaphrodites, qui employoient à la divination des feuilles d'arbres. Mais je devrois faire une dissertation tout exprès, si je voulois ici expliquer ce que c'étoit que ces hermaphrodités d'Hérodote, & cette divination par les feuilles, qui ne semble pas avoir été inconnue aux Chinois. On peut consulter encore sur la Rabdomancie des Scythes & des Medes. *Dio lib. I. tertiæ compositionis.*

(*b*) Dans quelques pagodes ces baguettes sont plattes, longues d'un demi pied, & chargées de caracteres; mais on en trouve d'autres, dont on peut voir la description dans Mendoza. *Historia della China. lib. II. cap. IV.*

Paris, & sur-tout avec le P. Bouvet: cependant ces religieux lui ont laissé ignorer que les Chinois n'emploient leur *Y-King* qu'à des sortileges très-répréhensibles ; & si ce philosophe eût été instruit de toutes les circonstances, comme on l'est maintenant en Europe, il eût d'abord changé d'idée : car jamais homme ne fut plus éloigné que lui de chercher la réalité dans de vaines superstitions. Et lorsqu'il entreprit de justifier les Chinois sur quelques imputations qu'on leur faisoit alors, il avoua ingénûment qu'on ne peut trouver dans leurs livres, qu'ils aient eu de véritables notions sur la création du monde (*a*) ; ce qui affoiblit leur déisme. Car ceux-là sont encore éloignés d'être déistes, qui ne reconnoissent pas dans l'Eternel le fabricateur libre de l'univers, & le maitre de la nature, comme parle Newton.

Lorsque le pere Mersenne fit imprimer, qu'il connoissoit jusqu'à douze athées en une maison de Paris, & que le nombre total montoit à soixante mille dans cette ville, la police vint arrêter les exemplaires de son ouvrage : on y insera des cartons, & cette calomnie grossiere, hasardée par un moine mendiant, qui vivoit aux dépens du public, fût rayée. Mais on n'usa pas de cette précaution à l'égard du traité de Longobardi, autre moine, qui n'accusoit point d'athéïsme cinquante ou soixante mille hommes, mais tous les lettrés de la Chine en général. D'abord une imputation de cette nature ne put jamais provenir d'un principe de charité ; car elle est pour cela trop atroce, & plus elle est atroce, plus elle devroit être démontrée

---

(*a*) Voyez le recueil de ses lettres, & les notes qu'il a faites sur les traités de Longobardi & d'Antoine de Ste. Marie.

clairement : cependant rien au monde n'a moins été démontré. Ces prétendus lettrés font des personnages dont l'ignorance est très-profonde : ils disputent souvent sans se comprendre les uns les autres ; & comme ils ne sauroient plus alors se servir de leur langue, ils ont recours à leur éventail avec lequel il tracent le caractere des mots dont il veulent indiquer le sens. Enfin, jamais idiome ne fut moins propre à discuter des sujets de métaphysique que le Chinois, appllé par les voisins mêmes de la Chine *la langue de confusion* : parce que les obscurités & les équivoques y sont très-fréquentes. Toutes les regles de grammaire & de syntaxe, qu'on a inventées pour rendre les autres langues distinctes, claires, & intelligibles, sont inconnues dans celle-ci, qui n'a d'ailleurs que trois temps, & quinze ou seize cent mots radicaux, parmi lesquels on n'en trouve aucun qui soit synonime de celui de Dieu, ni aucun qui soit synonime de celui de *création* ou *créateur* : plus on y emploie de circonlocutions, plus on s'y embrouille. Si donc quelques lettrés de ce pays sont tombés dans des erreurs sur l'essence de la divinité, il ne s'ensuit nullement qu'ils soient athées ; puisque leur superstition même dépose du contraire. Tout ceci s'explique de la maniere la plus claire, lorsqu'on se donne la peine de réfléchir à un passage, que nous avons extrait de l'ouvrage du pere du Halde.

» Les plus habiles docteurs de la Chine, *dit*-
» *il*, à un peu de morale près, ignorent ordi-
» nairement les autres parties de la philosophie.
» Ils ne savent ce que c'est que raisonner avec
» quelque justesse sur les effets de la nature
» qu'ils se mettent peu en peine de con-
» noître, sur l'ame, sur le premier être qui
» n'occupe gueres leur attention, sur l'état

» d'une autre vie, sur la nécessité d'une religion.
» Il n'y a pourtant point de nation qui donne
» plus de temps à l'étude : mais leur jeunesse
» se passe à apprendre à lire, & le reste de
» leur vie à remplir les devoirs de leurs charges,
» ou à composer des discours accadémiques.
» C'est cette ignorance grossiere de la nature,
» qui fait qu'un grand nombre attribue presque
» toujours ses effets les plus communs à quel-
» que mauvais génie (*a*) ».

N'est-ce point réllement une injustice de vouloir que de tels hommes parlent & écrivent en philosophes ou en métaphysiciens ? Et ne reconnoît-on pas ici beaucoup mieux des superstitieux que des athées ? Au reste, lorsqu'on a prétendu qu'on ne trouvoit aucune idée de la création de l'univers dans les livres Chinois, cela ne peut s'entendre tout au plus que de ceux qui ont été composés avant le treizieme siecle : car sous la dynastie des Mogols, on vit paroître quelques auteurs, tels que *Hou ping*, qui parlent de l'origine du monde à peu près comme en parlent les Mahométans.

Après l'*Y-King* ou la table des sorts, quelques-uns font suivre immédiatement dans l'ordre des livres canoniques le *Chou-King*, qui n'est pas un ouvrage original, complet & suivi, mais un recueil imparfait de quelques traits d'histoire, de quelques lieux communs de morale, & de différentes superstitions. On ne connoît pas le véritable compilateur de cette piece, qui mériteroit bien mieux le nom de rapsodie, que ne l'ont mérité l'Iliade & l'Odyssée ; mais on voit clairement qu'il vivoit dans des temps

---

(*a*) *Description de la Chine*, Tom. III, pag. 46.

très-postérieurs aux événements dont il parle. On dit même que le *Chou-King* n'a été rédigé que dans le siecle où écrivoit Hérodote, & il sera toujours impossible de savoir ce que le rédacteur y a ajouté de son chef, & ce qu'il en a retranché. Comme ensuite ce livre fut brûlé & rétabli, il ne peut manquer d'être suspect, à plusieurs égards, aux yeux des plus habiles critiques de l'Europe. Cependant on y reconnoît des traces d'antiquité, & les Chinois paroissent avoir été alors, comme les autres Scythes, très-sujets à s'enivrer dans les provinces Septentrionales, qui sont les premieres où ils aient formé des établissements : car on leur fait de fréquentes remontrances sur le danger du *Sampsu*; dont les buveurs se blasent; parce que c'est une espece d'eau de vie tirée du riz, du millet, du froment, & même, comme on le prétend, du blé sarrasin, que nous croyons être inconnu dans ce pays où la graine doit en avoir été apportée d'ailleurs, & il y a des voyageurs qui regardent aussi la vigne comme étrangere à la Chine, où, suivant eux, elle n'existoit pas encore du temps de Confucius ; mais cela est incertain, & tout ce qu'on sait, c'est qu'anciennement, comme aujourd'hui les Chinois n'exprimoient aucune liqueur du raisin ; mais leur premiere méthode pour tirer du riz une boisson spiritueuse, semble avoir été la même que celle qu'employent les Tartares pour distiller le lait de jument. Il n'est point encore parlé dans le *Chou-King*, de l'usage du thé, & nous ignorons comment on y remédioit alors à la mauvaise qualité des eaux ; que les anciens Troglodytes corrigeoient par l'infusion du Paliurus, que je soupçonne être l'arbre le plus propre à rendre potables les sources ameres de l'Arabie & des côtes de son golfe ; & il se peut même que ses propriétés l'emportent sur celles du Théier.

Il seroit très-difficile de donner au lecteur une idée de la maniere bizarre dont on a traité, dans le *Chou-King*, quelques objets relatifs à la physique. On y voit non-seulement paroître les cinq éléments Chinois ; mais le compilateur prétend encore que chacun de ces éléments a un goût particulier : de sorte que, selon lui, tout ce qui brûle est amer : tout ce qui se seme & se recueille, ajoute-t-il, est doux : & c'est dommage, que pour le prouver, il n'ait point cité la moutarde ou la coloquinte. Nous ne savons pas comment on a voulu trouver dans de si profondes absurdités quelque rapport avec le traité d'Ocellus Lucanus ; car ce sont là des mysteres qu'il nous a été impossible de dévoiler. D'ailleurs, Ocellus étoit un homme qui raisonnoit fort inconséquemment, comme on le voit par les deux arguments qu'il emploie, lorsqu'il s'agit de prouver l'éternité du monde ; systême qu'il n'avoit pas imaginé : mais personne ne l'a plus mal défendu que lui.

La physique & l'histoire naturelle sont les deux points contre lesquels les livres canoniques des anciens peuples de l'Asie ont le plus grossiérement péché ; mais ce qu'on lit dans le *Chou-King* sur les sortileges est diamétralement opposé à la saine raison, & nous nous contenterons d'en citer ici un passage.

Si les grands, les ministres & le peuple disent d'une maniere, & que vous soyez d'un avis contraire, mais conforme aux indices de la tortue & du chi, votre avis réussira.

Si vous voyez les grands & les ministres d'accord avec la tortue & le chi ; quoique vous & le peuple soyez d'un avis contraire, tout réussira également.

Si le peuple, la tortue & le chi sont d'accord; quoique vous, les grands & les ministres, soyez d'un sentiment opposé, vous réussirez en dedans, & échouerez au dehors.

Si la tortue & le chi, sont contraires à l'avis des hommes, ce sera un bien de ne rien entreprendre: il n'en résulteroit que du mal (a).

La premiere idée que la lecture de ce passage fait naître, c'est que le compilateur du *Chou-King* étoit un Chinois en délire: mais il faut considérer que la mauvaise coutume d'interroger l'oracle de Delphes sur toutes sortes d'affaires publiques & privées, n'a point empêché les Grecs de devenir une nation policée & florissante: or il en est de même par rapport aux superstitions dont on vient de parler; elles n'ont empêché ni les cultivateurs de la Chine de labourer leurs terres, ni les artisans de la Chine de poursuivre leurs métiers. Et quand il y a eu dans ce pays des princes éclairés & des ministres habiles, ils n'ont pas plus été dupes de la tortue, que le sénat Romain étoit dupe des poulets sacrés, ou l'aréopage & le college des Amphyctions, de la Pythie. Cependant il seroit très à souhaiter qu'on pût purger l'esprit des Chinois de toutes ces chimeres: car si le corps de l'état n'en est point constamment ébranlé, au moins y a-t-il toujours parmi le petit peuple quelques malheureux qui en souffrent.

Il seroit facile, dans un pays bien policé d'imaginer quelque moyen pour faire subsister les aveugles sans leur permettre de mendier & de dire la bonne aventure: cependant les aveugles, qui mendient en foule à la Chine, ont acquis par leurs folles prédictions tant d'empire

---

(a) *Chou-King.* part. IV. chap. IV. pag. 171. & 172.

sur la populace, qu'on s'est servi d'eux pour y répandre les dogmes de la religion catholique dans les carrefours : ils avoient reçu de l'argent de quelques riches Néophytes, & tandis qu'on continua à les payer, ils conseillerent le baptême à ceux qui les consultoient sur l'avenir. Quant aux moines, qui ont dans leurs pagodes des baguettes pour interroger le sort, le gouvernement pourroit aisément leur ôter ces baguettes, & leur défendre d'en faire d'autres ; mais ceux, qui ont vu des almanachs Chinois, imprimés par ordre du prétendu tribunal des mathématiques, & qui ont réfléchi à toutes les pratiques grossieres & superstitieuses dont ces calendriers sont remplis, croient que le gouvernement de la Chine est extrêmement éloigné d'ouvrir les yeux sur des abus qui le déshonorent dans le dix huitieme siecle.

Il seroit superflu de vouloir entrer dans de grands détails sur les autres *Kings* ou les autres livres canoniques : celui qu'on appelle le *printemps & l'automne*, n'est qu'une simple chronique des petits rois de *Lou*, & il peut y avoir eu à la Chine jusqu'à cent & vingt royaumes semblables, que la discorde, à laquelle rien ne résiste, à anéantis dans des flots de sang : car ces états se faisoient sans cesse la guerre à-peu-près comme les Aymans ou les Hordes Tartares ; & alors les mœurs des Chinois ne différoient en rien des mœurs Scythiques ; puisqu'on y voyoit des princes même boire dans des crânes humains, dont on avoit enlevé la chevelure, suivant la barbare coutume qu'Hérodote a décrite, & qui ressemble parfaitement à celle des sauvages du Nord de l'Amérique. Quant au *Chi-King*, c'est un recueil de vers ; & on y trouve, de l'aveu même des

sur les Egyptiens & les Chinois. 185

jésuites, plusieurs pieces mauvaises, extravagantes & impies (a). Il se peut très-bien que l'impiété de ces poésies Chinoises n'est pas aussi grande que les missionnaires l'ont cru; mais ce qu'il y a de réellement bizarre dans le *Chi King*, c'est une ode qui traite de la perte du genre humain, & où l'on attribue ce prétendu malheur à une femme : ensuite on y annonce la destruction du monde comme très-prochaine. Il n'y a pas ici de milieu ; ou cette piece a été fabriquée dans des temps fort postérieurs suivant des idées rabbiniques, ou l'auteur n'a compris dans le genre humain que la seule nation Chinoise, & la femme dont il parle, doit être la maîtresse de quelque mauvais prince, qui, par foiblesse pour elle, aura mis les magistrats aux petites-maisons, les imbécilles dans les tribunaux, & les fripons dans les emplois. Il est fort ordinaire aux écrivains Chinois de faire des plaintes sur les malheurs sans nombre, & non sans exemple, dont l'état a été accablé par l'aveugle passion de quelques empereurs ; & on voit une seconde ode sur cette matiere dans le *Chi-King* même, où l'on décrit les affreux désordres occasionnés par *Pao-ssé*, la maîtresse d'*Yeou*, prince dévoué à l'exécration de tous les siecles, & qu'on appelle ordinairement le roi des ténebres. Au reste, cela n'empêche point que le *Chi King* ne soit un ouvrage très-suspect, non-seulement par rapport aux articles que les jésuites de Pekin ont rejetés ; mais même par rapport à la totalité du recueil, & il faut en dire autant du *Li-Ki*. Mais la passion des Chinois pour le nombre cinq est telle qu'ils ont voulu à tout prix avoir cinq livres canoniques pour les égaler aux cinq

---

(a) *Du Halde, description de la Chine.* T. II. p. 369.

éléments ou aux cinq manitous, qui, suivant eux, préfident aux différentes parties du ciel fous les aufpices du génie fuprême. Confucius a foutenu que les nombres pairs 2, 4, 6, 8 & 10 font terreftres, imparfaits & groffiers : tandis que les impairs 1, 3, 5, 7 & 9 font céleftes, & fur-tout 5 & 9 ; mais il eft aifé de s'appercevoir que ce préjugé, très-indigne fans doute d'un philofophe, avoit infecté une grande partie de la Scythie Afiatique & Européenne, peut-être plufieurs fiecles avant la naiffance de Confucius. Et nous en avons trouvé des traces non feulement parmi les Getes, les Lamas, les Mongols, les Kalmouks ; mais encore chez plufieurs peuplades fauvages de la Siberie. On dit même que les premiers Samoïedes, dont les Ruffes exigerent un tribut en pelleteries fous le Czar Bafile Ivanowitz apportoient toujours ces peaux diftribuées en neuf paquets. Et en examinant des infcriptions trouvées en Lapponie, je me fuis auffi d'abord apperçu que ce nombre myftique y domine ; ce qui n'eft point furprenant, fi les Lappons defcendent des Kalmouks ou des Huns, comme on a voulu le démontrer de nos jours par l'analogie du langage (a).

Dans ce qu'on nomme aujourd'hui l'ancienne religion de la Chine il n'exifte plus ni prêtres, ni clergé, fi l'on en excepte la perfonne du prince, qui a réuni en lui toute

---

(a) Ces caracteres trouvés en Lapponie font tracés de la forte :
IIIXXXIII. ††† IIIXXX.
Cette formule eft répétée plufieurs fois dans différents endroits, & donne toujours deux fois neuf ou dix-huit. Voyez Knud Leems, *profeſſors der Lappiſchen Sprache, Nachrichten von den Lappen.* pag. 221. *Leipz.* 1771.

l'autorité du sacerdoce & de l'empire. Ceux qui forment le tribunal des rits, ne sont ni sacrés ni même capables d'offrir les grands sacrifices : l'empereur leur fait donner, quand il le veut, une bastonnade comme à des esclaves, ou les renvoie chez eux ; alors ils rentrent dans la foule & la classe des hommes ordinaires. Lorsque les eunuques gouvernoient l'empire, le tribunal des rits n'étoit aussi rempli que de châtrés.

A la Chine le despotisme a renversé le sacerdoce, & l'a comme foulé aux pieds : car il est bien certain que jadis les Chinois ont eu des prêtres, ainsi que toutes les autres nations Scythes. Nous ne nions pas que les Kans n'aient toujours eu droit de faire eux-mêmes de certains sacrifices, & d'immoler de certaines victimes : on pourroit même croire que c'est en cette qualité qu'ils se sont fait appeller *Fils du ciel*; & il n'y a qu'une simple différence de dialecte entre le titre de *Tan-jou*, qu'on a donné aux princes des Kalmouks ou des Huns, & celui de *Tien-tse*; qu'on donne aux empereurs de la Chine : mais toutes les affaires de religion n'ont pas été de la compétence des Kans : aussi voyons-nous que les Mongols & les Mandhuis ont laissé subsister jusqu'à un certain point l'autorité des *Kutuktus*, qui suivent les grandes hordes, où on les trouve campés à peu de distance de la tente du prince, ou bien ils résident à la cour même, comme les *Kutuktus* de Pekin où la religion du grand Lama domine ; parce qu'elle est suivie par les Tartares qui ont conquis la Chine en 1644. Mais plusieurs siecles avant l'époque de cette conquête, l'extinction totale de l'ancien sacerdoce Chinois avoit fait confier au magistrat l'inſtruction publique : uſage que quelques écrivains modernes ne ſauroient aſſez louer ; mais comme ce pays eſt plein de ſectes, les magiſtrats de toutes ces provinces n'ont point une religion uniforme, & quoiqu'ils prêchent ſur les mêmes ſujets, leurs opinions particulieres peuvent aiſément prédominer, dès qu'ils ſe ſentent quelque zele ſoit pour, ſoit contre les opinions des ſectaires de *Fo* & de *Lao-Kium*. Il eſt ridicule de croire que de petits Mandarins ne ſe laiſſent point entraîner par les ſéductions des Bonzes, qui ont tant de fois entraîné toute la cour au point que l'on a vu l'empereur *Kao-tſou* deſcendre de ſon trône, & ſe faire novice dans une bonzerie. S'il exiſtoit un pays où le culte fut uniforme, alors la meilleure méthode pour donner à l'inſtruction publique toute la force qu'elle peut humainement avoir, ce ſeroit de la faire faire alternativement par le magiſtrat & le clergé, ſuivant des formulaires invariables & approuvés par l'état. Alors on ne ſe plaindroit plus ſi amérement de la foule des mauvais prédicateurs ; car ils ſeroient tous également bons.

On trouve qu'il y a eu jadis à la Chine un grand-prêtre nommé le *Tai-che-ling*, dont le pouvoir a diminué à meſure que la puiſſance du prince a augmenté. Cette révolution & beaucoup d'autres énerverent enfin tellement la religion nationale, dont les dogmes étoient d'ailleurs mal liés entre eux, qu'il fallut avoir recours à une religion étrangere, & on adopta celle des Indes. Mais malheureuſement elle n'étoit plus dans ſa pureté primitive, & c'eſt *Fo* ou *Budha*, qui avoit ſurtout travaillé à la corrompre, en y introduiſant la doctrine du repos & de la méditation d'où nâquit le monachifme, ou plutôt ce fléau, dont je parlerai plus amplement dans l'inftant.

Les Chinois auroient beaucoup mieux fait de conferver dans toute fon étendue l'ancien miniftere de leur *Tai-che-ling*, que de s'abandonner aux Bonzes, nation pareffeufe & avide, qui ne tient par aucun lien à la conftitution de l'état : foit qu'elle mendie, foit qu'elle poffède des terres, la fuperftition lui eft également néceffaire : c'eft par-là qu'elle acquiert : c'eft par-là qu'elle conferve. Il étoit d'autant moins expédient de fouffrir des religieux adonnés au fohifme, que la Chine avoit déjà alors d'autres moines, qui fuivoient l'ancienne fecte des immortels, dont il eft parlé dans Hérodote & dans Platon qui en avoit eu connoiffance, parce que de fon temps elle étoit répandue au nord de la Grece, & dès-lors les Getes l'avoient portée dans la Valachie & la Moldavie.

Il n'eft point abfolument étonnant que les Chinois n'aient pu imaginer eux-mêmes une religion convenable au génie & aux mœurs d'un peuple civilifé : mais on s'étonne de ce qu'en choififfant parmi les religions étrangeres, ils aient fait un fi mauvais choix (*a*). Dans les temps dont il s'agit, le culte des Parfis étoit préférable au fohifme ; & furtout pour un peuple pauvre comme celui de la Chine : car les Parfis n'avoient point alors de moines, & leurs dogmes étoient précifément faits pour encourager l'agriculture : auffi les princes de l'Afie, qui les ont reçus dans leurs états,

---

(*a*) Quelques hiftoriens difent que l'empereur *Ming-ti* introduifit la religion Indienne à la Chine à l'occafion d'une apparition & d'une prophétie de Confucius; mais ce font là des fables groffieres.

ne s'en font-ils point repentis ; & il feroit à fouhaiter qu'on pût dire cela en Europe des Juifs, qui auroient d'autant plus befoin d'être réformés qu'ils ne veulent pas fe réformer eux-mêmes, & ils font l'ufure comme au temps de Moïfe. Au refte quelque corrompu que fût le culte des Indes, lorfqu'on l'apporta à la Chine, il y reftoit encore quelques inftitutions fort propres à corriger la férocité naturelle d'un peuple Scythe : car le novateur *Budha* n'avoit point diminué cette horreur pour l'effufion du fang humain, qui caractérifa toujours les dogmes des Indous, qui ont par-là racheté différentes fuperftitions, qu'on leur pardonne ou que l'on ne leur objecte pas. Les Bonzes vouloient même abolir à la Chine le fupplice de mort ; mais ce fupplice ne fauroit être aboli dans un état defpotique où rien n'eft plus variable que la volonté des princes qui fe fuccédent toujours fur un trône chancelant. L'avis des Bonzes, loin d'avoir prévalu à l'égard des coupables, n'a pas même prévalu à l'égard de leurs familles innocentes, que le gouvernement de la Chine traîne toujours fur l'échaffaud, fi l'on en excepte les femmes ; qu'on vend comme efclaves, fuivant la maxime des Scythes dont parle Hérodote (a), & ce font des colonies Scythiques, qui ont répandu cette coutume en Ruffie, où elle a fubfifté jufqu'à nos jours.

L'ancienne religion de la Chine confiftoit principalement dans des facrifices qu'on offroit

---

(a) *Quos morte rei afficit, eorum ne liberos quidem relinquit ; fed univerfos mares interficit, fœminis nil læfis.* Herod. lib. IV.

sur les Egyptiens & les Chinois.

sur des montagnes, où les empereurs se rendoient avec le grand-prêtre, & ils y immoloient vrai-semblablement l'un & l'autre des victimes. On montre dans la province de *Chan-tong* une montagne appellée *Tai-chan*, que quelques Chinois regardent comme la plus haute de leur pays ; or on sait & par la tradition & par l'histoire, que c'est sur son sommet que l'on a long-temps sacrifié. Mais les inscriptions, qui doivent y exister, paroissent fort suspectes ; quoiqu'il ne soit pas impossible qu'on y rencontre quelques monuments comme sur plusieurs hauteurs du Nord de l'Europe, où les Scandinaviens ont entassé des pierres prodigieuses, quelquefois chargées de runes ; & les caracteres de la Lapponie, dont on vient de parler, étoient taillés dans des poteaux plantés sur la crête d'un rocher très-élevé, où des débris d'ossements confusément épars, prouvent que les Lappons ont fait des immolations plusieurs années de suite, & cette particularité n'affoiblit assurément point le sentiment de ceux qui regardent ces peuples comme une filiation des Huns ; puisqu'on connoît, dans la province du *Chen-si*, la montagne où les Huns eux-mêmes ont sacrifié. Enfin on trouve dans la Tartarie & une partie de la Sibérie des élévations semblables, sur lesquelles les voyageurs ont encore vu de nos jours pratiquer des cérémonies religieuses : & cette coutume doit avoir été presque générale parmi la plupart des Scythes, dont les Chinois descendent indubitablement, & le nom de leur grand-prêtre paroît avoir été relatif à des sacrifices offerts dans des lieux élevés. Mais la difficulté est de savoir à quelles especes de divinités on les adressoit : car la théologie Chinoise a rempli le ciel & la terre d'une innombrable foule de génies, parmi lesquels ceux des montagnes ou les Oréades occupent un rang très-distingué, & on leur témoigne encore aujourd'hui des honneurs divins dans toute l'étendue de l'empire, où les pagodes les plus celebres sont situées sur les plus hautes montagnes (*a*).

Des hommes, qui n'avoient ni villes, ni forteresses, & qui étoient souvent en guerre, comme les sauvages des pays froids y sont presque toujours, ont pu trouver sur les hauteurs une retraite, après avoir été battus dans les plaines : il est donc assez naturel qu'on ait choisi ces asyles pour y remercier le ciel ou pour l'implorer de plus près ; & insensiblement on aura fixé sur les montagnes des divinités locales pour leur offrir le sang des victimes, qu'on avoit d'abord offert au ciel visible : car l'invention des génies ou des fantômes qu'on appelle ainsi, paroît postérieure au culte des astres & du firmament.

Lorsque le pere le Comte soutient dans ses mémoites, que les Chinois ont honoré le créateur dans le plus ancien temple de l'univers ; aussi-tôt la sorbonne allarmée mal à propos condamna cette proposition (*b*). Cependant on ne voit pas en quoi une telle proposition a pu être de la compétence de la sorbonne ; vu qu'il s'agit ici d'un simple fait historique, qui n'intéresse en quelque

___

(*a*) *Nouveaux mémoires sur l'état présent de la Chine*. Tom. I. lettre IV.

(*b*) *Censura facultatis theol. Parisf. lata in propositiones excerptas ex libris*, Mémoires sur la Chine, histoire de l'édit de l'empereur Cang-hi, & lettres sur les cérémonies Chinoises.

maniere que ce soit la religion qu'on professe en France. Il falloit laisser juger de toutes ces choses, par des historiens & des philosophes, & alors on se seroit apperçu clairement, que le fait hazardé par le pere le Comte est une fable & non une hérésie. Dans les siecles les plus reculés les Chinois n'avoient pas même des temples, puisqu'ils sacrifioient sur les montagnes comme les autres Scythes Asiatiques : & si M. de Leibnitz n'a pu découvrir aucune trace de la création du monde dans leurs livres, écrits long-temps après qu'ils furent policés, il est aisé de s'imaginer quelles ont dû être leurs idées, lorsqu'ils étoient encore barbares. Et leur barbarie paroît avoir été très-grande jusques vers l'an 1122 avant notre ere : car on dit qu'alors un conquérant nommé *Vouvang*, vint avec deux ou trois mille hommes s'emparer de la Chine où il fit quelques loix, & où il tâcha de fixer les habitants, qui inclinoient encore vers la vie ambulante ; puisqu'ils transféroient souvent leurs bourgades, qui n'étoient que des assemblages de cabanes portatives & des tentes. Alors toutes les connoissances historiques consistoient en quelques traditions de l'ancien Kan *Fo-hi*, que sa mere conçut miraculeusement : car il n'eût point de pere, à ce que disent les mythologistes de la Chine, qui doivent avoir copié cette fable sur celle qui a eu cours parmi les Scythes, qu'on sait aussi avoir rapporté leur origine à une fille, qui accoucha par prodige d'un enfant appellé *Scytha* suivant Diodore de Sicile : car Hérodote prétend qu'elle n'étoit pas vierge, & lui suppose un commerce avec Hercule, dont il n'est jamais question dans les fables Scythiques. Au reste, Hérodote & Diodore s'accordent sur la figure monstrueuse de cette femme, dont les Scythes se croyoient issus : son corps depuis le bas de la poitrine ressembloit à celui d'un serpent ; & voilà ce que les Chinois disent de *Fo-hi* même (*a*).

La singuliere analogie qui existe entre ces traditions populaires, prouve qu'elles ont été puisées dans une source commune : & si à cela on ajoute la conformité entre l'emblême du dragon que les Scythes & les Chinois ont porté dans leurs drapeaux, on se convaincra de plus en plus que ces deux nations sortoient d'une même tige : car les premiers drapeaux des empereurs de la Chine étoient attachés comme des voiles de navires à leurs chars, & s'enfloient lorsque le vent les saisissoit, ainsi que les enseignes Scytiques, décrites par Arrien (*b*).

On assure que le plus ancien simulacre reli-

(*a*) Le pere de Prémare, qui a fait, comme on sait, beaucoup de recherches sur la mythologie Chinoise, dit qu'un auteur nommé *Ven-tsé* prétend que *Fo hi* avoit le corps d'un serpent. *Quant à son pere, ajoute-t-il, les Chinois disent qu'il n'en eut point, & que sa mere le conçut par miracle.* Discours préliminaire du *Chou-King* pag. 107.

(*b*) On s'est contenté d'indiquer ce passage d'Arrien dans la préface ; mais ici nous en insérerons la traduction Latine.

Signa Scytica sunt Dracones convenienti longitudine pendentes ex contis. Fiunt autem ex pannis inter se consutis, diversi coloribus, capite, reliquoque corpore omni ad caudam usque simili serpentibus ; in speciem maxime formidabilem, quantum potest, instructo. Utuntur autem his sophismatibus ; quando quieti stant equi, nil amplius quam pannos videas diversi-colores ad inferiora dependentes : quando vero currunt, inflati turgescunt in tantum ut ipsas quoque feras specie referant. Tacti. p. 80.

gieux que les Chinois aient fabriqué, a été un trépied, ou pour parler d'une maniere plus intelligible, un grand vase à trois supports, garni de deux anses, tel que ceux dont il est parlé dans Homere & dans des vers attribués sans raison à Hésiode. Mais nous ne savons pas comment on a pu trouver du rapport entre ce trépied de la Chine & celui de Delphes, hormis qu'on n'adopte la tradition qui a eu beaucoup de vogue dans l'antiquité, & qui attribuoit la fondation du temple de Delphes à des Scythes surnommés Hyperboréens; parce qu'ils habitoient au nord des monts de la Thrace, dans lesquels les Grces méridionaux plaçoient la source du vent appellé Borée: de sorte qu'à leur égard toutes les peuplades répandues au-delà de la Thrace, étoient Hyperboréennes. Mais on en imagina ensuite d'autres vers les Alpes, & même vers les Pyrénées, & ce sont celles-là qui doivent avoir sacrifié des ânes, & porté dans la Grece les premiers plants d'oliviers, qui n'y venoient pas des environs de Saïs dans le Delta: mais quand même les Scythes auroient fondé le temple de Delphes, que Pausanias dit avoir été dans son origine une chétive cabane, il est certain que le culte y fut ensuite très-altéré, & mêlé de pratiques Egyptiennes, comme nous le voyons par le loup, qui y étoit consacré à Apollon précisément comme dans la grande préfecture Lycopolitaine de la Thébaïde.

Au reste, les anciens Chinois ne se contenterent pas d'avoir un vase mystérieux; car ils en firent encore huit autres. Et ce sont là les talismans auxquels on attacha les destinées de l'empire, partagé alors en neuf provinces, dont chacune étoit, par conséquent, sous la protection d'un de ces chaudrons à trois pieds.

Cette superstition bizarre ne peut avoir sa source que dans les sacrifices où l'on aura d'abord employé des trépieds pour y cuire les victimes ; & on sait que les Scythes les cuisoient dans des especes de marabouts, qui, à leur grandeur près, ressembloient aux crateres de Lesbos : ensuite on aura révéré les vases même, sous prétexte que les génies ou les manitous s'y logeoient pour goûter la viande qui leur étoit destinée ; & les Chinois leur ont offert, comme tous les Tartares, de la chair de cheval. Leurs autres victimes consistent en chiens, en cochons, en poules, en brebis & en bœufs : mais ces sacrifices cruels & sanglants n'ont pu avoir lieu, lorsque les empereurs ont exactement suivi la religion des Indes, qui ne permet en aucun cas le bruticide (a). Et ce n'est que depuis l'établissement de cette religion qu'on a quelquefois défendu de tuer des chameaux, des vaches & des chevaux : cependant le peuple les mange, lorsqu'ils meurent de vieillesse, & lors même qu'ils meurent de maladie, comme on le voit tous les jours à Pekin & à Canton ; sans que la police se mette en peine de faire cesser des abus, d'où il peut souvent résulter une indisposition épidémique. Il paroît que c'est l'extrême misere qui y a fait surmonter cette aversion que l'homme a naturellement pour une nourriture de cette es-

---

(a) Sous le regne de l'empereur *Kao-tsu* on n'immola aucune victime pendant les grands sacrifices, & ce prince ordonna de substituer des figures de pâte aux animaux. Mais cet usage plus utile à la Chine qu'aux Indes mêmes, a depuis été aboli, & les bouchers ont reparu dans les sacrifices.

sur les Egyptiens & les Chinois. 197

pece ; & tandis que la famine enleve souvent une partie de la populace dans les villes de la Chine, les mandarins servent sur leurs tables des nids d'oiseaux, des nerfs ou des tendons de serfs, des nageoires de requins, des pieds d'ours, des *sivalofs*, des champignons des Moluques, & enfin tout ce qu'ils ont pu imaginer de plus cher & de plus exquis à leur goût.

Après qu'on eut consacré les neuf trépieds mystérieux dont on vient de faire mention, un prince connu sous le nom de *Vou-yé* érigea encore à la Chine un autre simulacre, qui représentoit le génie du ciel sous une forme humaine, comme l'assure le pere Amiot dans un mémoire envoyé à M. de Guignes (*a*). Mais ce fait nous paroît peu probable ; parce que ce n'étoit point la coutume des anciens Scythes d'employer des statues dans le culte religieux. Et ce qui augmente à cet égard beaucoup nos soupçons, ce sont les circonstances bizarres que le pere Amiot rapporte au sujet de ce simulacre ou de cet automate Chinois, qu'on faisoit, selon lui, jouer aux échecs ou aux dames contre les courtisans disgraciés ; & quand ils ne gagnoient point à la partie, on les massacroit dans l'instant ; ce qui arrivoit, dit-il, presque toujours. Cette fable ridicule & grossiere cache vrai-semblablement une coutume, qui peut être la même que celle dont il est question dans Hérodote, au sujet des Scythes accusés d'avoir fait un faux serment en jurant par le trône du roi. Soit pour les convaincre, soit pour les absoudre, on faisoit jouer

---

(*a*) Il est inséré dans les observations sur le *Cheu-King*, p. 346.

entre eux les augures à une efpece de divination ou de jeu de hazard; & ceux qui perdoient, étoient mis inhumainement à mort, hormis qu'ils ne fuffent tous d'accord à déclarer que l'accufé avoit fait le faux ferment qu'on lui imputoit. Au refte, il eft aifé d'entrevoir dans cet ufage l'immolation des victimes humaines qu'on offroit fous prétexte de prolonger la vie des rois malades; & telle eft l'origine de ces dévouements dont on cite tant d'exemples dans l'hiftoire Chinoife, qui eft éclaircie en différentes parties par nos recherches fur les mœurs Scytiques.

Ce n'eft proprement que parmi les Iffedons, dont les uns habitoient au fud de l'Oxus, & les autres dans l'Igour, qu'on trouve les facrifices annuels en l'honneur des ancêtres, & les offrandes faites aux morts, ainfi que cela fe pratique de tout temps chez les Chinois, qui paroiffent avoir eu des *miao*, c'eft-à-dire des endroits où ils nourriffent les ames, avant que d'avoir eu des temples; & on fait que cette fuperftition a fait un point effentiel de leur culte & de leurs rits. Aujourd'hui les Tartares Mandhuis ont très-fagement aboli le grand deuil (*a*): il duroit trois ans, pendant lefquels un fils devoit tous les jours porter un petit plat de riz ou de viande aux mânes de fon pere; les affaires publiques lui étoient alors généralement interdites; & s'il perdoit

---

(*a*) Les Tartares ont réduit le grand deuil à cent jours; mais ils font tombés de leur côté dans un autre excés en faifant des dépenfes prodigieufes aux funérailles, où ils boivent & mangent comme tous les Scythes, mais plus particuliérement comme les Getes & les Iffedons.

en même temps ſa mere, ſon deuil duroit ſix ans : s'il perdoit encore un enfant unique ou un frere aîné, il paſſoit la meilleure partie de ſa vie dans les apparences de la triſteſſe & une inaction réelle. Jamais uſage ne fut plus nuiſible à la ſociété, ni plus gênant pour l'homme ſocial, ni plus inutile aux morts. Auſſi ces cérémonies lugubres & accablantes ont-elles beaucoup influé ſur le caractere des Chinois, qui ont dû avoir malgré eux recours aux farceurs & aux baladins pour être de temps en temps diſtraits : car il en eſt des indiſpoſitions morales comme des indiſpoſitions phyſiques : les contraires s'y guériſſent par les contraires. Ce ſingulier beſoin a inſenſiblement rempli tout l'empire d'une innombrable foule de gens, qu'on a eu tort de nommer des comédiens ; puiſque ce ſont des bouffons groſſiers, dont le jeu n'eſt ſoutenable aux yeux & aux oreilles que de ceux qui ont eſſuyé un deuil de ſix ans. Tout ce que des Jéſuites exagérateurs avoient écrit de la perfection & de la régularité du théâtre Chinois, a été hautement contredit par les voyageurs modernes, qui, comme Osbeck & Torren, ne font point le moindre cas de ces farces : auſſi M. de Bougainville, qui en vit quelques-uns à Batavia, ſouhaita-t-il d'abord de n'en jamais plus revoir de ſemblables (a). Cet

―――――――――

(a) ,, Indépendamment des grandes pieces, qui ſe repréſentent ſur un théâtre, chaque carrefour, dans le quartier Chinois, a ſe tréteaux, ſur leſquels on joue tous les ſoirs de petites pieces & des pantomimes. *Du pain & des ſpectacles*, demandoit le peuple Romain : il faut aux Chinois du commerce & des farces. Dieu me garde de la déclamation de leurs acteurs & actrices qu'accompagnent ordinairement quelques

écrivain judicieux paroît avoir bien obfervé que les Chinois ne fauroient fe paffer des bouffonneries de leurs faltinbanques, & ce befoin a eu, comme on vient de le dire, fa fource dans l'exceffive durée de leurs rits attriftants, qui, à la vérité, n'ont point été les mêmes dans tous les fiecles : on y fait de temps en temps des changements effentiels, mais plutôt pour les outrer que pour les adoucir ; car telle eft la marche ordinaire de la fuperftition.

On ne faifoit point jadis d'offrandes à de petites tablettes où le nom des morts fut écrit ; mais on prenoit un enfant, qui buvoit & mangeoit au nom même des mânes, & il finiffoit par s'écrier *pao*, c'eft-à-dire, *je fuis raffafié*. Là-deffus le facrificateur répondoit, *buvez & mangez encore* (a).

Il eft impoffible de favoir comment on a voulu trouver entre cet enfant Chinois, employé dans les funérailles, un rapport très-marqué avec la coutume des Egyptiens, qui, à l'iffue de leurs repas d'allégreffe & de joie, faifoient voir aux conviés la repréfentation d'un mort ; & on leur difoit : buvez & réjouiffez-vous, car tels vous deviendrez. Maxime qu'un ancien poëte a renfermée dans un vers que tout le monde fait par cœur.

---

inftruments. C'eft la charge du récitatif obligé & je ne connois encore que leurs geftes qui foient encore plus ridicules ».

Voyage autour du monde, Tom. II. p. 224.

(a) Le pere du Halde rapporte cet ufage dans fa *defcription de la Chine*, Tom. II. pag. 154. & il ne prévoyoit vrai-femblablement point que l'on s'aviferoit d'y trouver du rapport avec l'ufage des Egyptiens.

Aucun homme judicieux ne sauroit découvrir la moindre analogie entre ces deux usages; puisqu'à la Chine il s'agissoit d'une cérémonie funebre, d'un sacrifice & d'un enterrement. En Egypte au contraire il s'agissoit d'une fête ou d'un grand repas que des amis se donnoient les uns aux autres dans la seule vue de se divertir, comme nous le savons par Hérodote & par Plutarque, qui ne disent point, & qui n'ont pas même pensé à dire que cette fête se célébroit en présence des momies ou des corps embaumés des ancêtres, qu'on mettoit d'abord dans des caveaux, hormis qu'il n'y eût quelque empêchement de la part des loix, ou de la part des créanciers ; mais dans l'un & l'autre cas c'étoit une espece d'infamie de ne pouvoir enterrer ses parents.

D'ailleurs il n'y a pas, comme on voit, la plus foible ressemblance entre une petite statue de bois, longue tout au plus de deux coudées, qui représentoit un mort, & entre des enfants Chinois bien portants, qui bûvoient & mangeoient au nom de leur pere ou de leur mere, lorsqu'on les portoit au tombeau.

Ainsi toutes les conformités qu'on a voulu découvrir ici sont de la même espece que celles, que M. Huet a vues entre Moïse & Adonis ; M. Fourmont entre Typhon & Jacob ; & Croëse entre les personnages de l'écriture & les héros d'Homere. Il est selon lui prouvé par mille circonstances, qu'Ulysse chez la nymphe Calypso, est Loth avec ses filles.

Ce qu'on a dit jusqu'à présent de la religion des Chinois suffiroit pour démontrer qu'elle differe dans tous ses points de la religion des Egyptiens : il existe même une opposition si sensible entre les rits de ces peuples, qu'il faudroit être aveugle pour ne s'en point appercevoir.

voir, ou singuliérement opiniâtre pour n'en pas convenir. On n'a jamais ouvert à la Chine aucun cadavre humain dans l'idée de le convertir en momie ; & toutes les pratiques relatives à l'art de l'embaumer y ont toujours été & y sont encore absolument inconnues. On observe la même différence entre les dogmes sur l'état futur de l'ame : car, loin que les Chinois aient ouï parler de l'*Amenthes* des Egyptiens, on ne trouve, dans leurs anciens Kings ou dans leurs livres canoniques, aucune notion d'un purgatoire ou d'un paradis. Et voilà pourquoi tant de savants d'Europe & tant de missionnaires ont constamment soutenu que ce peuple ne croit point l'immortalité de l'ame. Mais en ce cas les offrandes, qu'il fait aux morts, renfermeroient en elles mêmes la plus grande contradiction dont l'esprit humain soit capable. S'il supposoit une destruction totale des facultés spirituelles, l'usage où il a toujours été de présenter des viandes aux morts, seroit, dis-je, une cérémonie sans but, sans objet & enfin une preuve manifeste de délire.

Mais la vérité est, que les Chinois ont des idées si bizarres sur toutes ces choses, qu'ils ne peuvent naturellement admettre des endroits où les ames soient en captivité : car, ils croient qu'elles deviennent *Kuei-chin* ou manitous, qu'elles voltigent, & conservent jusqu'à un certain point la liberté d'aller & de venir (*a*).

_____

(*a*) On ne parle pas ici du peuple de la Chine, qui suit la religion des Indes, & qui croit à la transmigration des ames, qui est le système le plus généralement adopté.

On ne sauroit dire que l'ancienne doctrine des Chinois, dans laquelle les ames sont supposées devenir Manitous ou *Kuei-chin*, exclut entiérement les peines

On peut répandre quelque lumiere sur ceci, en rapportant une sentence prononcée à la Chine contre deux jésuites, coupables d'avoir prêché les dogmes de la religion catholique malgré l'édit qui leur défendoit. *Ces Bonzes*, y est-il dit, *ayant débité une doctrine, qui contient divers points sur la vie, la mort, le paradis, l'enfer, & d'autres faussetés de cette nature, ils ont trompé plusieurs personnes par cette doctrine. Conformément aux loix de l'empire, ces Bonzes ont mérité la mort.* Là-dessus le grand tribunal des crimes marqua sur la sentence, *qu'ils soient étranglés* (a).

Ceux qui rendirent cet arrêt sanguinaire, étoient, comme on le voit, des hommes qui n'avoient aucune expérience des affaires de ce monde. Car, le marquis Beccaria observe fort bien dans son traité des délits & des peines, qu'il ne faut jamais punir par des châtiments douloureux & corporels le fanatisme : ce crime, qui se fonde sur l'orgueil, tireroit de la douleur même son aliment & sa gloire. L'infamie & le ridicule, sont, suivant lui, les seules peines qu'il faut employer contre les fanatiques. Mais il y en a une troisieme beaucoup plus efficace, & qui consiste à les renfermer.

Tout ce que l'on peut conclure de la sentence Chinoise, que nous venons de citer, c'est que ceux qui la prononcerent, regardoient comme une chimere les endroits où l'on voudroit renfermer les ames, soit pour les punir, soit pour

---

& les récompenses : car ces Manitous peuvent être tranquilles ou persécutés par les mauvais génies, qu'on appelle en Chinois d'un terme qui a quelque rapport avec celui de *Démons*.

(a) Cette sentence est extraite des *lettres édifiantes, recueil XXVIII*.

les récompenser ; mais ils n'expliquent en aucune maniere leurs propres opinions qui ne sont ni des plus sublimes, ni des plus raisonnables.

Ils supposent les ames humaines composées de deux substances : celle par laquelle nous sentons, descend, selon eux, à la mort, en terre : celle, par laquelle nous pensons, remonte au ciel ou dans la moyenne région de l'air. Or, ils s'imaginent que ces deux substances sont tellement émues, tellement ébranlées par la piété & la dévotion de ceux qui font des sacrifices aux morts, qu'enfin elles se réunissent pour venir goûter les offrandes qui leur sont destinées, & que les assistants finissent par manger eux-mêmes, précisément comme les Lappons, qui dévoroient la chair des victimes, & offroient ensuite les os aux dieux.

Ce système singulier ne peut se combiner en aucune maniere avec la doctrine d'un enfer ou d'un paradis, d'où les ames ne s'échapperoient pas si aisément à l'aspect d'un plat chargé de riz ou de viande, que des superstitieux iroient leur présenter. Et on voit maintenant quel est le véritable sens de l'arrêt prononcé contre les deux missionnaires : arrêt qui ne prouve assurément point que les Chinois nient l'immortalité de l'ame, de la maniere dont on l'a soutenu jusqu'à présent en Europe. Les lettrés eux-mêmes se donnent mille peines pour faire descendre sur une table l'esprit de Confucius, dont l'histoire est peu connue, & plusieurs savants la regardent comme un roman ou un amas de fables Chinoises, auxquelles d'imbécilles missionnaires ont joint les leurs. Le pere Martini dit sérieusement qu'on annonça un jour à ce prétendu philosophe, que des chasseurs avoient tué un animal singulier, qui ressembloit un peu à un agneau : là-dessus il se mit à pleurer amérement, & s'écria au fort de sa douleur qu'enfin il voyoit bien que sa doctrine ne seroit point de longue durée.

Cet agneau du pere Martini est un monstre sorti, comme on le sait, de l'imagination des jésuites : mais les propres disciples de Confucius doivent avoir attesté que l'ombre d'un homme nommé *Tcheou-Kong*, mort depuis six cent ans, apparoissoit toutes les nuits à leur maître, dont l'esprit étoit d'ailleurs imbu de différentes superstitions sur les sortileges ou la divination par les baguettes, comme on le voit par les interprétations qu'il a données de la table de l'*Y-king*, & ce livre est le moins suspect de tous ceux qu'on lui attribue.

Il faut ici rapporter avec le plus de clarté qu'il est possible, les expressions de M. Visdelou ; parce qu'elles sont de la derniere importance & absolument décisives.

Non-seulement, dit-il, *Confucius approuve les sorts ; mais il enseigne encore en termes formels l'art de les déduire. Et certainement ce art ne se déduit que de ce que Confucius en a dit dans son commentaire sur l'Y-King. De plus Tço-Kieouming, disciple de Confucius, dont il avoit écrit les leçons dans ses commentaires sur les annales canoniques, y a inséré tant d'exemples de ces sorts, que cela va jusqu'au dégoût. Il faut cadrer si juste les événements avec les prédictions, que, si ce qu'il en dit étoit vrai, ce seroient autant de miracles. D'ailleurs, tous les philosophes Chinois jusqu'à ceux d'aujourd'hui usent de ces sorts ; & même la plupart assurent hardiment que par leur moyen il n'y a rien qu'ils ne puissent prédire. Enfin tous tiennent pour le livre des sorts* (a).

(a) Notice de l'Y-King, p. 410.

M. Visdelou, qui vient de nous procurer ces éclaicissements, étoit bien plus versé dans la langue & la littérature Chinoise que le pere Gaubil, qui n'a pu traduire le *Chou-King* en François qu'à l'aide d'une traduction Tartare ; tandis que M. Visdelou l'expliquoit à livre ouvert : aussi lui donna-t-on un certificat impérial, par lequel on le reconnoissoit pour un savant très-instruit (*a*). Ainsi son témoignage est ici d'un grand poids ; mais ce ne peut être que pour se conformer au style ordinaire des relations, qu'il donne le nom de philosophes aux lettrés Chinois, qui corrompus par la doctrine de Confucius, se mêlent de prophétiser au moyen de la rabdomancie : car, cela décele une superstition si grossiere, une foiblesse si grande & une ignorance si formelle, que de tels hommes ne peuvent trouver d'excuse aux yeux même de ceux qui ont porté la prévention en faveur de la Chine extrêmement loin. M. de Guignes, après avoir rapporté un passage d'Eusebe touchant les peuples de la Sérique, dit que l'éloge, qu'on y donne à ces peuples, est exagéré ; *comme nous exagérons actuellement*, ajoute-t-il, *ceux que nous donnons aux Chinois.* Mais en vérité je ne vois point sur quoi cet usage de mentir & d'exagérer sans cesse peut être fondé : par-là on perd

---

(*a*) Ce certificat impérial donné à M. Visdelou, étoit une piece de satin, sur laquelle on lisoit : *Nous reconnoissons que cet homme venu d'Europe, est plus haut en lumiere & en science dans nos caracteres Chinois, que ne le sont les nuées au-dessus de nos têtes, & qu'il est plus profond en pénétration & en connoissance, que les abîmes sur lesquels nous marchons.* Ce mauvais jargon ne signifie autre chose, sinon que le porteur de la patente savoit lire & parler le Chinois.

un temps irréparable, & on dérobe encore celui du lecteur, qui croit s'être instruit; tandis qu'on l'a rendu beaucoup plus ignorant qu'il ne l'étoit, en l'induisant en erreur par des fables historiques, qui ne valent quelquefois pas les rêves d'un homme qui dort paisiblement. Quant à moi je ne me rebute point de citer des faits, & d'en indiquer les conséquences; parce que cette méthode suffit pour dissiper toutes les exagérations qu'on a répandues en Europe au sujet des Chinois depuis Marc-Paul jusqu'au pere Bouvet, qui a fait le panégyrique de l'empereur *Cang-hi* dans le style des Légendaires, & à-peu-près comme Martini a fait le panégyrique de Confucius, qui répétoit sans cesse, dit-il, *que c'est dans l'Occident qu'on trouve le saint* (*a*). Et si l'on en croit quelques historiens, qui écrivent comme des enfants, ces paroles ont entraîné de singulieres conséquences: car suivant eux, on s'en est prévalu pour introduire à la Chine la religion des Indes. Mais ceux, qui ont beaucoup mieux approfondi les choses, se sont apperçus que ç'a été une espece de nécessité de donner à ce pays un culte étranger, mieux lié que ne l'étoient les pratiques des anciens sauvages de la Scythie. Au reste, il n'est pas aisé de justifier ceux d'entre les missionnaires, qui ont déshonoré & leur jugement & leur propre ministere, en sou-

---

(*a*) *Martini hist. Sinensis. lib. IV. pag.* 194.

Il court un livre intitulé *Kia-yu* : c'est une espece de vie de Confucius, que les lettrés eux-mêmes méprisent comme un roman : cependant il seroit à souhaiter qu'on en donnât une traduction pour voir si ce n'est point dans ce roman que les missionnaires ont puisé les prodiges qu'ils rapportent au sujet de Confucius.

tenant que Confucius a prophétifé la venue du meffie au moyen de la table des forts & des baguettes magiques (*a*).

En fuppofant pour un inftant, que ce Chinois ait réellement répété les paroles qu'on lui attribue, alors on ne peut en trouver le véritable fens que dans les entretiens qu'il avoit eu, à ce qu'on dit, avec *Lao Kium*, qui voyagea, fuivant toutes les apparences, aux Indes & au Thibet, où il doit avoir vu le grand-Lama : car ce que nous appellons aujourd'hui la fecte de *Lao-Kium*, n'eft autre chofe que le culte lamique un peu défiguré, ou bien la fecte des immortels, dont il eft fait mention dans plufieurs auteurs Grecs, qui nous apprennent que de leur temps, on voyoit déjà parmi les Thraces & les Scythes des ordres monaftiques ou des congrégations religieufes, formées par des célibataires, qui ne ne différoient en rien des bonzes qui fuivent la regle de *Lao-Kium*, & qu'on nomme ordinairement *Tao-ffé*, c'eft-à-dire les immortels.

Ainfi le prétendu faint, que Confucius croyoit être dans l'Occident, eft quelque célebre Faquir des Indes, ou bien le grand-Lama lui-même : car, je ne penfe pas qu'il ait voulu défigner quelqu'un de ces perfonnages qu'on nomme en Europe les philofophes Scythes,

---

(*a*) On voit bien que le pere Couplet a voulu défigner le Meffie, lorfque à la pag. 78. de fon livre fur les fciences des Chinois, il fait dire à Confucius les paroles fuivantes : *Expectandum eft quoad veniat ejufmodi vir fumme fanctus : ac tum demum fperari poteft ut adeo excellens virtus illo duce ac magiftro in actum prodeat.*

De telles abfurdités ne méritent pas d'être réfutées férieufement.

comme *Zamolxis*, *Zeutas*, *Abaris*, *Diceneus* & *Toxaris* : car *Anacharsis* paroît avoir vécu un peu plus tard, s'il est vrai qu'il ait été contemporain de Solon, & de Confucius même, dont les principales maximes ont certainement quelque rapport avec celles qu'on prête à *Anacharsis* dans le recueil qu'en a fait Stanley (*a*). Les autres philosophes de la Scythie nous sont peu connus : on entrevoit seulement qu'ils ont enseigné la morale & la culture de quelques graines alimentaires qui étoient sauvages dans leur pays ; & nous savons qu'il en croît naturellement plusieurs de cette espece entre le quarantieme & le cinquante-deuxieme degré de latitude Nord dans notre ancien continent. Au reste, l'origine de l'agriculture étoit chez les Scythes enveloppée de différentes fables, & ceux, qui habitoient vers le Boristhene, se contentoient de dire qu'un jour il tomba du Ciel une charrue d'or dans leur contrée : cette fiction n'a pas besoin d'être interpretée, & elle est bien plus ingénieuse que cette grande chaîne d'or des mythologistes Grecs.

On croit avoir découvert que le nom Confucius n'est devenu fort célebre à la Chine que plus de douze cent ans après l'époque où l'on fixe sa naissance.

Ce ne fut que dans le huitieme siecle de notre ere vulgaire, que l'empereur *Hiven-tsong* lui fit donner le titre de *Roi des lettrés*, titre vain & ampoulé, qui lui fut ôté sous la dynastie de

---

(*a*) *Hist. philos.* part. I. p. 88. *Anacharsis* recommandoit la modération & un certain milieu entre les extrêmes, ce qui revient au *milieu parfait* de Confucius ; mais les hommes ont dit cela dans tous les pays. Au reste, je doute que les maximes, qui courent sous le nom d'*Anacharsis*, soient de lui.

Ming (*a*). Là-deſſus on s'imagineroit naturellement que l'empereur *Hiven-tſong* étoit un prince inſtruit & équitable, qui prétendoit honorer le mérite & encourager la vertu. Mais au contraire c'étoit un meurtrier ſouillé du ſang de ſes propres enfants : un homme vil & mépriſable, adonné aux ſuperſtitions des *Tao-ſſé*, & gouverné par les eunuques, qui remplirent tout l'empire de brigands, qu'on ſait y avoir commis des excès horribles.

On peut croire que c'eſt vers ces temps de trouble & de fanatiſme, que le culte religieux de Confucius fut mis en vogue dans quelques provinces ; tandis qu'on n'en avoit pas même ouï parler dans d'autres : au moins les Arabes, qui voyagerent alors à la Chine, n'en paroiſſent point avoir eu beaucoup de connoiſſance. Ils diſent poſitivement que les Chinois ne s'appliquoient point encore aux ſciences, & qu'ils étoient très-inférieurs aux Indiens (*b*) : ce qui eſt encore vrai actuellement ; au moins par rapport à l'aſtronomie, puiſque les Bramines ont de nos jours déterminé avec juſteſſe le temps où Vénus devoit paſſer ſur le diſque du ſoleil ; ce qu'aucun lettré Chinois n'a été en état de faire.

Nous pouvons maintenant démontrer juſqu'à l'évidence, que les Arabes ont eu raiſon de dire, que les lettres n'étoient point encore de leur temps cultivées à la Chine : puiſque ce pays n'a

---

(*a*) Ce titre fut ôté à Confucius vers l'an 1384, & quelques hiſtoriens croient qu'il n'a été appellé pour la premiere fois *roi des lettrés* qu'en l'an 952 par l'empereur *Tai-tſou*.

(*b*) *Anciennes relations des Indes & de la Chine publiées par M. Renaudot.*

sur les Egyptiens & les Chinois. 217
commencé à avoir des écoles publiques que vers l'an 1384 après notre ere, & on sait qu'elles furent bâties par l'empereur *Taessu*, fondateur de la dynastie des *Ming*. Cet avanturier né dans la boue, qui avoit été cuisinier ou valet dans un couvent de moines, ensuite voleur, ensuite chef de brigands, finit par devenir un des plus grands princes que la Chine ait eu. Mais les colleges, qu'il éleva, tomberent bientôt en ruines, & on dissipa d'une maniere ou d'une autre les revenus qui y étoient attachés; comme nous l'apprend un auteur Chinois, qui écrivoit sous la dynastie actuelle des Tartares Mandhuis : après avoir rapporté différentes causes de cette honteuse décadence, il ajoute que *les sages réglements de l'empereur Taessu, pour établir des écoles, soit à la campagne, soit dans les villes, étoient très-négligés*, & le pere Trigault nous assure qu'il n'en existoit plus aucune de son temps (a).

On peut prouver encore la nouveauté du culte religieux qu'on rend à Confucius, par les cérémonies qu'on y observe, par la forme des vases sacrés qu'on y emploie, & par les ornements dont on charge le tabernacle & l'autel.

―――――――――――――――――――

(a) *Expedit. apud Sinas.* lib. I. p. 33. Voyez *Nieuhof algemeene Beschryving van't Ryk Sina.* fol. 22.
Comme par le défaut d'écoles publiques on doit prendre un maître qui vienne instruire à la maison, l'auteur Chinois, que nous avons cité, observe fort bien que les pauvres sont hors d'état de supporter une telle dépense : ainsi l'ignorance se perpétue parmi leurs enfants, & les familles riches sont par-là toujours dans les emplois qui exigent une certaine connoissance des caracteres & des livres canoniques. C'est une très-mauvaise coutume.

. Tout cela a été copié fur le rituel des Pagodes Indiennes, & fur les pratiques des bonzes de *Fo*, fi l'on en excepte la feule immolation des victimes, que les lettrés eux-mêmes y ont introduite, ainfi que la puérile coutume d'éprouver ces victimes avec du vin chaud.

Il feroit réellement inutile de rechercher ici fi les jéfuites ont approuvé à la Chine les facrifices folemnels, qu'on fait à Confucius pendant les équinoxes : car, il eft bien certain qu'ils les ont hautement condamnés en Europe. Et la raifon qu'ils en alléguoient, c'eft qu'on y obferve une affinité fi marquée avec les fuperftitions Indiennes, qu'on ne peut les tolérer, dit le pere le Comte, fans fcandale, & fans crainte de fubverfion (*a*).

De ceci il fuit néceffairement qu'avant l'établiffement de la religion des Indes à la Chine, le culte de Confucius n'étoit point ce qu'il eft de nos jours : auffi n'en trouve-t-on pas la moindre trace dans les fiecles antérieurs à notre ere. On veut même que l'empereur *Schichuandi* ait fait jeter au feu tous les ouvrages de cet homme, qui avoit écrit ou gravé avec un clou fur des planches enfilées dans des cordes ; & ces planches auroient pu faire la charge de deux ou trois chariots, fi elles avoient contenu toutes les œuvres qui courent maintenant fous le nom de Confucius ; mais on ne fauroit même prouver par aucun monument qu'il foit auteur du *Tchun-tfieou* ou du *printemps & de l'Automne*, le plus intéreffant & le plus court

---

(*a*) Les jéfuites condamnoient les facrifices folemnels qu'on fait à Confucius, & ils approuvoient les facrifices moins folemnels. Voyez *refponfum epifcopi Beritenfis ad cardinalem Marefcottum, &c.*

sur les Egyptiens & les Chinois.

des livres qu'on lui attribue, & qu'on place même au nombre des *Kings*, sans savoir précisément par qui cette chronique a été fabriquée (*a*).

Nous avons déjà observé, que l'incendie des livres allumé par *Schi-chuandi*, est non-seulement un fait très-suspect aux yeux de quelques critiques, mais les motifs même, qu'on prête à ce barbare, sont inconcevables.

On prétend qu'il fut blessé par les éloges qu'on prodiguoit à des empereurs morts depuis mille ans. Or, c'est comme si l'on disoit, que le roi d'Espagne a été très choqué de ce que des fous de la Castille ont fait le panégyrique de Tubalcain, qui passa le détroit de Gibraltar sur son enclume & régna glorieusement sur toutes les contrées qui sont au-delà des Pyrénées; de sorte qu'on place son nom à la tête de tous les catalogues des rois d'Espagne.

D'autres veulent que *Schi-chuandi* ait fait détruire les ouvrages de Confucius; parce qu'il les croyoit favorables au gouverneur féodal, qui est le pire de tous après le gouvernement arbitraire. Mais je doute qu'on connoisse dans le monde entier, des ouvrages plus favorables au despotisme, que ceux qui ont paru sous le nom de ce Chinois; qui exige une soumission aveugle aux caprices du prince; & il ne condamne ni le pouvoir paternel dégénéré en tyrannie, ni la servitude réelle, ni la servitude personnelle, ni l'usage de vendre ses propres enfants, ni la polygamie, ni la clôture des femmes.

(*a*) Quelques lettrés de la Chine ne comptent pas cette chronique au nombre des livres canoniques, mais les petits fragments de l'*Yo-king*.

Ainsi loin d'avoir eu des idées justes sur les principes de la morale, il n'en avoit pas même sur les principes du droit naturel; ou bien ceux, qui ont forgé des livres sous son nom, étoient des misérables compilateurs, qui ont inféré, ainsi que Thomasius l'observe, des traits si bizarres qu'on est presque contraint de rire en les lisant (a); & les lieux communs de morale, qui n'y sont point épargnés, n'exigeoient aucune étendue de génie: car ce sont des choses qu'on a ouï dire mille fois dans tous les pays de l'ancien continent, si l'on en excepte quelques petits peuples à demi sauvages, qui se conduisent par l'instinct plus que par les maximes. Mais la morale des Chinois est purement spéculative; comme on le voit par l'excessive mauvaise foi, qui regne dans leur commerce; au point qu'on n'oseroit confier des monnoies d'or & d'argent à des voleurs, qui falsifient jusqu'à la monnoie de cuivre.

Lorsqu'on disputoit en Europe sur les cérémonies de la Chine, avec cette fureur atroce qu'on appelle la haine théologique & qui métamorphose les hommes en tigres, on soutint que les lettrés de ce pays étoient athées dans la théorie, & idolâtres dans la pratique, sans s'appercevoir que c'est-là une contradiction si grande, que l'esprit humain, malgré tous ses écarts, n'en paroît pas susceptible.

Les lettrés ne croient certainement point que l'ame de Confucius soit la divinité même: ainsi les jours de jeûne qu'ils observent, les victimes qu'ils immolent, & toutes les ridicules pratiques qu'ils ont empruntées des Bonzes de *Fo*

(a) *Pensées sur les livres nouveaux, à l'an* 1689. p. 600. *& suivantes.*

prouvent évidemment leur superstition, & non pas leur idolâtrie.

De véritables philosophes tâcheroient d'honorer la mémoire de Confucius, en se rendant de plus en plus vertueux, & non en répandant le sang des animaux. Le grand Newton, qui ne pouvoit voir tuer ni un poulet, ni un agneau, se seroit bien gardé d'assister aux sacrifices solemnels qu'on fait au printemps & à l'automne, puisqu'ils sont toujours ensanglantés ; & la superstition caractérise également les cérémonies moins solemnelles, qui reviennent à-peu-près deux fois en un mois lunaire ; on y prédit l'avenir, & en un mot, il est impossible d'y découvrir quelque ombre de philosophie.

Si des hommes entreprenoient en France de révérer singuliérement la mémoire de Descartes, & s'ils introduisoient dans cette espece de culte les pratiques monachales des carmes & des minimes, alors on ne les regarderoit point comme des sages, mais comme des imbécilles, dignes du dernier mépris. Cependant il est indubitable, comme on vient de le voir, que les lettrés de la Chine ont copié leurs cérémonies sur celles des moines, & ils jeûnent même comme eux, lorsqu'il s'agit de se préparer aux sacrifices.

M. Jockson, après avoir recherché pourquoi il n'y a pas à la Chine des initiations ou des mysteres comme chez les Egyptiens, les Grecs & les Romains, dit que les Chinois n'ayant jamais déifié aucun homme, ils n'ont pas eu besoin de mysteres (a) : car il s'est imaginé qu'on n'y révéloit autre chose, sinon que tous les dieux du paganisme avoient été de sim-

─────────────

(a) Antiquités chronologiques, à l'article de la Chine.

ples mortels. Mais cette suppofition étant fauffe comme elle l'eft, & vaine comme elle l'eft, la raifon alléguée par M. Jackfon, s'évanouit, & fi elle pouvoit prouver quelque chofe, elle prouveroit précifément contre lui.

Qu'on life attentivement le Panthéon de M. Jablonski, dont les recherches ont été portées auffi loin qu'elles ont pu humainement l'être, & on verra que jamais les Egyptiens n'ont rendu à aucun homme mort ou vivant des honneurs auffi fufpects que ceux que les Chinois rendent à Fo & à Confucius. Ainfi il s'enfuivroit qu'à la Chine on a eu plus befoin qu'ailleurs de myfteres, pour y préferver l'efprit humain de l'abîme où l'apparence du culte publique pouvoit l'entraîner, & où il l'a entraîné en effet, fi l'on en croyoit les relations de quelques miffionnaires, & le célebre décret que le cardinal de Tournon publia à Nankin (*a*).

Mais il ne faut raifonner ici, ni fuivant les idées des miffionnaires, ni fuivant les idées du cardinal de Tournon ; & il fuffira d'obferver, que, fi l'on n'a point découvert parmi les Chinois la moindre trace, la moindre apparence de téletes ou d'initiations, c'eft une preuve de plus qu'ils n'ont jamais eu quelque communication avec les Egyptiens, qui, de l'aveu même de Warburton, en font les inventeurs.

―――――

(*a*) C'eft le troifieme article de ce décret, qui condamne comme une idolâtrie détestable le culte que les lettrés rendent à Confucius. Mais fi des Chinois venoient en Italie, en Efpagne & en Portugal, & qu'on les obligeât à prononcer fur les apparences, il eft croyable qu'ils feroient un décret dans le goût de celui que publia le cardinal de Tournon en 1707.

Quoique

Quoique *Fo* ou *Budha* ait prêché comme on sait, une double doctrine, nous ne trouvons cependant pas que les Bonzes de la Chine s'en soient prévalus pour établir des mysteres : car ils suivent presque généralement aujourd'hui le culte extérieur ou symbolique ; & ce n'est que parmi les Faquirs des Indes qu'on rencontre quelque sectateur de la doctrine interne, dans laquelle des voyageurs & des missionnaires peu instruits ont cru voir tous les principes de Spinosa. Mais jamais un système ne fut plus opposé à l'athéisme que le système de *Budha*, & si ce n'étoit là un fait universellement reconnu de nos jours, on pourroit le démontrer jusqu'à l'évidence Cet Indien, qui corrompit les anciens dogmes de son pays, étoit un fanatique austere : il outra tout, & rendit la vertu ridicule : non-seulement il exigeoit l'anéantissement des passions, mais l'anéantissement même des sens, & ordonna à ses disciples les plus parfaits de ne s'occuper que de la divinité, de mettre leur ame dans un repos inaltérable & d'appliquer leur esprit à de continuelles méditations.

Le vain prétexte de parvenir à cet état de tranquillité, qui n'est point l'état de l'homme, ni même celui de la bête, remplit enfin la Chine d'une incroyable multitude de moines, dont les plus fourbes & les plus intriguants se procurerent des établissements fixes dans les meilleures provinces ; & dont les autres se mirent à errer, à mendier & à voler le peuple. Dès que cet abus devint général, on en porta des plaintes jusqu'au trône de l'empereur ; mais c'étoit un prince né avec les sentiments les plus bas, & dont la foiblesse d'esprit tenoit de la démence : au lieu de soulager ses sujets & d'arrêter le mal dans son principe, il favorisa publiquement les religieux & les bonzesses de l'institut de *Fo*, qui dès le commencement du quatrieme siecle, crut pouvoir tenir tête à l'institut de *Lao-Kium*, & cet esprit de rivalité fut une source de forfaits, dont nous ne connoissons que la moindre partie. On s'attaqua de part & d'autre par des intrigues, par des injures, par des libelles; & on prétend même que les moines de *Fo* ont fait écrire en leur nom plus de cinq mille volumes, soit pour justifier leur regle & leur doctrine, soit pour répandre des calomnies contre leurs adversaires; soit pour se défendre de celles qu'on devoit avoir répandues contre eux. Mais ils ont toujours représenté au gouvernement, que l'empire manquant de prêtres, le peuple ne pouvoit se passer de moines, & que ce n'est que dans leurs pagodes qu'on exerce l'hospitalité, vertu que l'état pitoyable des auberges Chinoises rendoit nécessaire : ils disent que les voyageurs peuvent se flatter d'être reçus à toute heure dans leurs monasteres, que les envoyés & les ambassadeurs même y logent ; parce qu'on ne peut leur indiquer des endroits plus commodes, vû que les *Cong-quan* ou les hôtels publics n'existent pas dans toutes les villes, ou y tombent souvent en ruines.

Il est vrai que les auberges sont sans comparaison plus délabrées & plus misérables en Espagne (*a*), mais les Bonzes ont tort de

___

(*a*) » Quelques-unes de ces hôtelleries Chinoises paroissent mieux accommodées que les autres ; mais elles ne laissent point d'être très-pauvres. Ce sont

vouloir justifier un grand abus par un autre encore plus grand ; & si l'on croit les Jésuites, il n'y a pas de sûreté à passer la nuit dans les bonzeries. Cependant on voit, par les relations, que ces missionnaires même y ont très-souvent logé ; & le nombre de ceux, qu'on doit y avoir volés & assassinés, ne nous est point connu.

Ce qui augmenta non-seulement le crédit, mais aussi les possessions des moines de *Fo*, ce fut d'abord un édit de l'empereur *Venti* second du nom, qui se déclara leur protecteur ; & ensuite la coupable démarche de l'empereur *Kao-tsou*, qui se sauva un jour de son palais, & bientôt on apprit qu'il s'étoit retiré dans une bonzerie du second ordre ou un hermitage : là il s'étoit fait raser, avoit pris l'habit, & embrassé enfin la regle de *Fo*. On reconduisit cet imbécille à la cour ; mais on ne put jamais le guérir de sa folie.

Comme les provinces du Nord de la Chine obéissoient alors à des princes particuliers, les moines, qui s'y étoient répandus, eurent plus de peine à s'y maintenir que ceux qui avoient choisi les provinces du Sud, où la fertilité du terrain, le peu de besoins physiques, & un fanatisme plus exalté, mettoient mieux le peuple en état de les nourrir & de

------

» pour la plupart quatre murailles de terre battue & » sans enduit, qui portent un toit dont on compte les » chevrons : encore est-on heureux quand on ne voit » pas le jour à travers : souvent les salles ne sont point » pavées & sont remplies de trous ». *Du Halde description de la Chine*, Tom. II pag. 62.

Telles sont les meilleures auberges de la Chine : car les autres qu'on voit dans le centre des provinces, sont si misérables qu'on ne peut les comparer à rien.

les habiller que dans les parties Septentrionales, où l'on prit tout à coup la résolution de brûler leurs couvents, dont quelques-uns qu'on nommoit *Yong-cheng* ou la *Paix perpétuelle*, renfermoient jusqu'à mille fainéants obscurs. Enfin, toutes ces bonzeries furent réduites en cendres dès l'an 557 après notre ere ; mais on ne prit aucune mesure pour en prévenir la reconstruction, qu'on sait avoir eu lieu depuis.

Soixante-neuf ans après que les moines eurent essuyé cet orage dans les provinces du Nord, il s'en éleva un autre à la cour même de l'empereur *Yao-ti*, qui par le mauvais état de la population, ne put plus recruter les armées. Les bonzes de *Lao-kium*, qui dirigeoient ce prince, crurent que cette occasion étoit très-favorable pour perdre les bonzes de *Fo*; & ils conseillerent à *Yao-ti* d'enlever dans les couvents cent-mille hommes & de les forcer à se marier malgré leur vœu de chasteté. Cet avis fut tellement gouté, qu'on rendit le 26 de mai en 626 un édit, qui réduisoit presque à rien le nombre des pagodes & des monasteres appellés en Chinois *Sou*. Mais comme la fourberie des moines de *Lao-Kium* avoit dicté cet édit, une autre fourberie plus grande des moines de *Fo* le fit révoquer quarante-deux jours après la publication, à la honte du prince qui l'avoit signé & à la honte du ministre qui l'avoit écrit.

Le foible empereur *Yao-ti* fut remplacé sur le trône par *Tai-tsong*, qui loin de diminuer le nombre des bonzes & des bonzesses, reçut encore dans les états des religieux étrangers, que quelques auteurs disent avoir été des nestoriens, dont l'établissement dans la province du *Chen-ji* fit cesser pour quelque temps la haine & la jalousie qui avoient regné jusqu'alors entre les ordres monastiques de la Chine, & ils se réunirent dans la vue d'exterminer à leur tour ces prétendus nestoriens, qui eurent une violente persécution à essuyer : on rasa leurs pagodes, & on sévit cruellement contre leurs adhérants jusqu'au regne de l'empereur *Hiven tsong*, qui, attaqué dans le centre de ses états par des troupes de voleurs, & sur les limites, par des armées de Tartares, protegea les sectes, & mit encore celle de Confucius en vogue.

Il n'y a eu, comme l'on voit, jusqu'à présent, ni plan, ni regle dans la conduite des Chinois qui vouloient se délivrer des bonzes : on ne les réformoit pas, mais on les attaquoit tout-à-coup, comme on attaque des ennemis ; ensuite on les favorisoit : on leur prenoit beaucoup : on leur rendoit davantage, & enfin on passoit sans cesse d'une extrêmité à l'autre avec une inconstance dont il n'y a pas d'exemple, sinon dans les faits mêmes que nous allons rapporter.

Comme la police étoit extrêmement négligée alors dans toute l'étendue de l'empire, il s'y glissa encore un nouvel ordre de *seng* ou de moines étrangers, que quelques-uns prenoient pour des lamas ou des manichéens, qui s'étoient formés en congrégation. (*a*). Au reste ce vil ramas d'hommes fut aussi compris dans la fameuse proscription de l'empereur

___

(*a*) Le pere Pons dit, dans le XXVI. *recueil des lettres édifiantes*, qu'il y a aux Indes des solitaires ou des moines, qu'on nomme *Mouni*, & il paroît qu'on a confondu ce mot avec celui de *Mani*, dont on se sert quelquefois en Asie pour désigner les Manichéens.

Wou-tsong. Quand on sait que ce prince avoit placé toute sa confiance dans les moines de *Lao-Kium*, qui sous son nom gouvernoit la Chine, alors on n'est point surpris de ce que ces sectaires avares & fanatiques aient profité de cet instant de faveur pour perdre leurs rivaux, qui devoient enfin être exterminés jusqu'au dernier.

Tchao-Kouey; qui étoit un prélat ou chef de l'institut de *Lao-Kium*, promit à l'empereur de lui donner un breuvage de l'immortalité, s'il vouloit signer un édit contre les moines de *Fo* ou de *Ché-Kia*. Là-dessus ce prince prit le breuvage de l'immortalité, & signa l'édit le 7 d'août de l'an 845.

On y ordonnoit d'abord la destruction de quatre mille six cent monasteres du premier ordre, & qui renfermoient deux cent soixante mille religieux & religieuses, que le magistrat devoit restituer à l'état, & soumettre à l'impôt de la capitation, auquel ils s'étoient frauduleusement soustraits, ce qui avoit beaucoup appesanti le joug du peuple. On ordonnoit en second lieu la destruction de quarante mille monasteres d'un rang inférieur; qui possédoient cent & cinquante mille esclaves, & à-peu-près un million de *tching* de terres non contribuables, que l'empereur confisquoit & réunissoit à son domaine, sans examiner comment ces fonds avoient été acquis: car on les supposoit tous usurpés ou possédés de mauvaise foi (*a*).

(*a*) S'il y a de l'exagération dans le nombre des monasteres, qui doivent avoir existé alors à la Chine, cette exagération ne vient point des traducteurs; puisque le texte Chinois dit quatre *ouan de sou*, ce qui fait quarante mille couvents du second ordre.

L'inſtitut de *Fo* étoit par ces diſpoſitions tellement anéanti, que les ſectaires de *Lao-Kium* en triomphoient & chantoient des cantiques d'allegreſſe pour remercier le ciel d'une faveur ſi ſignalée. Cependant des intriguants de cour, des femmes & des eunuques firent modifier la rigueur de l'édit impérial ſept ou huit jours après qu'on l'eût publié; & l'empereur conſentit à laiſſer dans ſes états quatre ou cinq cent moines de *Fo* : tous ceux, qui excédoient ce nombre, furent ignominieuſement traînés hors des couvents, qu'on raſa juſqu'aux fondements, & on en prit les cloches pour les convertir en monnoie, qui étoit auſſi rare que la miſere étoit commune : car la Chine n'offroit alors que l'ombre d'un empire, & on pouvoit l'appeler le pays des abus. La réforme ſi deſirée s'exécutoit avec ſuccès, lorſque l'empereur *Wou-tſong*, ſous le nom duquel on l'avoit commencée, expira vrai-ſemblablement par les ſuites du breuvage de l'immortalité, qu'il avoit eu l'inexcuſable foibleſſe de prendre.

Suen-tſong, qui le ſuivit ſur le trône, eut des idées entierement oppoſées à celles de ſon prédeceſſeur, & protegea les moines de *Fo* contre les moines de *Lao-Kium*; de ſorte qu'un ordre, qui paroiſſoit preſque détruit, ſe releva tout-à-coup, & redevint plus inſolent & plus pernicieux à l'état, qu'il ne l'avoit jamais été.

Le prélat *Tchao-Kouey*, l'auteur de la révolution, fut pendu ou étranglé ſans aucune formalité, & l'empereur ſaiſit cette occaſion pour faire étrangler neuf ou dix autres ſectateurs de *Lao-Kium*.

En 847, c'eſt-à-dire, deux ans après qu'on

eut pris la résolution de soulager le peuple en le déchargeant d'un grand nombre de bonzes, parut l'édit contradictoire, qui maintenoit les bonzes, & qui ordonnoit encore la reconstruction de leurs couvents, & de leurs pagodes abattues sous le regne précédent. Alors l'empereur enjoignit aux tribunaux de donner une permission d'embrasser la regle de *Fo* ou de *Che-Kia* aux personnes de l'un & l'autre sexe, qui viendroient se présenter pour l'obtenir.

Telle a été la conduite singuliere, bizarre, inconcevable du gouvernement de la Chine, qui est de nos jours aussi affligée par ce fléau qu'elle l'ait jamais été ; & on ne peut rien espérer de l'avenir, si les lettrés ne s'appliquent aux sciences réelles avec plus d'ardeur ou plus de succès qu'ils ne l'ont fait jusques à présent. Car enfin, ce n'est qu'en répandant la lumiere de la philosophie qu'on diminue les ténebres de la superstition, & il est contradictoire de vouloir détruire les Bonzes, tandis que la superstition domine. Mais ces hommes, qui ont échappé à tant de tempêtes & survécu à leur destruction même, disparoîtroient insensiblement, si l'on entreprenoit de cultiver les sciences. Tout ceci est si vrai, qu'un prince du Japon ayant appellé chez lui des savants, & ouvert les écoles, on vit des troupes entieres de moines déserter ses états, où ils commençoient à mourir de faim ; parce que le peuple commençoit à ouvrir les yeux. Cependant il y a au Japon des religieux, dont l'institution est sans contredit plus sensée que celle des Bonzes Chinois : car dans l'ordre des *Fekis* on ne reçoit que les aveugles, & nous avons déjà observé que la cécité est une maladie commune au Japon & à la Chine, où ces malheureux men-

sur les Egyptiens & les Chinois. 225

dient, disent la bonne aventure, & vivent enfin dans la prostitution & l'ignominie.

Il est vrai que les empereurs Tartares n'ont cessé depuis plus d'un siecle d'encourager les sciences ; mais jusqu'à présent les progrès sont encore imperceptibles : & si les Chinois se dépouilloient de cette vanité nationale qu'ils n'ont point droit d'avoir, ils adopteroient sans balancer l'écriture & la langue Mandhuise ; ce qui leur seroit d'autant plus aisé, que beaucoup de lettrés la savent déjà ; & il existe une loi fort rigoureuse, par laquelle tous les Tartares qui épousent des Chinoises, & tous les Chinois qui épousent des femmes Tartares, doivent la faire apprendre à leurs enfants (*a*). Cette langue a un avantage infini sur le Chinois, dans lequel on ne sauroit écrire avec précision sur les sciences réelles, parce qu'il n'y a ni déclinaisons, ni conjugaisons, ni particules copulatives pour enchaîner les périodes. Il est très-sûr qu'un homme appliqué aux études fera plus de progrès en trois ans au moyen du caractere & de l'idiome Tartare, qu'il ne pourroit en faire en quinze, au moyen du caractere & de l'idiome Chinois : la seule connoissance des lettres ou des signes consomme

---

(*a*) Plusieurs savants de l'Europe ont soutenu que les Chinois ne sauroient se servir d'un caractere alphabétique quel qu'il soit, pour écrire une langue chantante comme la leur ; mais si cela est vrai, c'est une raison de plus, qui devroit leur faire adopter la langue Tartare, qu'on peut écrire avec des lettres. La prononciation de l'r n'est pas un obstacle invincible, & si les Chinois vouloient s'y exercer, ils pourroient prononcer l'r. Au reste, l'opération que l'empereur *Kien-long* a fait faire de nos jours sur les caracteres Tartares est non-seulement inutile, mais même pernicieuse.

K 5

tout le temps de la jeuneſſe, & uſe toutes les forces de la mémoire : auſſi les lettrés, qui ont appris juſqu'à dix mille ſignes, ſont-ils comme imbécilles & ſtupéfaits dès qu'ils avancent en âge ; & ils demandent ſans ceſſe aux miſſionnaires d'Europe des recettes pour fortifier la mémoire ; mais le ſeul remede qu'on puiſſe leur conſeiller, c'eſt de quitter leur caractere pour prendre celui des Tartares. Conring a mis en fait, que c'eſt par la même raiſon que les hiéroglyphes ont, ſuivant lui, arrêté la marche des ſciences en Egypte (a). Mais cet homme raiſonnoit ſur des choſes qu'il ignoroit : car, ſans remonter ici à des époques plus reculées que celles dont nous avons beſoin, il eſt certain qu'au temps de Moïſe les Egyptiens employoient le caractere alphabétique, tout comme nous l'employons aujourd'hui, & ce n'eſt que pour de certaines matieres qu'on conſerva les hiéroglyphes dont le nombre paroît avoir été très-borné, puiſqu'on voit les mêmes figures revenir dans preſque tous les monuments. Ainſi Conring a eu grand tort de comparer un peuple tel que les Egyptiens, qui ſe ſervoient de l'alphabet, à un autre peuple tel que les Chinois, qui ne s'en ſont jamais ſervis, & qui n'ont jamais eu la moindre connoiſſance des vingt-deux caracteres retrouvés de nos jours à l'aide des langes des momies. M. de Guignes n'a pas lui-même connu ces caracteres ; de ſorte qu'il faut enviſager comme un ſimple jeu d'imagination tout ce qu'il a écrit ſur cette matiere : car il n'y a pas plus de réalité en cela, que dans le voyage des Chinois, qu'il

---

(a) Cap. XV, pag. 171, de Medic. Herm.

sur les Egyptiens & les Chinois. 227

faisoit aller en Amérique par la route du Kamſ-
chatka, comme Bergerac alloit à la lune par
la route de Québec.

Après cette digreſſion, il convient d'examiner ce que les bonzes de la Chine diſent
pour prouver qu'ils ſont utiles à l'état.

D'abord, l'hoſpitalité qu'ils exercent, eſt
un abus qu'on feroit ceſſer, ſi l'on vouloit
améliorer la police, & mettre les auberges
en état de loger indiſtinctement les voyageurs,
de quelque rang ou de quelque condition
qu'ils ſoient. On dit que c'eſt par l'invaſion
des Tartares que beaucoup de *Cong quan* ou
d'hôtels publics ſont tombés en ruines ; mais
on ne voit point que les Tartares ſe ſoient
amuſés à renverſer ou à piller des édifices dé-
garnis de toute eſpece de meubles, & où
l'on ne peut loger que quand on eſt muni d'une
patente ou d'un ordre de la cour ; de ſorte que
les voyageurs ordinaires n'oſent même y entrer. Quant au défaut de prêtres ou de ſacrificateurs, dont on ne peut ſe paſſer dans la religion Indienne, que tout le peuple de la Chine
a embraſſée, c'eſt réellement un grand inconvénient ; mais ſi l'empereur prenoit la quatrieme
partie des terres poſſédées par les bonzeries, il
entretiendroit aiſément un nombre ſuffiſant de
ſacrificateurs, qu'on pourroit encore charger
du ſoin des écoles publiques, ſi l'on s'aviſoit
d'en bâtir ; car il eſt inouï que les bonzes
aient enſeigné la jeuneſſe dans quelque province de l'empire que ce ſoit, & leur ignorance eſt telle, qu'ils en ſont réellement incapables : ainſi de quelque côté qu'on conſidere
ces hommes, ils ne méritent aucune indul-
gence.

Quant aux moines de *Lao-Kium*, on aſſure
qu'ils fondent leurs prétentions ſur je ne ſais

quel droit, qu'ils veulent avoir d'assister en qualité de musiciens aux grands sacrifices offerts pendant les équinoxes & les solstices par l'empereur, ou par celui qu'il députe, lorsqu'il est malade, mineur ou absent.

Si tout cela est vrai, les moines de *Lao-Kium* tiennent au moins par quelque côté à l'ancienne religion de la Chine; mais le service qu'ils rendent en exécutant une musique détestable pendant les sacrifices, ne sauroit contrebalancer le tort qu'ils ont fait & qu'ils font encore en trompant tant de malheureux, & même en les empoisonnant par le breuvage de l'immortalité, dont ils disent avoir la recette; ce qui leur attire autant de vénération que les légendes qu'ils ont répandues au sujet de *Lao-Kium*, qui descendoit, à ce qu'ils prétendent, de la famille impériale des *Tcheou*: de sorte que, suivant cette généalogie, la famille impériale des *Tang* seroit issue de *Lao-Kium*; mais à nos yeux c'est un homme obscur, & les historiens ne conviennent pas entre eux du temps où il vivoit (*a*). La plupart le font contemporain de Confucius, ce qui nous a paru le plus probable; & les prélats de son ordre disent que depuis sa mort leur succession n'a pas été interrompue: aussi s'estiment-ils bien plus nobles que ceux qu'on croit être de la famille de Confucius, qui n'est devenue illustre que dans des temps fort postérieurs. Il me paroît même que cette prétendue famille de Confucius est aussi une espece d'ordre monastique ou de congrégation religieuse; ce qu'on auroit pu savoir au juste,

―――――

(*a*) Quelques historiens prétendent que *Lao-kium* vivoit encore lors de l'extinction de la Dynastie des *Tcheou* en 249 avant notre ere.

si l'on avoit fait les recherches convenables à *Kiofou* dans la province de *Chan-tong*. Cet endroit, qu'on auroit tant d'intérêt à connoître, n'est point connu : au moins nous a-t-il été impossible de trouver à cet égard des éclaircissements satisfaisants. Aucun homme judicieux ne croira aisément qu'une même famille a constamment habité une même bourgade pendant plus de deux mille deux cent ans, & cela malgré toutes les épouvantables révolutions que la Chine a essuyées par les guerres civiles, par les invasions, par les secousses irrégulieres du despotisme, par la famine, les révoltes & le brigandage. Les voleurs seuls doivent avoir saccagé toutes les habitations en un certain laps de temps, les unes plutôt, les autres plus tard ; & nous doutons qu'on puisse citer une ville de la Chine, qui n'ait été emportée par les voleurs, qu'on sait avoir quelquefois versé plus de sang que les ennemis mêmes : à la prise de Canton ils égorgerent bien cent mille hommes ; & on sait ce qu'ils ont fait à la prise de Pekin. Il n'est donc guere croyable que la famille de Confucius ait pu résister continuellement dans la bourgade de *Kio-fou* ; mais si c'est, comme je le soupçonne, un ordre monastique, alors ce fait change entiérement de nature, & ne suppose aucune suite de filiations qui se soient succédées réguliérement. Ce qui m'a, pour ainsi dire, confirmé dans cette opinion, c'est le titre de *saint*, que les Chinois donnent aussi à Confucius, & le culte religieux qu'ils lui rendent ; car tout cela suppose que leurs idées different extrêmement de celles que nous attachons au terme de *philosophe*, qui n'a pas de synonyme en leur langue. D'un autre côté, ils veulent que cet homme ait fait plusieurs changements dans la religion, & défendu d'enfermer de petites statues dans les tombeaux; mais il auroit beaucoup mieux servi sa nation, s'il eût aboli l'usage de mettre des perles dans la bouche des morts, & de les enterrer d'une maniere ruineuse.

Comme les grands sacrifices des Chinois ont été depuis long-temps fixés aux équinoxes & aux solstices, on a cité cette coutume comme une preuve de leur habileté dans l'astronomie dès les siecles les plus reculés; & à cela on ajoute le premier chapitre du livre canonique que nous appellons le *Chou-King*, dans lequel on voit qu'*Yao* connoissoit avec précision la durée de l'année solaire, & la méthode de la plus exacte intercalation, à ce que dit le pere Gaubil (*a*). Cependant, au lieu d'employer cette forme de calendrier, il défendit au peuple de s'en servir, & institua l'année lunaire: mais le premier chapitre du *Chou-King* est une piece supposée dans des temps très-postérieurs, & qui ne peut rien prouver en faveur d'*Yao*. Les livres canoniques des Chinois sont trop délabrés & dans un état trop pitoyable pour qu'on y ajoute une foi absolue: d'ailleurs, le *Chou-King* doit avoir

---

(*a*) Le pere Gaubil dit, dans le troisieme volume des *observations astronomiques*, que le premier chapitre du *Chou-King* a été écrit sous le regne même d'*Yao* vers l'an 2256 avant notre ere, ou dans un temps qui en étoit fort peu éloigné, si l'on en excepte le premier paragraphe, qu'il avoue être faux & supposé dans des siecles très-postérieurs. Mais il est réellement absurde de vouloir que ceux, qui ont supposé ce paragraphe, n'aient pu supposer aussi le chapitre, & cela paroît être arrivé après notre ere vulgaire, lorsqu'on restitua, comme l'on put, les fragments du *Chou-King*.

été compilé par Confucius, qui vivoit plus de dix-sept-cent ans après *Yao* ; & cette compilation n'est encore qu'un fragment, auquel il manque quarante-un chapitres. Mais indépendamment de toutes ces considérations, il est impossible qu'en un temps, où de leur propre aveu les Chinois étoient encore barbares, ils aient mieux su l'astronomie qu'ils ne la savent de nos jours, puisqu'ils sont obligés d'employer encore à Pekin des savants d'Allemagne pour dresser l'almanach de l'empire. Et croit-on donc que, s'ils avoient parmi eux des hommes habiles, ils appelleroient de trois mille lieues loin des étrangers pour prévenir une confusion dont il y a tant d'exemples ? C'est comme si l'académie des sciences de Paris faisoit venir des Talapoins du Japon pour composer le livre de la connoissance des temps, & pour prédire les éclipses aux François.

Il faut observer ici que l'année des Chinois a toujours été lunaire, & qu'elle n'a jamais commencé vers le lever de la canicule ; de sorte que ce peuple differe autant des Egyptiens par rapport au calendrier, que par rapport aux institutions religieuses. S'ils ont été l'un & l'autre adonnés à l'astrologie judiciaire, cette erreur leur est commune avec presque toutes les nations de l'Asie & de l'Afrique, où l'ancien culte des astres & des planetes a dû nécessairement engendrer cette superstition, que les Arabes n'avoient garde de réprimer à la Chine lorsqu'ils étoient maîtres du tribunal des mathématiques, sans quoi ils seroient morts de faim ; & le P. Hallerstein doit lui-même inférer toutes sortes de prédictions dans le *Tang-sio* ou l'almanach qu'il rédige depuis qu'on l'a élu chef des astronomes, qu'on sait être, pour la plupart, des Européens ; & s'il n'y avoit point d'Européens à la Chine, aucun *Han lin*, ni aucun college de Pekin n'oseroit encore se comparer aujourd'hui à la *Giamea-el-ashar* ou à l'académie du Caire : quoique du côté des arts & des sciences l'Egypte moderne n'ait pas même conservé l'ombre de sa splendeur passée.

Le désordre, qui s'étoit glissé dans le calendrier Chinois lors de la conquête des Tartares Mongols, prouve assez que long-temps avant cette époque les grands sacrifices ne pouvoient se faire exactement aux équinoxes & aux solstices, comme cela auroit dû être suivant les institutions nationales. Car ni les solstices, ni les équinoxes n'étoient bien indiqués dans ce calendrier, qu'on avoit tellement décrié dans toute l'Asie, que les peuples, qui habitent entre le Bengale & la province d'*Yun-nen* ne vouloient point le recevoir, & l'appelloient un amas de faux calculs. Quand les astronomes Arabes l'eurent corrigé par ordre de *Kou-blai-kan*, l'orgueil des Chinois devint insupportable, & ils ordonnerent à ces Indiens de recevoir leur calendrier, ou de s'attendre à une déclaration de guerre. Comme on ne fit aucun cas de ces menaces, une armée Chinoise, forte de vingt mille hommes, marcha contre les prétendus rebelles ; mais elle fut tellement taillée en pieces, qu'il n'en échappa presque personne ; & depuis ce temps on n'a plus osé parler aux Indiens du calendrier dont les Chinois vouloient sans doute faire un objet de commerce, quoiqu'ils ne vendent chaque exemplaire que huit kandarins ; mais ce peuple doit trafiquer de tout, & quand il ne trafique pas, il croit être hors de son élément, à-peu-près comme les Juifs.

Depuis la seconde correction de l'année

sur les Egyptiens & les Chinois. 233

Chinoise, entreprise sous les empereurs Tartares de la dynastie actuelle, les sacrifices solemnels se font ponctuellement aux Equinoxes & aux Solstices avec un grand appareil, & le nombre des musiciens, qu'on y emploie, peut bien monter à cinq ou six cent. Cependant le bruit du tambour domine dans ces concerts, qui ne sauroient donner aucune idée de l'ancienne musique, que les Chinois disent être entiérement perdue : car, à les en croire, tout a dégénéré chez eux, & ils étoient bien plus habiles dans l'état de la barbarie sous le Kan *Fo-hi*, qu'ils ne l'ont jamais été depuis dans la vie civile. Mais ces opinions ridicules, qu'un vain orgueil leur suggere, ne méritent pas qu'on les réfute. Leurs anciens instruments de musique, dont on voit la forme dans le livre canonique du *Chou-King*, étoient sans comparaison plus imparfaits & plus mauvais que ceux dont on se sert aujourd'hui ; ce qu'une simple inspection des figures peut rendre sensible à tout le monde.

Lorsque le bruit commence parmi les musiciens, des bouchers massacrent les victimes, qu'on offre avec beaucoup d'encens au génie du ciel. Et on sacrifie d'une maniere également solemnelle au génie de la terre, qui a un temple séparé d'une structure différente.

Tous ces génies sont, suivant les lettrés, de pures émanations de *Tai-ki* ou du grand comble ; de sorte qu'on ne découvre en ceci qu'un déisme grossier ; & il n'est pas possible que des hommes, plongés si avant dans l'ignorance de la nature, puissent parvenir à des idées plus dégagées & plus sublimes sans le secours de la physique & des sciences réelles, qui les désabuseroient bientôt de cette absurde doctrine des esprits ou des manitous, dont ils remplissent le monde, & qui ont aussi leur part aux sacrifices solemnels : car, on voit aux quatre côtés de l'autel de grosses pierres qui représentent les génies des montagnes, de l'eau, du bois, du métail, de l'air & du feu. C'est surtout en l'honneur du génie du feu, dit Monsieur Osbek, que les Chinois célebrent la fête des lanternes pour que leurs villes d'ailleurs si combustibles, soient préservées de l'incendie (*a*).

Il est bien étrange qu'on ait voulu trouver dans cette illumination un sensible rapport avec la fête des lampes, qui se célebroit à Athenes & à Saïs dans le *Delta* en l'honneur de Minerve, dont jamais les Chinois n'ont ouï parler. Et c'est là un fait si certain, qu'aucun véritable savant n'entreprendra de le contester.

Il y a donc de l'absurdité à dire que les habitants d'une contrée de l'Asie se soient avisés d'honorer une divinité qu'ils n'ont jamais connue, & qu'ils ne connoissent pas encore. Si l'on faisoit voir aux plus habiles lettrés de Pekin une figure de Minerve avec les symboles de la lampe & du sphinx que les Grecs mettoient sur son casque, ou bien avec le scarabée en tête comme les Egyptiens la représentoient souvent, ces lettrés de Pekin comprendroient aussi peu le sens de cette statue allégorique, qu'ils comprennent les hiéroglyphes de quelque obélisque que ce soit.

Il a pu arriver que les Chinois ont célébré en février la fête des lanternes précisément au même jour où les catholiques de l'Europe célebrent la fête des luminaires. Or, il faudroit avoir perdu le sens commun, si par là on vouloit prouver que les Chinois ont reçu leurs

---

(*a*) *Reise nach. Ostindien und. China. S.* 325.

usages de l'Europe, ou que les Européens ont reçu les leurs de la Chine. Les conformités les plus frappantes sont quelquefois les plus trompeuses ; & si l'on en exigeoit un exemple, qui est peut être unique, on pourroit citer l'erreur où Bochard est tombé au sujet de la course des renards, qui se faisoit tous les ans à Rome dans le Cirque. Comme l'on attachoit du feu à la queue de ces animaux, Bochard s'est imaginé que les Romains vouloient par là perpétuer le souvenir d'un événement aussi mémorable que l'étoit celui de quelques moissons brulées contre le droit des gens sur les confins de la Palestine. Mais la vérité est que les Romains se soucioient très-peu de tout ce qui s'étoit passé sur les confins de la Palestine ; & la course des renards étoit un divertissement sur lequel Ovide à exercé son imagination.

On sait que rien n'est plus fabuleux que l'origine de la fête des lanternes, telle que le pere le Comte le rapporte dans ses mémoires sur la Chine (*a*). Il veut que l'empereur *Kie*, s'étant plaint que la vie de l'homme est trop courte, on lui conseilla d'illuminer tellement son palais, qu'il ne fût plus possible d'y distinguer la nuit d'avec le jour. Ce conte insipide doit être extrait, comme je l'ai dit, d'un autre conte qu'on trouve dans Hérodote touchant un roi de l'Egypte, qui ayant été averti, par l'oracle de *Buto* dans le delta, qu'il ne lui restoit plus que six ans à vivre, fit également illuminer toutes les nuits les appartements de sa cour, afin de jouir plus long-temps du spectacle de la lumiere : comme si un

---

(*a*) Tom. I. lettre VI.

homme qui n'a plus que fix ans à vivre, étoit pour cela difpenfé de dormir ; mais Hérodote n'examinoit pas les chofes de fi près, & marquoit fur fes tablettes toutes les abfurdités, que les interpretes de l'Egypte lui dictoient.

Le pere Parrenin a eu foin d'écrire de Pekin à M. de Mairan, que cette origine de la fête des lanternes étoit une fable groffiere, débitée en Europe par le P. le Comte, qui avoit, comme on voit, beaucoup profité par la lecture d'Hérodote, & fi la chofe en valoit la peine, on pourroit démontrer ici, que les jéfuites ont inféré dans l'hiftoire de la Chine des faits extraits de la bible.

Lorfqu'on confulte les auteurs Chinois fur les prétendues avantures du roi ou de l'empereur *Kie*, on ne trouve auffi que des prodiges puérils & révoltants : ils affurent que fous fon regne il tomba une étoile, que le fyftême ou le cours des planetes fut manifeftement dérangé, que des montagnes s'écroulerent, qu'il parut trois foleils du côté de l'Orient, & que malgré cela, perfonne ne voyoit clair à la cour du prince, qui avoit rendu tous fes appartements inacceffibles aux traits de la lumiere. Il feroit fuperflu d'ajouter après cela, que les Chinois, qui écrivent ainfi l'hiftoire, ne méritent pas qu'on les life ; & tout ce qu'ils favent de vrai & de réel fur l'empereur *Kie*, fe borne prefqu'à rien : mais chez eux les prodiges tiennent fouvent lieu de faits hiftoriques ; & ils louent fans ceffe Confucius de ce qu'il a fait mention de la chûte des étoiles, de l'éboulement des montagnes, du chant de l'oifeau fans pareil, de l'apparition de la licorne, & de la métamorphofe des infectes, qu'ils ont long-temps regardée comme un miracle.

Il n'y a donc, comme on l'a vu, aucun rapport entre la fête célébrée en l'honneur de Minerve, & la grande illumination de la Chine, où toutes les divinités symboliques de l'Egypte sont inconnues, & il seroit superflu de considérer ici la différence qu'il y a entre les termes Chinois par lesquels on désigne le génie du ciel qu'on appelle toujours *Tien* ou *Changti*, & d'autres mots Egyptiens tel que *Phtha* & *Cnuph*, dans lequel Eusebe a lui même reconnu le fabricateur de l'univers; tandis que les Chinois n'attachent pas de telles idées à leur génie, commes les jésuites & d'après eux M. de Leibnitz en sont tombés d'accord (*a*).

On prétend que Confucius fut un jour prié d'expliquer son sentiment sur la divinité ; mais il s'en excusa, retourna chez lui, & écrivit, à ce que dit le pere Couplet, les paroles suivantes dans son commentaire sur l'*Y-King*.

Le grand Comble a engendré deux qualités : le parfait & l'imparfait. Ces deux qualités ont engendré quatre images : ces quatre images ont produit les figures de Fo-hi, c'est-à-dire toutes choses.

Qui oseroit aujourd'hui soutenir parmi nous qu'il y ait en cela quelque trace de sens commun ? Et il seroit inutile d'objecter que d'autres philosophes de l'antiquité ont quelquefois écrit d'une maniere aussi peu raisonnable ; puisque ces philosophes-là ne prétendoient point faire des traités de sortilege ou de rab-

―――――――――――――――――――――

(*a*) Voici comme le pere Martini entr'autres s'expl que là-dessus.

De summo ac primo rerum auctore mirum apud omnes Sinas silentum; quippe in tam copiosa lingua ne nomen quidem Deus habet. hist. Sin. lib. 1.

domancie, tel que celui où Confucius doit avoir inféré les paroles qu'on vient de rapporter, & qui font relatives au jeux des baguettes magiques. Or, dans les jeux des baguettes magiques, il n'y a pas de fens commun.

Si quelque chofe avoit pu précipiter de certains lettrés dans le fatalifme, ce feroit précifément la doctrine infenfée de Confucius fur la puiffance des forts ; & il eft fûr qu'on en connoît quelqués-uns parmi eux, qui ont déjà hafardé de monftreufes chimeres fur la révolution des cinq élémcnts Chinois, qui produifent néceffairement & tour à tour une nouvelle famille impériale ou une nouvelle dynaftie. Quand, par exemple, une famille impérial eft produite par la force de l'eau ou du génie qui y préfide, alors elle ne peut donner, fuivant eux, que vingt empereurs, dont toutes les actions font néceffaires & fatales : car, fi leurs actions étoient libres, difent-ils, nous ne pourrions point les prédire au moyen de la table des forts commentée par le grand Confucius.

Quoique M. de Visdelou attribue cette doctrine aux lettrés en général, il faut fuppofer que ce ne font que les plus imbécilles d'entre eux, qui ont débité de telles abfurdités, où vrai-femblablement ils ne comprennent rien eux-mêmes. Car, il en eft de la Chine comme du refte du monde où les hommes embrouillent fouvent leurs propres idées, de façon qu'ils ne fauroient expliquer clairement ce qu'ils croyent & ce qu'ils ne croyent pas. Auffi, quand nous avons parlé de la religion de la Chine, n'avons nous rendu compte que des opinions générales, & non des opinions particulieres ; puifqu'il feroit peut être fort difficile de trouver deux ou trois cent lettrés qui pensent précisément de la même maniere; & encore trois cent autres qui pensent constamment de même sans varier du matin au soir; & encore trois cent autres qui comprennent distinctement ce qu'ils pensent. Ceux qui font l'ame humaine double, ce qui revient à l'*homo duplex* de quelques métaphysiciens de l'Europe, peuvent être comptés dans la classe de ceux qui ne se comprennent pas eux-mêmes. Le pere Longobardi dit, dans son fameux traité, que des lettrés de la Chine lui avoient déclaré sans détour, sans déguisement, qu'ils étoient de vrais athées (*a*), Mais ces lettrés avoient peut-être bu comme Hobbes, dont l'athéisme se dissipoit souvent avec l'ivresse.

La passion qu'ont les Chinois pour le sortilege, prouve qu'ils sont superstitieux; mais cela ne prouve point qu'ils soient fatalistes. Outre la divination par les baguettes, ils en ont une autre, qui se pratique au moyen d'une plante nommée *Chi*, dont on partage les feuilles afin d'en tirer les fibres ou les nervures, qu'on place ensuite au hasard pour voir en quoi leur position s'accorde avec les traits de l'*Y-Kin*. Cette espece de divination ne me paroît presque différer en rien de celle dont usoient encore quelques devins de la Scythie lorsqu'ils entortilloient entre leurs doigts des feuilles de saule, & non de tilleul, comme le dit Valla dans sa version Latine d'Hérodote, qui a eu sur les Scythes Asiatiques des mémoires particuliers, dont la vérité se confirme de plus en plus; & il étoit mieux instruit touchant ces

---

(*a*) *Traité sur quelques points de la religion des Chinois. section XVI.*

peuples éloignés qu'on ne seroit porté à le croire, si l'on n'observoit le même phénomene dans la géographie de Ptolémée, dont l'exactitude à indiquer quelques positions de la sérique ou de l'igour est étonnnante, quoique ce fût le terme du monde connu des Grecs & des Romains, auxquels la Chine & les Chinois étoient ce que sont à notre égard les habitants des terres australes, c'est-à-dire qu'ils en ignoroient jusqu'au nom. Il suffit de réfléchir à la route singuliere que les marchands avoient trouvée pour faire passer les denrées des Indes dans la Colchide, pour concevoir comment Hérodote, qui avoit voyagé dans la Colchide, a pu être instruit avec quelque précision.

C'est un sentiment assez généralement reçu que des sectaires, qu'on croit avoir été des historiens, allerent au septieme siecle prêcher le christianisme à la Chine, où ils furent d'abord protégés, ensuite persécutés & enfin massacrés : car ils avoient contre eux les disciples de Laokium, les bonzes & l'impératrice ; de sorte que cette prédication ne servit qu'à faire répandre du sang, & il ne restoit plus aucun chrétien à la Chine lors de la conquête des Tartares Mongols, qui favoriserent indistinctement tous les étrangers dont l'industrie pouvoit leur être utile, sans se soucier de la religion qu'ils possédoient. *Koublai Kan* fixa même des familles chrétiennes à Pekin que le patriarche de Bagdad d'un côté, & le pape de l'autre érigerent en archevêché. Mais *Koubli Kan* eut soin aussi d'ériger un tribunal nommé *Troumfousse*, dont les deux métropolitains devoient dépendre. Lorsque les Chinois expulserent les Tartares Mongols, les chrétiens essuyerent encore une persécution violente, qui les anéantit totalement : les
plus

plus sensés se sauverent en Tartarie, quelques uns embrasserent la religion des Bonzes, & les autres furent massacrés. En 1592 on ne trouvoit dans toute la Chine aucune trace de christianisme, & quelques missionnaires recommencerent alors à le prêcher : mais si on en excepte un fort petit nombre de néophytes qui occupoient de grands emplois, ou qui possédoient de grandes richesses, tous les autres convertis n'ont jamais été que des personnes de la lie du peuple, dont les femmes même sortoient & alloient à l'église ; ce qui choqua tellement les honnêtes gens, qu'on regarda les missionnaires comme des corrupteurs. Pour calmer à cet égard tous les soupçons des Chinois, quelques Jésuites s'aviserent de bâtir des églises séparées où les femmes seules pouvoient entrer (a). Mais ce prétendu remede aigrit prodigieusement le mal, & le gouverneur de *Ham-theou* fut si irrité en apprenant que des personnes du sexe se renfermoient dans une église avec deux ou trois hommes, qu'il fit raser ce temple jusqu'aux fondements, sans attendre les ordres de la cour : car on sait qu'à la Chine les gouverneurs agissent d'une maniere presque despotique dans leurs départements respectifs & cela est si vrai, que les chrétiens étoient quelquefois violemment persécutés dans quelques provinces, & fortement protegés dans d'autres. Mais, malgré cette protection, on trouvoit un obstacle insurmontable aux progrès de leur doctrine dans la poligamie ; car les missionnaires exigeoient la répudiation, & ne vouloient laisser aux néophytes qu'une

---

(a) Gobien, *histoire de la Chine*, pag. 42.

épouse : mais ils n'ont jamais insisté sur l'affranchissement des esclaves ; quoique la servitude personnelle soit plus contraire encore au droit de la nature que la pluralité des femmes, qui n'est même qu'une conséquence presque nécessaire de l'esclavage dans les pays chauds. Là-dessus on disoit que les premiers chrétiens n'avoient jamais exigé de tels sacrifices, & que différentes communautés religieuses de l'Europe ont possedé des esclaves pendant plusieurs siecles de suite. Mais c'étoit là un horrible abus, dont il ne faut jamais se prévaloir : car ce qui choque le droit naturel, choque à plus forte raison la morale. Un Chinois ne pouvoit répudier les femmes qu'il avoit épousées suivant les loix, & dont il avoit des enfants, sans leur faire une injustice ; mais il pouvoit à chaque instant affranchir ses esclaves. Ainsi la conduite des missionnaires n'étoit qu'une perpétuelle contradiction. D'un autre côté le gouvernement de la Chine ne sut jamais quelles religions il devoit permettre, ni quelles religions il devoit exclure. On a reçu dans ce pays des Juifs, des Mahométans, des Lamas, des Parsis, des Manis, des Marrha, des Si-lipan, des Yeli-Kaoven (a), des Arméniens, des Bramines, des Nestoriens, des Chrétiens Grecs, qui avoient une église à Pekin, & enfin des Catholiques ; mais ceux-ci ont eu eux seuls plus de persécution à essuyer que tous les autres ensemble, & on a fini par les exterminer. Le seul empereur *Cam-hi* donna trois édits contradictoires : il défendit d'abord

---

(a) On ne connoît pas bien la religion des Marrha & des Si-lipan ; mais c'est peut-être à tort qu'on les ~~pre~~nd pour des chrétiens.

de prêcher : ensuite il le permit & le défendit encore, sans jamais avoir su en quoi la religion catholique consistoit ; & c'est un fait, que les missionnaires n'ont point osé lui montrer la bible ni les évangiles. On assure même, & je suis très-porté à le croire, qu'en 1692 ce prince ne savoit point que les Européens ont conquis l'Amérique, les côtes de l'Afrique, les isles Moluques & tant d'endroits de la terre d'Asie. Qu'on s'imagine des hommes tels que les Tartares Maudhuis, qui viennent tout-à-coup s'emparer de la Chine sans avoir aucune notion de l'histoire, ni de la géographie, & alors on ne sera pas étonné de ce que l'empereur *Cam-hi*, ait pu ignorer quelle avoit été la conduite des chrétiens en Amérique. Et c'est parce qu'il ignoroit tout cela que le mémoire offert à la cour de Pekin, en 1717, fit sur l'esprit des Tartares une impression ineffaçable. On y représentoit les chrétiens comme une troupe de conjurés qui alloient envahir l'empire ainsi qu'ils avoient envahi le nouveau monde. Ce projet n'étoit point réel ; mais il parut très-possible aux Tartares, qui n'avoient point eux-mêmes quatre-vingt mille hommes de troupes effectives, lorsqu'ils entrerent dans Pekin : ils furent à la vérité favorisés par les eunuques du palais ; mais la prise de Pekin n'étoit rien ; puisqu'il leur restoit à conquérir toutes les provinces Méridionales, & ils en firent la conquête très-rapidement. Il n'y a point dans l'intérieur de la Chine une seule ville qui pourroit résister pendant trois jours, si on l'assiégeoit dans les formes, & l'amiral Anson a prétendu qu'un vaisseau de soixante canons, pourroit couler à fond toute une flotte Chinoise. Par-là, on voit que celui qui avoit allarmé la cour de Pekin au fujet des néophytes & des miffionnaires, connoiffoit bien la foibleffe de fon propre pays, qui n'a échappé à la fureur de brigands d'Europe, que par fon extrême éloignement ; & cet obftacle même difparoîtroit, fi l'on pouvoit découvrir un paffage par le Nord-Oueft. Les princes qui ont fuccedé à *Cam-hi*, loin de tolérer le chriftianifme, n'ont ceffé jufqu'en 1766 de gêner de plus en plus les Européens & de prendre de plus en plus des précautions à leur égard ; mais ils auroient rendu, fans le vouloir, un très-grand fervice à l'Europe, s'ils avoient entiérement fermé leur port de Canton aux vaiffeaux de cinq nations qui y trafiquent.

Je finis ici cette fection, dans laquelle on a vu que jamais deux peuples n'eurent moins de reffemblance entre eux par rapport à tout ce qui concerne la religion, que les Egyptiens & les Chinois, fi l'on en excepte l'immolation des victimes : mais l'immolation des victimes eft un ufage, que les voyageurs modernes ont trouvé répandu dans toutes les contrées où ils ont pénétré, excepté aux Indes & au Thibet où le cas particulier de la tranfmigration des ames a dérogé à la regle générale. Les favants n'ont jamais bien fu comment tant de nations de l'ancien & du nouveau continent ont pu fe rencontrer dans une bizarrerie auffi oppofée aux notions du fens commun que l'eft celle d'égorger des animaux pour honorer les dieux. Quelques uns croient que l'immolation a commencé par les prifonniers faits à la guerre ; mais il eft manifefte que les premiers peuples ont imaginé dans la nature, des génies qui venoient goûter le fang, la chair, les entrailles ou la fumée des victimes qu'on brûloit ;

& comme tous les premiers peuples ont été chasseurs & ensuite bergers, il est naturel qu'ils aient plutôt nourri les dieux avec de la chair qu'avec des fruits sauvages, que les Manitous pouvoient aller chercher eux-mêmes sur les arbres. Ceux, qui quitterent la vie nomadique ou pastorale pour se faire laboureurs, commencerent bientôt par offrir les prémices de leurs champs, & par nourrir aussi les dieux avec des grains. Alors l'immolation des victimes auroit dû cesser : mais elle ne cessa point, & j'en ai dit la raison, qui consiste uniquement dans l'opiniâtreté avec laquelle les premieres nations civilisées retinrent les pratiques religieuses de la vie sauvage. Voilà pourquoi on a trouvé à la Chine tant d'usages imaginés par les Scythes, & en Egypte tant d'usages imaginés par les Ethiopiens.

SECTION IX.

Du Gouvernement de l'Egypte.

Omnia post obitum fingit majora vetustas.

LES anciens, qui parloient avec tant d'éloges des loix & de la police de l'Egypte, étoient dans une continuelle illusion, dont l'origine est très-aisée à découvrir ; puisque nous voyons clairement que les auteurs Grecs ont confondu les loix, qu'on observoit en Egypte, avec celles qu'on n'y observoit pas, & qui n'existoient que dans les livres. On avoit anciennement inséré dans le second volume de la collection hermétique une infinité de maximes très-sages, suivant lesquelles un Pharaon devoit se conduire pour régner avec douceur, & mériter les applaudissements du peuple. Mais il s'en faut de beaucoup que tous les Pharaons aient voulu s'acquitter des devoirs qu'on leur avoit prescrits dès la naissance de la monarchie : car il a paru parmi eux des princes fainéants, voluptueux, imbécilles, & enfin des tyrans détestables, qui n'observoient que de vaines cérémonies & fouloient réellement l'équité aux pieds. C'est ainsi que tous ces mauvais rois de la Judée, faisoient avec beaucoup d'exactitude les ablutions légales, & ne mangeoient jamais à leur table des viandes prohibées par le régime mosaïque ; mais le peuple n'en étoit pas moins écrasé par les exactions & le brigandage des impôts.

C'est aussi une erreur de croire que le droit Romain ait été originairement puisé dans la jurisprudence de l'Égypte, comme Ammien Marcellin l'insinue : car il est fort aisé de s'appercevoir, que les décemvirs rejeterent à Rome la seule loi Egyptienne, qui auroit pu convenir à une république : je parle de la constitution relative aux débiteurs, sur la personne desquels un créancier ne pouvoit exercer la moindre violence : cette loi étoit sage & modérée ; mais celle des décemvirs étoit barbare & atroce. Enfin, on ne trouvoit dans les douze tables, qui sont le fondement du droit Romain, aucune trace de la jurisprudence de l'Egypte, que Solon, lui-même, ne connoissoit que vaguement ; puisqu'il réforma la ville d'Athenes, & abrogea quelques réglements de Dracon avant que de partir pour Saïs, où il paroît avoir commercé.

Quelques loix Egyptiennes n'ont pas besoin d'être analysées : car leur simplicité est telle, que toutes les interprétations deviennent inutiles ; mais il n'en est pas ainsi de la loi qui concernoit les voleurs, & qu'on sait être si compliquée, qu'aucun philosophe n'a pu en concevoir le sens, ni en découvrir le but : parce que l'historien Diodore & l'ancien jurisconsulte Ariston se contredisent dans l'exposition qu'ils en ont faite.

Suivant Diodore, les voleurs de l'Egypte devoient se faire inscrire, & quand on reclamoit la chose volée, ils la restituoient à la quatrieme partie près, que le législateur leur adjugeoit, soit pour les récompenser de leur adresse, soit pour punir la négligence de ceux qui s'étoient laissés voler. Diodore, en parlant de la sorte, auroit dû s'appercevoir que cette prétendue loi laissoit subsister beaucoup de cas particuliers, qui doivent être nécessairement décidés par une autre, dont il ne fait pas la moindre mention.

Je me souviens d'avoir lu, dit Aulu-Gelle, *dans un ouvrage du jurisconsulte Ariston, que chez les Egyptiens, qui ont témoigné tant de sagacité en étudiant la nature & tant de pénétration en inventant les arts, tous les vols étoient licites & impunis* (a).

Il suffit de réfléchir à des institutions si bizarres, pour se convaincre qu'elles n'ont pu subsister dans une même société, mais bien entre des peuples différents; & les auteurs qui en ont parlé, étoient assurément mal instruits, puisqu'ils ne sont d'accord ni entre eux, ni avec eux-mêmes.

Ce qu'on a pris pour une loi Egyptienne, n'est qu'un concordat ou un traité fait avec les Arabes, auxquels on ne pouvoit défendre le vol & le brigandage, qu'ils font par besoin, & qu'ils font encore par le défaut de leur droit public; de sorte qu'on rachetoit d'entre leurs mains les effets qui ne leur étoient quelquefois d'aucune utilité, comme cela se pratique encore de nos jours. Les bédouins revendent fort souvent pour la centieme partie de la valeur, des perles & des pierreries, dont ils s'emparent en dépouillant une caravane; & ils seroient heureux de pouvoir toujours avoir la quatrieme partie en argent des denrées qu'ils

---

(a) *Id etiam memini legere me in libro Aristonis jureconsulti haud quaquam indocti viri, apud veteres Ægyptios, quod genus hominum constat & in artibus reperiendis solertes extitisse, & in cognitione rerum indaganda sagaces, furta omnia fuisse licita & impunita.* Noct. Att. lib. XI, cap. 18.

volent en nature, sous de vains prétextes, qu'un voyageur moderne a eu grand tort de vouloir justifier, en soutenant que les déserts de l'Arabie pétrée appartiennent de droit aux bédouins ; comme si nous ne savions pas qu'ils commettent de tels forfaits très-loin de leurs déserts, & sur des territoires dont ils n'ont jamais été réellement en possession, & où ils ne peuvent, par conséquent, exiger aucun tribut des passants.

Sous les rois pasteurs, les Arabes se répandirent par troupes dans toute l'Egypte, & il étoit absolument nécessaire de convenir avec eux de quelque maniere que ce fût, par rapport aux captures qu'ils faisoient de temps en temps. Et je crois qu'on rachetoit également les larcins d'entre les mains des Juifs : car il seroit bien surprenant que des hommes tels que les Juifs, n'eussent volé qu'une seule fois en Egypte, & sur-tout lorsqu'ils y furent publiquement protégés sous le regne des usurpateurs, qui favorisoient les bergers, & qui opprimoient les laboureurs, afin de choquer toutes les institutions du peuple conquis.

On conçoit maintenant à-peu-près ce que Diodore de Sicile a voulu dire : on n'inscrivoit pas le nom des voleurs dans un registre ; mais on s'adressoit à l'*émir* ou au *scheic* des Arabes, qui connoissoit lui-même ses sujets, & il leur faisoit rendre ce qu'ils avoient pris, au moyen de la compensation qui étoit stipulée (*a*).

―――――――――――――――――――――

(*a*) Si l'esprit de la loi Egyptienne eût été tel que Diodore se l'est imaginé, on auroit dû faire encore, comme je l'ai dit, des réglements particuliers par rapport à ceux qui voloient sans s'être fait inscrire, & par rapport à ceux qui, quoiqu'inscrits, ne restituoient point exactement ce qu'ils avoient pris.

Nous ne savons pas si, sous la domination des Persans, lorsqu'il se forma une république entiere de voleurs dans un endroit du *Delta*, on observa à leur égard la même conduite qu'on avoit tenue avec les bédouins ; mais cela est très probable, & il faudroit bien se résoudre à un tel sacrifice par-tout où des brigands seroient parvenus à se fortifier au point qu'on ne pût ni les expulser, ni les détruire. Or les marais qu'ils avoient occupés près de la bouche Héracléotique, étoient impraticables, & jamais les Persans & les Grecs ne furent en état de les en chasser : car les barques qui leur servoient de maisons, alloient à la moindre allarme se cacher très-loin dans les joncs.

L'extrême rigueur des loix à l'égard de ceux qui subsistoient en Egypte par des moyens malhonnêtes, prouve qu'on y étoit fort éloigné de tolérer le vol ou la mendicité parmi les indigenes, qui n'étoient ni des Arabes, ni des Juifs ; & le sens commun a suffi pour apprendre aux hommes, que dans une société bien policée, il ne faut jamais permettre que des sujets robustes embrassent la vie des mendiants, que Platon craignoit tellement dans une république, qu'il emploie jusqu'au ministere de trois magistrats différents pour les éloigner d'abord des marchés, ensuite des villes, & enfin du territoire de l'état (*a*). Si ce philosophe pouvoit ressusciter & voir tous ces ordres monastiques qui ne vivent que d'aumônes, il croiroit qu'il est survenu un affoiblissement dans l'esprit humain.

Les auteurs Grecs ont prétendu qu'il y a eu en Egypte cinq ou six législateurs diffé-

---

(*a*) *De legibus dial*. XI.

rents, parmi lesquels ils comptent même *Amasis*, dont le regne précéda de quelques années la chûte de la monarchie; mais il paroît que toutes les loix générales étoient beaucoup plus anciennes que les Grecs ne l'ont cru; & ce qu'ils en disent ne peut provenir que de la rigueur plus ou moins grande avec laquelle on les a observées sous certains princes, dont le nom n'est pas exactement connu. Le pharaon *Bocchoris*, dont Diodore a fait un législateur très-célèbre, ne se trouve pas dans Hérodote, qui n'avoit pas même ouï parler de ce prince. Par-là il est arrivé que nous ne savons point dans quel ordre chronologique les loix de l'Egypte doivent être rangées, & cependant cela est d'une grande importance pour voir le véritable développement de la législation, quoique Nicolaï n'y paroisse avoir eu aucun égard, non plus que Casal (*a*).

On veut, par exemple, que *Sabaccon* ait aboli, dans tous les cas, la peine de mort, sous prétexte qu'il suffisoit d'appliquer les coupables aux travaux publics; ce qui rendoit leur supplice moins dur, mais plus long; moins frappant, mais plus utile. Cependant long-temps après, c'est-à-dire, sous le regne d'*Amasis*, on employa la peine de mort contre ceux qui ne subsistant ni de leurs revenus ni de leur travail, vivoient de cette espece d'industrie qui est commune aux mendiants & aux fripons. Si tout cela étoit vrai, il faudroit

---

(*a*) On a de Nicolaï un traité intitulé de *Ægyptiorum synedris & legibus insignioribus*; mais il y regne beaucoup de confusion. Et cet homme n'a bien approfondi l'esprit d'aucune loi: aussi son ouvrage est-il encore moins connu que celui de Casal, qui rapporte au moins quelques monuments singuliers.

convenir qu'il y a eu une variation étrange dans la jurisprudence de l'Egypte, & qu'elle n'a jamais été fixée par des décrets immuables. Mais on se trompe, lorsqu'on prête à *Sabaccon* un caractere doux & généreux ; c'étoit, de l'aveu de tous les historiens, un usurpateur ; & s'il n'est pas absolument vrai qu'il ait fait brûler vif le pharaon *Bocchoris*, au moins tua-t-il *Necco*, le pere de *Psammetique* ; & il eût fait mourir *Psammetique* lui-même, s'il ne s'étoit sauvé en Syrie. Tant de forfaits & de violences prouvent assez que ce *Sabaccon* n'étoit point l'homme le plus modéré de son siecle ; aussi ne pensa-t-il jamais, comme Strabon l'insinue, à condamner les coupables aux travaux publics : il leur faisoit couper le nez, & les chassoit de l'Egypte ; de sorte que c'est sous son regne que doit avoir été formé l'établissement de Rhinocolure, ou des hommes au nez tronqué, quoique j'aie toujours pris ce fait pour une fable : & le terme de Rhinocolure paroît avoir été appliqué à un enfoncement de la côte, qu'on peut voir sur la carte, & où quelque promontoire s'étoit vrai-semblablement éboulé ; car les Orientaux, comme les Arabes, appellent en géographie *ras* ou *nez* ce que nous appellons d'après les Italiens un *cap*.

Au reste, ceux qui ont loué cette princesse, qui ne fit sous son regne mourir aucun coupable, & qui en mutila un nombre prodigieux, loueront peut-être aussi *Sabaccon*. Mais c'étoit, comme nous l'avons dit, un usurpateur d'un génie féroce, qui ne fit qu'une seule bonne action, en abdiquant la couronne, & en retournant en Ethiopie d'où il étoit venu. Cependant ce n'est pas lui qui inventa les mutilations : car les loix du pays les avoient prescrites depuis long-temps pour différentes especes de délits. Et on croit avoir reconnu en cela une singuliere conformité entre les Egyptiens & les Chinois ; mais l'amputation des jambes jusqu'à l'inflexion du genou, supplice jadis très-usité à la Chine, n'a pas même été connue en Egypte, où l'on coupoit d'autres membres, comme la langue, les mains, le nez, & suivant quelques auteurs, les parties mêmes de la génération. Là-dessus on ne répétera pas tout ce qui a été dit pour démontrer jusqu'à l'évidence, que telle n'a jamais été l'origine des eunuques du palais : car cette espece d'esclavage a commencé par les enfants avant qu'ils fussent en état de mériter de si grands châtiments.

Plusieurs peuples de l'Europe, de l'Afrique & de l'Asie, ont fait usage de mutilations plus ou moins difficiles à cacher, plus ou moins difficiles à guérir, pour punir certains crimes, qui, suivant leur maniere de penser, n'étoient pas des crimes capitaux. Ainsi on ne sauroit à cet égard découvrir aucun rapport entre les Egyptiens & les Chinois, qui dès l'origine de leur empire ont permis aux coupables de se racheter dans de certains cas à prix d'argent, & ce premier abus en a introduit un autre ; c'est-à-dire, qu'à la Chine on trouve des hommes assez avares ou assez pauvres pour porter la cangue & recevoir une bastonnade à la place du criminel, qui les paie pour cela. Le juge veut faire une exécution, & il lui faut un patient : or il prend celui qui se présente. On n'a jamais pu en Egypte se racheter à prix d'argent d'une peine afflictive décernée par la loi, & bien moins substituer sous la main de l'exécuteur, des misérables à d'autres, par une fraude si singutiere, que les Chinois sont peut-être les seuls hommes au monde, qui vendent & qui achetent des supplices. D'où il résulte, comme l'observe M. Salmon, qu'on pervertit quelquefois chez eux les premieres notions de la justice, en laissant subsister toutes les formalités (*a*).

Quand on voit au temps du bas-empire les amendes pécuniaires, infligées dans tant de cas qu'on ne sauroit les compter, alors on se persuade sans peine que cela désigne un mauvais gouvernement, comme les compositions à prix d'argent, si fréquentes dans les codes des barbares, désignent une mauvaise jurisprudence. Les Egyptiens n'ont fait usage des amendes pécuniaires que dans une seule circonstance; c'est-à-dire, par rapport à ceux qui tuoient inconsidérément des animaux sacrés, que la loi avoit pris sous sa protection : mais c'étoit dans tous les cas un crime capital de tuer des ibis & des vautours, qu'on sait être aussi privilégiés à Londres, & dont l'Egypte retiroit plus d'avantages que des autres oiseaux & des autres quadrupedes ensemble. Si quelques nations, comme les Thraces & les anciens Grecs, n'eussent infligé des peines semblables aux meurtriers des cigognes & des bœufs, la conduite des Egyptiens seroit sans exemple. Et malgré l'autorité des exemples on ne peut entiérement l'excuser. Lorsqu'il s'agit d'un abus très-léger en apparence, mais qui intéresse plus ou moins le bien public ; alors le législateur a mille moyens pour punir le coupable, sans

___

(*a*) *Etat présent de la Chine. Tom. I. pag.* 159.
Le pere le Comte dit qu'on trouve dans tous les tribunaux des hommes qui se louent pour recevoir le châtiment à la place du coupable. Le juge doit être avant tout, corrompu.

recourir à des supplices ou à des peines arbitraires : ainsi, la loi de Toscane qui réservoit des peines arbitraires pour ceux, qui tailloient leurs propres abeilles avec le soufre, ne valoit rien ; & l'expérience a prouvé qu'on n'a pu par-là, arrêter les progrès d'une méthode pernicieuse dans tous les pays.

Nous parlons ici de l'abus que le propriétaire peut faire de la chose même qu'il possede, ou chaque particulier de la chose publique : car nous ne prétendons pas parler de ces loix vraiment atroces, qui subsistent dans tant d'endroits de l'Europe par rapport à la chasse, & où la mort d'un chevreuil entraîne la mort d'un homme & l'infamie d'une famille : cette barbarie vient d'un peuple, qui vivoit jadis en grande partie de gibier ; & qui auroit dû réformer sa jurisprudence, lorsqu'il commença à cultiver régiérement la terre.

Quoique les Egyptiens eussent des loix extrêmement séveres contre tous les crimes de faux, quoiqu'ils eussent imaginé au fond du purgatoire ou de leur *Amenthés*, autant de différents génies vengeurs, qu'il y a de différentes especes de délits sur la terre (*a*), ils ont été accusés de commercer d'une maniere très-frauduleuse : mais cette imputation ne leur a jamais été faite que par les Grecs mille fois plus décriés encore, & dont la mauvaise foi a donné lieu à un proverbe, qui ne finira plus parmi les hommes.

Il a été un temps, dit Strabon, où l'Egypte s'opiniâtroit à ne point ouvrir ses ports aux

_____

(*a*) Il se peut que c'est-là l'origine de cette grande diversité de tourments qu'on employoit dans l'enfer des Grecs & dans celui des Romains.

navires du la Grece & de la Thrace : & c'eſt alors, ajoute-t-il, que les Grecs remplirent le monde de calomnies contre le gouvernement des Pharaons, qui contents des productions de leur terre, ne vouloient ni prendre, ni donner. Mais Platon, qui avoit vrai-ſemblablement commercé lui-même en Egypte, fait d'abord ſentir qu'il eſt néceſſaire qu'un peuple ſoit inſtruit dans l'arithmétique, & enſuite, après quelques lieux communs, il inſinue adroitement que les Phéniciens & les Egyptiens avoient abuſé des connoiſſances qu'ils poſſédoient dans l'art de calculer & de meſurer. Indépendamment de cette ſubtilité de pratique, on croit avoir obſervé que pluſieurs peuples de l'Aſie méridionale & de l'Afrique ont un extrême penchant pour l'uſure, les contrats équivoques, les monopoles & cette eſpèce de fourberie, qui caractériſe en Europe les Juifs, qu'on ſait avoir donné une grande extenſion aux préceptes du Deutéronome, qui, dans bien des cas, eſt plus conforme à l'ancien droit Nomadique qu'à la juriſprudence de l'Egypte, à laquelle Moïſe ne s'aſſujettit pas toujours ; parce qu'il dût reſpecter de certains uſages déjà établis parmi les Hébreux avant qu'ils fuſſent réduits à la condition des Hélotes ; & ces uſages étoient à-peu-près les mêmes que ceux des Arabes, qui ont toujours été fameux à cauſe du vice de leurs loix, & à cauſe de la ſingularité de leurs crimes, dont quelques-uns, comme le *Scopeliſme*, pourroient faire déſerter toute une province (a).

(a) Le crime du *Scopeliſme* conſiſte à mettre quelques pierres au milieu d'un champ, pour annoncer que le premier qui entreprendra de le labourer, ſera poi-

On avoit bien imaginé en Egypte des réglements pour réprimer l'usure & arrêter la poursuite violente des usuriers; mais la grandeur du mal se voit par le remede même. Chez les peuples qui commercent beaucoup avec eux-mêmes & très-peu avec les étrangers, les marchands ne peuvent faire que de petits profits sur les denrées; & voilà pourquoi ils cherchent à en faire de gros sur l'argent; ce qui introduit nécessairement l'usure, & cette usure augmenteroit encore en cas que l'argent ne fût pas monnoyé: or on verra que dans l'instant qu'il n'étoit point monnoyé chez les Egyptiens, qui dans l'antiquité ne firent qu'un grand commerce intérieur, ils n'avoient pas un seul navire sur la mer, & le Nil étoit couvert d'une multitude innombrable de barques, dont quelques-unes n'étoient faites que de terre cuite: car, comme le défaut du bois y a toujours été extrême, on y avoit eu recours à une industrie qui l'est aussi (a).

Nous ne savons pas quelles furent les révolutions que ce commerce essuya de temps en temps: mais l'agriculture paroît toujours avoir été très-florissante. Dans ce pays les terres n'exigent presque d'autre dépense que celle de la semence, & quelques sortes de grains comme le *Dourra* ou le millet s'y multiplient extrêmement, & à-peu-près comme l'*Orinthis* en

---

gardé. Il est dit dans le digeste que ce crime est particulier aux Arabes, & il résulte de leur mauvais droit civil sur le meurtre & les vengeurs du sang.

(a) Ces nacelles étoient la plus petite espece des *phaseles*, nommés en Egyptien *barri*: elles alloient à la voile & à la rame.

Parvula fictilibus solitum dare vela phaselis,
Et brevibus pictæ remis incumbere testæ.
Juvenal.

Ethiopie : le labour est par-tout fort aisé, de même que l'arrosage, lorsqu'on emploie de bonnes machines telles que les roues à chapelets, que Diodore paroît avoir confondues avec la vis d'Archimede, qui alla, dit-il, enseigner cette découverte aux Egyptiens, qu'on sait avoir arrosé leurs champs une infinité de siecles avant la naissance d'Archimede, dont la vis est une chose inconnue aujourd'hui depuis le Caire jusqu'à la cataracte du Nil. De tout ceci, il résulte que les cultivateurs de l'Egypte ont pu assez aisément se remettre, lorsqu'ils avoient essuyé quelque persécution sous des tyrans, qui commencerent par haïr les loix, & ensuite les hommes. Dans nos climats, au contraire, les laboureurs doivent faire bien plus de dépenses : il leur faut plus d'instruments, plus de bras, plus de bétail ; de sorte que quand ils sont à demi ruinés par les impôts, ils ne peuvent plus se remettre par les récoltes : car il est physiquement démontré, que les terres rapportent toujours moins à mesure que la pauvreté du cultivateur augmente : les labours réitérés coûtent beaucoup, de même que les engrais ; mais ces articles si importants relativement à notre agriculture ne se comptent presque point en Egypte. Et voilà pourquoi cette contrée a résisté plus long-temps que les autres contre le gouvernement destructif des Turcs ; & voilà encore pourquoi il seroit possible de la rétablir dans le laps d'un siecle tandis que la Grece ne sauroit être établie en trois cent ans.

Quoique nous n'ayions que des notions très-confuses sur l'ancien partage de terres de l'Egypte, nous savons cependant avec quelque certitude que les portions militaires, dont quelques-uns étoient de 12 arures plus petites que l'arpent de France, passoient des peres aux fils, & non pas des peres aux filles. Delà il s'ensuit que les Grecs n'ont su ce qu'ils disoient lorsqu'ils ont prétendu que, suivant la jurisprudence des Egyptiens, on obligeoit, dans tous les cas, les filles à nourrir leurs parents âgés ou infirmes; tandis qu'on en dispensoit les garçons. Il ne s'agissoit pas du tout de l'obligation de nourrir les parents, mais du devoir de les soigner. Et il est naturel que le législateur eût choisi les filles, puisque les freres pouvoient être absents pendant plusieurs mois de suite dans les familles militaires & sacerdotales. Les soldats devoient faire alternativement une année de service à la garde extérieure du palais, & alors ils n'étoient point chez eux: les prêtres alloient de temps en temps à Thebes pour les affaires de justice, ou bien les fonctions de leur ministere les empêchoient de veiller à tout ce qui se passoit dans le sein de leur famille. Il ne s'agit point de répéter ici ce qui a été dit en particulier de la condition des femmes de l'Egypte, ni des loix relatives à la polygamie & aux degrés qui empêchoient le mariage : car on a suffisamment prouvé que l'union du frere & de la sœur n'a eu lieu que depuis la mort d'Alexandre : aussi tous les auteurs, qui en parlent, comme Diodore, Philon, Séneque & Pausanias, sont-ils des auteurs, pour ainsi dire, nouveaux en comparaison des anciens Egyptiens. Au reste, Philon est le seul qui prétende, que ces sortes de mariages pouvoient se contracter même entre le frere & la sœur jumelle (a). Par-là on voit

---

(a) *De spec. leg.* 6. 7.
Selden a cru que le mariage entre le frere & la sœur

que ce Juif s'eſt imaginé que les jumeaux ſont dans un degré de parenté plus étroit que les freres & les sœurs nés ſucceſſivement ; mais c'eſt une pure chimere de ſa part , & il eût été abſurde de permettre à tous les Grecs d'Alexandrie l'union au premier degré dans la ligne collatérale, hormis au jumeau avec la jumelle, qui n'ont rien qui les diſtingue des autres enfants d'un même pere & d'une même mere ; ſinon que l'un eſt quelquefois plus foible que l'autre ; & encore cela n'arrive-t-il pas toujours, parce que la nature ne connoît point à cet égard de regle. Cependant ſi la dégénération réſultoit des accouplements inceſtueux ; ce ſeroit ſur-tout entre les jumeaux & les jumelles que cet effet devroit être ſenſible quoique les animaux ſur leſquels on a fait des expériences , ſoient rarement dans le cas d'en produire.

Au reſte ; les auteurs de l'antiquité n'auroient point donné des éloges outrés aux légiſlateurs de l'Egypte, s'ils avoient pu voir les défauts de leur propre légiſlation. Je parle ici de l'eſclavage perſonnel , qui exige néceſſairement tant de mauvaiſes loix, que les bonnes même en ſont corrompues : car enfin, une telle injuſtice ne peut être ſoutenue que par pluſieurs autres. Il faut établir comme une éternelle vérité & un principe immuable, que l'eſclavage eſt contraire au droit naturel , & juger enſuite les légiſlateurs qui l'ont autoriſé &

---

avoit commencé ſeulement en Egypte au temps des Perſans ; mais c'eſt une erreur. L'inceſte de Cambyſe ne concernoit pas les loix des Egyptiens. Et Séneque fait aſſez entendre que c'eſt dans Alexandrie ſeule qu'on épouſoit ſa ſœur.

affermi par les mêmes sanctions, dont ils auroient dû se prévaloir pour l'abolir. On avoit ôté à tous les Egyptiens le pouvoir de tuer leurs esclaves : or, il ne s'agissoit que de tirer quelques conséquences de cette loi même pour ouvrir les yeux, & pour sortir de l'étrange contradiction où l'on étoit tombé.

Comme la liberté & la vie sont réellement inséparables, le maître conservoit toujours le droit de mort, que la loi ne lui ôtoit qu'en apparence. Le nombre de ceux, qui poignardent ou égorgent subitement leurs esclaves, a été dans tous les siecles très-petit : le nombre de ceux, qui les font mourir lentement à force de travail, a été dans tous les siecles très-grand. Après cela on conçoit que celui, qui est maître de la liberté, est aussi maître de la vie : le législateur ne peut lui défendre qu'une certaine maniere de tuer l'esclave, & il conserve mille manieres de le faire périr. Et voilà en quoi consiste la contradiction.

Dans presque tous les cas relatifs à l'ingénuité, le droit Egyptien étoit opposé au droit Romain, dont on connoît l'axiome abominable sur les enfants qui suivent la condition du ventre ; mais ils ne la suivoient point en Egypte, & on en trouve la raison dans la polygamie : car par-tout où elle est établie, les enfants doivent suivre la condition du pere ; & jamais celle de la mere. Aucun peuple n'eut sur la servitude des maximes plus désespérantes que les Romains, comme on le voit par le sénatus-consulte Claudien, qui réduisoit en un état aussi cruel que la mort, la femme convaincue d'avoir entretenu un commerce avec l'un ou l'autre de ses esclaves : car ce commerce lui faisoit perdre la liberté, & cette perte équivaloit à celle de la vie.

Nous voyons diſtinctement qu'il y a eu jadis en Egypte différentes eſpeces de ſervitude ; puiſqu'on y trouve des eſclaves, qui ſervoient dans les maiſons, & d'autres qui n'y ſervoient pas, & qu'on comparera, ſi l'on veut, à des ſerfs attachés aux travaux, ou à ces hommes dont je parlerai dans l'inſtant. Comme c'étoient, pour la plupart, des étrangers qu'on avoit pris ou achetés, il falloit bien les faire habiter à part auſſi long-temps qu'ils perſiſtoient dans leur propre religion, qui les rendoit impurs: & voilà pourquoi on ne pouvoit les admettre dans l'intérieur des maiſons pour le ſervice domeſtique; car ils y euſſent tout ſouillé. Cette inſtitution étoit par ſa nature très-vicieuſe, & il a fallu faire encore bien de mauvaiſes loix pour prévenir les révoltes parmi ces eſclaves, qui n'étant pas continuellement ſous les yeux des maîtres, pouvoient d'autant plus aiſément conſpirer. Et il eſt croyable que c'eſt là la ſource de tous ces reglements extraordinaires pour prévenir le meurtre, & on voit par l'action même de Moïſe, que ces reglements n'étoient pas faits ſans raiſon, quoiqu'aucun peuple de la terre n'en ait eu de ſemblables. Ailleurs c'eſt une lâcheté de ne point aller au ſecours d'un homme tombé entre les mains des aſſaſſins: en Egypte c'étoit un crime capital (*a*). Mais il faut dire auſſi que cette loi pouvoit être ſi aiſément éludée, qu'on a dû la regarder comme non - exiſtente : car, rien n'étoit plus aiſé que d'alléguer mille prétextes pour prouver l'impoſſibilité de ſecourir un malheureux

---

(*a*) Héliodore paroît inſinuer que cette loi ſubſiſtoit auſſi chez les Ethiopiens, & qu'elle concernoit même les enfants qu'on trouvoit expoſés.

déjà surpris par des brigands. Aussi le législateur avoit-il senti la plupart de ces inconvéniens ; & il vouloit tout au moins qu'on vînt accuser les aggresseurs sous peine de jeûner trois jours en prison, & de recevoir un certain nombre de coups ; mais il paroît que cette loi fut abrogée sous les Ptolémées, qui confierent la réduction de leur code à Demetrius de Phalere, qu'on sait avoir travaillé pour des monstres.

On observe ordinairement, comme une chose bizarre, que les Egytiens aient eu des médecins particuliers pour différentes maladies, & même pour les maladies des dents, auxquelles ils étoient sujets, parce qu'ils mâchoient les cannes à sucre vertes : tandis qu'il n'y avoit point dans tout leur pays un seul avocat, quoiqu'ils plaidassent par écrit, à ce que disent les Grecs. Mais si cela est vrai, il faut nécessairement que les prêtres, qu'on trouvoit dans toutes les villes, aient dressé les requêtes & les repliques pour ceux qui ne pouvoient point les rédiger ; quoiqu'il paroisse en général que les Egyptiens savoient pour la plupart lire & écrire (*a*). Quand on n'adopte point la mauvaise coutume de citer une foule d'auteurs dans un mémoire juridique, ni d'y recourir à

(*a*) On voit que, suivant les loix de l'Egypte, c'étoit un grand avantage de savoir lire & écrire : aussi les artisans même faisoient-ils instruire leurs enfants.

Les loix Judaïques supposent également un usage très-fréquent de l'écriture, tant par rapport aux généalogies des tribus, que par rapport aux contrats, libelles de répudiation, &c. Mais les Juifs négligerent beaucoup l'éducation, & je crois que dans les petites villes de la Judée les *Schoterim* étoient les seuls qui sussent lire & écrire.

des raisonnements captieux, alors on peut expédier de tels écrits fort promptément, & il n'étoit point permis aux Egyptiens d'en faire paroître plus de quatre dans le cours d'un procès. Les juges de leur côté ne consultoient qu'un recueil de dix volumes, dont ils savoient même la plus grande partie par cœur (*a*) Les cas extraordinaires, qui n'étoient point énoncés dans ce code, se décidoient à la pluralité des voix : & il conste par un monument encore existant de nos jours dans la Thébaïde, que le nombre des juges étoit impair : ainsi le président ne tournoit l'image de la vérité d'un côté ou de l'autre, que quand les voix étoient également partagées ; car il seroit absurde qu'il eût décidé en faveur de ceux qui n'avoient pas obtenu cette égalité, puisqu'on seroit par là retombé dans l'arbitraire d'où l'on vouloit sortir. La pluralité des suffrages entraînoit nécessairement l'image de la vérité dans tous les cas ; & par-là on terminoit l'action, où nous ne voyons jamais donner des coups de bâton aux plaideurs, suivant la méthode des Chinois, qui étouffent plus de procès qu'ils n'en décident ; parce que leur gouvernement est despotique, & celui des Egyptiens étoit monarchique, comme on pourra, dans l'instant, le démontrer jusqu'à l'évidence.

Il paroît qu'on décidoit aussi chez les Egyptiens de certains cas par le serment, & il est remarquable qu'on ne trouve point un seul mot, dans leur histoire, qui pourroit

---

(*a*) Diodore ne parle que de huit volumes, auxquels les juges avoient recours dans les procès, mais il s'agit manifestement ici des dix volumes que les prophetes devoient étudier.

faire croire qu'ils aient employé la question. Ce ne fut que sous la domination des Grecs & des Romains qu'on apprit par expérience, que la question même étoit inutile pour arracher la vérité de leur bouche : car quand ils vouloient être opiniâtres, ils l'étoient à l'excès. Ainsi la torture, qui est une institution abominable chez tous les peuples où l'on en fait usage, eût été encore plus mauvaise en Egypte qu'ailleurs. Des hommes, dont le tempérament est mélancolique & sombre, perdent la sensibilité lorsque la douleur passe un certain degré : ils souffrent toujours moins à mesure que la convulsion augmente, & c'est peut-être par une raison physique que les Egyptiens ne croyoient pas à l'enfer ; mais seulement au purgatoire. Comme on décidoit chez eux de certains cas par le serment, il falloit bien punir sévérement le parjure : aussi étoit-ce un crime capital de même que le meurtre, si l'on en excepte celui du pere qui tuoit son fils, dont il devoit tenir le corps entre ses bras pendant trois jours en présence du peuple; tandis que le parricide au contraire étoit puni par le plus cruel de tous les supplices dont on ait jamais fait usage dans ce pays. (*a*) Mais c'est encore sans raison qu'on a voulu trouver ici quelque conformité avec la coutume des Chinois ; puisque la plupart des nations de l'antiquité ont regardé le parricide comme un des

---

(*a*) Ce supplice consistoit à percer le corps du coupable avec des roseaux, & à le brûler dans des épines; ce qui n'a aucun rapport avec le supplice des Chinois, qui découpent un homme en dix mille morceaux, & qu'on ne croit pas avoir été en usage dans l'antiquité comme il l'est aujourd'hui.

plus grands délits ; & il faut plaindre sincérement ceux, qui ont été assez barbares, assez injustes pour châtier des crimes imaginaires, tels que l'hérésie & le sortilege, par des peines mille fois plus cruelles, que celles qu'ils réservoient au citoyen dénaturé, qui avoit plongé un poignard dans le cœur de ses parents. D'un autre côté les Egyptiens ont eu tort sans doute de ne laisser subsister aucun rapport entre la maniere dont ils vengeoient le meurtre du fils, & entre la maniere dont ils vengeoient le meurtre du pere. Quand la nature a mis une relation manifeste d'une chose à une autre, il ne faut pas que le législateur entreprenne de l'ôter. Au reste, on doit avouer que les Egyptiens ont eu des notions un peu moins défectueuses sur le pouvoir paternel que les Grecs, les Romains, & sur-tout les Chinois, qui paroissent avoir été & qui sont peut-être encore dans l'affreuse idée, qu'on ne doit point regarder les enfants comme des hommes, lorsqu'ils n'ont pas encore reçu la mammelle ; & j'ai lu dans l'ouvrage d'un jurisconsulte, que cette opinion a régné également parmi les anciens Romains (*a*) ; j'en ai cherché la cause, & je l'ai trouvée. L'infanticide pouvoit être commis par le pere seul, suivant le décret de Romulus ; & il pouvoit être commis par le consentement du pere & de la mere. Or, c'est delà que provient la barbare distinction entre les enfants qui avoient déjà teté, & ceux qui ne l'avoient point encore fait : Lorsque la mere donnoit une fois le sein, elle étoit censée vouloir conserver

---

(*a*) Gerd. Noodt *de partus expositione & nece apud Veteres, liber singularis.*

son fruit; de sorte que l'infanticide ne se commettoit point alors du consentement des deux parties. Ceux, qui ont une si mauvaise morale, ont nécessairement encore une plus mauvaise physique, & le préjugé se sera établi que les enfants ne commencent à devenir hommes qu'en commençant à teter.

Le respect, que les Egyptiens avoient pour les vieillards, leur a été commun avec les plus anciens peuples du monde: car ce respect est le seul qu'on connoisse dans la vie sauvage, & c'est du crédit des vieillards dans la vie sauvage, qu'est né le gouvernement civil, & non pas de l'autorité paternelle, qui n'a jamais pu s'étendre que sur une famille, & non sur une société. La royauté est née du pouvoir des caciques ou des capitaines, que les vieillards avoient choisis pour commander la peuplade dans des expéditions lointaines où euxmêmes ne pouvoient se trouver. Je crois avoir vu tout cela clairement, lorsque j'étudiai les relations de l'Amérique, où l'origine des sociétés n'est point si obscure, parce qu'elle n'est point si éloignée.

Comme presque tous les anciens peuples de notre continent ont donné beaucoup trop d'extension aux bornes du pouvoir paternel, il s'ensuit que, si le gouvernement eût été fondé sur l'autorité des peres, & non sur celle des vieillards, il en eût résulté un véritable despotisme dans l'état comme dans chaque famille. Cependant cela n'est arrivé nulle part, & lorsque les Chinois prétendent que cela est arrivé chez eux, il est facile de s'appercevoir qu'ils sont dans une erreur grossiere. Quand il y avoit à la Chine cent & vingt rois ou de grands caciques, aucun n'osa se nommer le *pere & la mere de l'état*: mais quand les empereurs à force de conquêtes & d'injuſtices eurent fait diſparoître les rois, alors ils prirent tous les titres qu'ils crurent leur convenir. Ainſi le cas des Chinois eſt le même que celui des Romains : quand ils eurent des *peres de la patrie*, ils n'eurent plus de liberté. Qu'on recherche tant qu'on voudra, dans les dictionnaires & les langues de toutes les nations du monde, on ne trouvera pas que jamais le terme de *roi* ait eu quelque choſe de commun avec le terme de *pere*, ſinon dans un ſens figuré.

Le gouvernement de l'ancienne Egypte étoit véritablement monarchique par la forme de ſa conſtitution ; puiſqu'on y avoit fixé des bornes au pouvoir du ſouverain, reglé l'ordre de la ſucceſſion dans la famille royale, & confié l'adminiſtration de la juſtice à un corps particulier, dont le crédit pouvoit contrebalancer l'autorité des pharaons, qui n'eurent jamais le droit de juger ou de prononcer dans une cauſe civile. Les juges faiſoient même à leur inſtallation un ſerment horrible, par lequel ils promettoient de ne pas obéir au roi en cas qu'il leur ordonnât de porter une ſentence injuſte. Outre le college des Trente qui réſidoient continuellement à Thebes, outre les magiſtrats particuliers des villes qui prononçoient dans de certains cas (*a*), les provinces

---

(*a*) Dans l'antiquité, dit Horus Apollon, les magiſtrats de l'Egypte jugeoient, & voyoient, ajoute-t-il, le roi nu : *regem nudum ſpectabat*. Il eſt difficile de ſavoir ce que cela ſignifie, & je doute que M. de Pauvv, chanoine d'Utrech, ait bien compris tout le contenu du 39. chapitre des Hiéroglyphiques, ſur leſquels il a donné des notes. Quand le roi ſe rendoit dans une aſſemblée de juges, il devoit dépoſer ſon

envoyoient de temps en temps des députés, qui se réunissoient dans le labyrinthe où l'on discutoit les affaires d'état, qu'on croit avoir été relatives aux finances : car Diodore assure que les rois d'Egypte ne pouvoient taxer arbitrairement leurs sujets, comme cela est établi, ajoute-t-il, dans de certains états où l'on ne connoissoit point de plus grand fleau : ensuite il insinue que la classe sacerdotale avoit l'inspection sur les finances : ce qui suppose que les provinces devoient aussi donner leur consentement aux nouveaux impôts.

Maintenant nous voyons qu'on a été dans l'erreur en soutenant que les anciens n'ont eu aucune idée d'un véritable gouvernement monarchique. Si M. de Montesquieu n'en a pas trouvé des traces chez eux, c'est qu'il ne les a point cherchées où elles étoient : il s'arrête à considérer quelques états de l'ancienne Grece où les rois prononçoient eux-mêmes dans les causes civiles ; mais cet usage, qui choque les principes de la monarchie, n'eut jamais lieu en Egypte. Je parle de ce qu'ont fait les princes : je ne parle pas de ce qu'ont fait les tyrans.

C'étoit une loi fondamentale dans ce pays que la royauté & le pontificat sont incompatibles. Le souverain n'y pouvoit être grand-prêtre, ni le grand-prêtre souverain (*a*).

---

manteau ou l'habit de dessus, nommé *Calasiris*, vraisemblablement pour témoigner qu'il ne jugeoit pas lui-même.

(*a*) Comme l'on montra à Hérodote des statues de tous les rois de l'Egypte, & celles de tous les pontifes en particulier, cela prouve que jamais avant *Séthon* aucun pontife ne fut roi. Peut-être *Séthon* ne voulut-il pas abdiquer le pontificat, lorsqu'il parvint au trône.

Quand on connoît l'esprit servile des nations qui habitent sous des climats ardents : quand on connoît ce que les hommes y osent, & ce que les hommes y souffrent, alors il paroît que les Egyptiens avoient agi assez sagement, en opposant encore cette barriere au despotisme, qui a surtout accablé les contrées de l'Asie où les princes ont envahi le sacerdoce, & celles où ils l'ont rendu amovible comme en Turquie & en Perse, où les mouftis & les seidres ne sont pas plus assurés de conserver leur dignité que l'étoient les grands-prêtres chez les Juifs sur la fin de leur monarchie, & lorsqu'on voyoit rarement un même homme persister pendant trois ans dans le pontificat. De tels esclaves ne sauroient protéger le peuple ; puisqu'ils ne sauroient se protéger eux-mêmes : si leur sort ne dépendoit pas des caprices du prince, il dépendroit des intrigues du serail. En Egypte au contraire les pontifes ne furent jamais amovibles : cette dignité restoit dans leur famille, & le fils aîné succédoit toujours au pere, à-peu-près comme dans la famille d'Aaron chez les Hébreux avant qu'elle fût devenue le jouet des despotes.

Cependant il arriva enfin en Egypte par un de ces événements dont nous ignorons les causes, que Séthon, qui occupoit le sacerdoce par droit héréditaire, parvint encore au trône. Les deux pouvoirs se trouvant alors réunis dans un même homme, l'état fut renversé au point qu'on ne put jamais plus le remettre dans son équilibre ordinaire. Les soldats se plaignoient de ce qu'on avoit confisqué quelques-unes de leurs terres : le peuple se plaignoit de ce que les soldats avoient trahi la patrie dans un instant où les intérêts particuliers devoient céder à l'intérêt général. Au milieu de ces troubles, on choisit douze gouverneurs qui devoient régner conjointement, afin de diviser la masse du pouvoir qui s'étoit trop concentré. Mais cette constitution oligarchique, que les Egyptiens imaginerent alors, ne pouvoit rétablir une monarchie; puisqu'elle n'a jamais pu rétablir une république; quoiqu'on l'ait essayé tant de fois dans l'antiquité. Aussi en résulta-t-il un véritable despotisme, qui dura depuis *Psammetique* jusqu'à l'invasion de Cambyse, sous des princes qui eurent tous à leur solde une foule de mercenaires, qu'on sait avoir été les instruments & les appuis du pouvoir absolu, depuis que le monde existe.

C'est à l'époque dont je viens de parler, qu'on fixera le changement sensible, qui se fit dans le caractere & la maniere de penser des Egyptiens, qui commencerent alors à haïr leurs rois, & *Amasis*, avec lequel ils s'étoient en apparence réconciliés, dut mettre une forte garnison Grecque dans Memphis, afin d'être en sûreté au centre de ses états, contre les entreprises de ses sujets, qui avoient dans l'antiquité porté leur amour envers les pharaons jusqu'à l'excès: il pardonnerent à ces princes bien des vices, bien des foiblesses, & les laisserent même régner lorsqu'ils étoient aveugles, comme cela est arrivé plus d'une fois; parce que la cécité a toujours singulierement affligé les habitants de l'Egypte. Il est surprenant que dans les autres empires de l'Orient où un aveugle pourroit fort bien régner, on ait décidé précisément le contraire comme en Perse, au Mogol, en Turquie. Et ce cas est tel que, s'il arrivoit dans les monarchies de l'Europe, les jurisconsultes seroient peut-être embarrassés de le résoudre. Mais les Egyptiens se fondoient sur le droit d'aînesse, qui étoit parmi eux sacré & inviolable ; de sorte qu'ils ne croyoient pas qu'un enfant dût être privé de son patrimoine à cause d'une indisposition déjà assez funeste par elle-même. Cela est très-vrai & très-juste par rapport aux successions particulieres, qui n'imposent pas l'obligation de gouverner un peuple ; & on auroit dû tout au moins donner des tuteurs aux princes aveugles comme le fils de Séfostris, ensuite le Pharaon Anysis & quelques autres. Si l'on s'attachoit uniquement au récit d'Hérodote, il en résulteroit que la cécité du pharaon Anysis en particulier peut avoir été la source d'un grand malheur : car ce fut sous son regne que les Ethiopiens envahirent l'Egypte (a).

Lorsque la famille régnante s'éteignoit, on procédoit à une élection, dont toutes les formalités sont très-exactement décrites par Synésius ; mais les soldats & les prêtres étoient les seuls qui y eussent voix active & passive, sans qu'il soit fait la moindre mention du reste du peuple, que Diodore prétend cependant avoir été aussi noble que les tribus militaires & sacerdotales ; mais il faut nécessairement en excepter ces hommes si détestés en Egypte, qu'il ne leur étoit pas même permis d'entrer dans les temples. J'ai déja beaucoup parlé d'eux ; mais maintenant je crois avoir décou-

---

(a) On ne trouve pas le nom du Pharaon Anysis dans les dynasties de Manéthon ; parce que ce n'est point un nom patronimique, mais emprunté. On croit communément que Bocchoris est le même homme qu'Anysis. Au reste, la cécité n'est point une maladie incurable en Egypte, & c'est à quoi le législateur peut avoir eu égard.

vert que c'étoient des Africains d'origine étrangere, qui parloient entre eux la langue Punique, & que les Egyptiens avoient rendus à demi-libres, à demi-esclaves comme les Hilotes chez les Lacédémoniens, les Corynophores à Sycione, les Péneftes en Theffalie, les Clarotes en Crete, les Gymnites en différents endroits de la Grece, les Profpelates en Arcadie, les Leleges en Carie, les Mariandins chez les Héracléotes, auxquels on peut joindre encore les Juifs, qui, après l'expulfion des rois bergers, furent précifément réduits en Egypte à la condition des Hilotes de Lacédémone, & de ces hommes que je prends pour des Africains occidentaux. Auffi Hérodote dit-il pofitivement qu'on parloit la langue Punique aux environs de la ville d'*Apis* & du lac de la Maréote dans certaines familles foumifes à la domination des Egyptiens (*a*), qui ne fe mêlerent jamais par des mariages avec cette cafte fi abhorrée, laquelle finit, fuivant toutes les apparences, par former la république des voleurs; & on ne fauroit point dire que les Juifs aient fini beaucoup mieux: car Strabon nous dépeint toute leur petite monarchie comme un état dégénéré en une confédération de brigands. Il femble que les peuples qui ont une fois été réduits à la fervitude de la glebe, en contractent un très-mauvais caractere. Il s'eft formé dans

---

(*a*) La langue, dont il eft ici queftion, ne doit pas être confondue avec celle qu'on parloit à Carthage: c'étoit proprement l'idiome Libyque: comme les Egyptiens étoient originaires de l'Ethiopie, ils ne comprenoient ni l'Arabe, ni le Lybien, ni le Phénicien, ni ce jargon que parloient les Juifs, & qui paroît avoir été un dialecte du Phénicien.

l'Amérique plusieurs sociétés de Negres échappés d'entre les mains des planteurs; mais on assure que tous ces peuples naissants ont de si mauvaises loix, une si mauvaise police, qu'il n'en résultera jamais que des républiques de voleurs, ainsi que celle des Paulistes.

Comme le nombre des soldats étoit en Egypte, sans comparaison, plus grand que celui des prêtres du premier & du second ordre, on avoit égalé les suffrages, en donnant aux prophetes une voix qui valoit cent voix militaires, & ainsi de suite jusqu'aux Zacores dans une diminution proportionnelle; de maniere que trois prêtres pouvoient contrebalancer le suffrage de cent & trente soldats (a).

Quoiqu'on eut pris des mesures pour assurer la tranquillité dans ces moments de crise, où l'état sans maitre flottoit entre les contendants, il y a bien de l'apparence que les intrigues des candidats ont souvent troublé les élections; & on croit voir des traces sensibles de ce désordre dans l'histoire des soixante & dix pharaons, qui regnerent soixante & dix jours; ce qui provient de quelque confusion, où différents candidats s'arrogeoient la pluralité des voix: car il ne s'agit point ici, comme on l'a prétendu, d'une irruption de la part de l'ennemi, qui fit mourir en moins de trois mois tous les gouverneurs de l'Egypte, qui ne furent jamais au nombre de 70; puisqu'on voit par la cons-

---

(a) *Prolato alicujus ex Candidatis nomine, Milites quidem manus tollunt, Comastæ vero & Zacori & prophetæ calculos ferunt; pauci aliqui; sed quorum præcipua est ea in re auctoritas, prophetarum nempe; calculus centum manus æquat, Comastarum viginti Zacororum decem,* Synf. de Providen. pag. 94.

truction du Labyrinthe, où devoient s'assembler les députés des préfectures, qu'avant la domination des Persans l'Egypte n'étoit divisée qu'en vingt-sept nomes (*a*).

Dans les temps les plus reculés, on consacroit les rois à Thebes; & ensuite cette singuliere cérémonie se fit à Memphis, où le prince portoit le joug du bœuf *Aris*, & un sceptre fait comme la charrue Thébaine, dont on se sert encore aujourd'hui pour labourer dans le Saïd, & une partie de l'Arabie, suivant la figure qu'en a publiée depuis peu M. Nieubuhr (*b*). Dans cet équipage, on conduisoit le nouveau roi par un quartier de la ville; & de là il étoit introduit dans l'*adyton*, endroit qu'on doit regarder ici comme un souterrain: & je ne sais par quelle bizarre idée le P. Martin a supposé qu'il s'agissoit de la ville d'*Abydus*, qui étoit éloignée de quatre-vingt & trois lieues de Memphis. Il faut que cet homme se soit imaginé qu'il en étoit de l'Egypte comme de son pays, où les rois vont de Paris à Rheims pour se faire sacrer.

Lorsqu'on avoit élu un prince parmi les

___

(*a*) C'est ainsi qu'on trouve ce nombre dans tous les exemplaires de Strabon; quoique, suivant moi, il n'y ait eu que douze grands Nomes & douze petits.

(*b*) *Scholiastes German. in Arat. p.* 120.
Le Scholiaste d'Aristophane sur la comédie des oiseaux, dit que le sceptre des rois d'Egypte portoit à son sommet la figure d'une cigogne, & de l'autre côté vers la poignée une figure d'Hippopotame. Mais il y avoit différentes especes de sceptres, à en juger par tout ce que les anciens en disent: cependant celui qui représentoit une charrue, étoit le plus commun, & les rois le portoient ainsi que les prêtres de l'Egypte & de l'Ethiopie.

candidats de la classe militaire, il passoit dès l'instant de son inauguration dans la classe sacerdotale ; ce qui exigeoit quelques cérémonies particulieres, & vrai-semblablement aussi quelques sermens. Au reste, les pharaons ne pouvoient, en aucun cas, se dispenser de jurer, comme on l'a dit, sur le calendrier. Ils promettoient de ne pas faire intercaler un jour dans l'année vague, ce qui l'eût rendue fixe, ni d'y faire intercaler un mois, ce qui l'eût rendu lunaire & vicieuse. Or, à cet égard, ils ont tenu leur parole plus religieusement que par rapport à d'autres points bien plus intéressants.

Comme ceux qui parvenoient au trône par la voix des soldats & des prêtres, ne donnoient jamais à la nouvelle dynastie le nom de leur famille, mais le nom de la ville où ils étoient nés ; il n'est pas étonnant de voir dans l'histoire une dynastie singuliere de pharaons Eléphantins, puisque cela ne provient que de l'élection, où les suffrages s'étoient réunis en faveur d'un candidat originaire d'Eléphantine. Ce fait est très-naturel, & cependant les chronologystes n'ont pas voulu le comprendre ; de sorte qu'ils ont été obligés d'imaginer, dans cet islot qu'on nomme Eléphantine, un royaume particulier, qui eût eu moins d'étendue qu'en a souvent en Europe une maison de campagne avec ses jardins & ses bosquets. La vallée de l'Egypte se retrécit extrêmement au-delà de la ville d'*Ombos* : ainsi, quand on accorderoit encore à ce prétendu royaume les terres qui sont sur les bords du Nil, cela n'eût jamais pu former un état indépendant ou des rois d'Ethiopie, ou des princes qui résidoient à Thebes.

Aucun auteur, avant le chevalier Marsham,

n'avoit dit qu'il y a eu jadis plusieurs royaumes à la fois en Egypte ; & je suis fâché que le chevalier Marsham n'eût point reçu du ciel autant de génie & de jugement, qu'il avoit acquis d'érudition par l'étude. Il a été persécuté par des fanatiques comme un incrédule, & jamais homme ne le fut moins, puisqu'il a cru que la monarchie de l'Egypte avoit commencé en l'année qui suivit immédiatement le déluge universel ; ce qui suppose, comme on voit, un défaut manifeste de jugement, & une crédulité sans bornes. Tout ce qu'il ajoute au sujet de *Cham*, qui fut, suivant lui, le premier roi des Egyptiens, n'est qu'un amas de chimeres plus dignes d'un rabbin que d'un chronologiste Anglois. On n'avoit jamais, dans la haute antiquité, ouï parler ni de *Cham*, ni de *Mestraïm* en Egypte, pays qui a pris son nom du terme *Kypt*, comme cela est hors de doute ; & de Hoorn a même cru que cette appellation lui étoit commune avec une partie de l'Ethiopie (*a*).

Il ne faut jamais faire usage, dans l'histoire, des traditions rabbiniques, dont malheureusement trop d'écrivains se sont occupés ; ce qui a retardé au-delà de ce qu'on pourroit le croire, le progrès de nos connoissances.

Les Egyptiens exagéroient sans doute de temps en temps leur antiquité ; & quand ils parloient de certains personnages qui avoient

---

(*a*) Bochart a dit bien des injures à de Hoorn au sujet des Ethiopiens ; mais cela n'étoit point nécessaire. Quoique les Grecs aient en quelque sorte fabriqué ce mot d'*Athiops* pour désigner un peuple noir, la racine peut en être cachée dans celui de *Kopt* ou de *Kypt*.

vécu mille ans, cela prouve, dit Pline, que chez eux on a d'abord compté par lunaisons (*a*). Mais en vérité cela ne le prouve en aucune maniere : car ces années attribuées à la vie d'un homme, peuvent être des années de dynastie ou de tribu, suivant la façon de parler des Orientaux.

Qu'on suppose pour un instant que la tribu de *Béni-Wassel* soit répandue maintenant sur les hauteurs de la Thébaïde depuis six siecles : alors les Arabes, qui ne tiennent aucun compte de l'existence des particuliers, diront que *Beni-Wassel* est âgé de six cent ans ; parce qu'ils rapportent tout au fondateur, ou à la souche dont ils sont issus, & dont ils portent sans cesse le nom ; ce qui n'est pas si mal imaginé qu'on pourroit le croire, pour retenir à-peu-près de la formation d'une tribu qui n'a pas d'archives. J'ignore si cet usage a jamais été établi parmi les Tartares, où il auroit pu avoir lieu à l'égard des Hordes libres : car celles qui sont soumises, ne conservent que la généalogie des Kans, dont les familles sont sujettes à s'éteindre.

Au reste, on n'a pas besoin des dynasties de Manéthon pour prouver l'antiquité des Egyptiens, puisqu'elle est bien démontrée par les progrès qu'avoient faits chez eux les arts dès les temps les plus reculés ; & à la conquête des Macédoniens on les trouva dans un état où il ne leur manquoit plus que le dernier degré de la perfection, qui ne consiste

---

(*a*) *Annum enim alii œstate unum determinabant & alterum hyeme....... Quidam lunæ senio ut Egyptii, itaque apud eos aliqui & singula annorum vixisse millia producuntur.* lib. VII. cap. 48.

souvent que dans une élégance de la forme & une finesse de goût, que les Orientaux n'ont jamais eue, & qu'ils ne sauroient avoir, parce que leurs organes & le désordre de leur imagination s'y opposent sensiblement. Les fabriques qui rendirent l'Egypte si célebre sous les Ptolémées, comme la verrerie & la tapisserie, y avoient été établies une infinité de siecles avant eux, & les tapis surtout étoient au nombre des marchandises qui passoient en Asie (*a*), par le moyen des caravanes qu'on sait avoir passé l'isthme de Suez, & dont je parlerai encore, lorsqu'il s'agira d'examiner quels peuvent avoir été les revenus annuels des pharaons, auxquels les premiers législateurs de l'Egypte avoient prescrit bien des regles & bien des maximes, qui étoient consignées, comme on l'a dit, dans le second volume du Recueil Hermétique; & c'est de ce livre même que paroissent être extraits les passages qu'on trouve dans Diodore, qui assure que ces princes ne pouvoient jamais avoir à leur cour des esclaves nés en Egypte ou achetés chez l'étranger; & ils devoient se faire servir par les enfants des prêtres, qu'on ne mettoit dans l'intérieur du palais, que quand ils avoient atteint l'âge de vingt ans. Or, c'est-là une de leurs loix, qui ne fut pas observée à beaucoup près : car quand les pharaons introduisirent des esclaves dans leur serail, ils en confierent aussi la garde à des eunuques, qui n'étoient assurément point des hommes nés

---

(*a*) On croit qu'il est parlé des tapis à figurés, qui venoient de l'Egypte, dans un passage des paraboles, que la Vulgate a rendu de la maniere suivante. *Intexui funibus lectulum meum, stravi tapetibus pictis ex Ægypto.* Parab. VII.

libres, ou choifis dans l'ordre facerdotal. Diodore veut auffi que les rois d'Egypte aient été obligés de lire les lettres qu'on leur adreffoit, d'affifter tous les jours aux prieres, & d'entendre encore la lecture d'un paffage des annales ; mais ils ont pu trouver mille prétextes pour s'en difpenfer, dès que les attraits du plaifir & de l'oifiveté, qui eft un grand plaifir dans les pays chauds, les éloignoient des affaires.

Enfin, on ne fauroit trop répéter qu'il faut bien diftinguer, en lifant l'hiftoire de l'Egypte, les loix qui furent réellement en vogue, d'avec ces anciennes conftitutions qui n'exiftoient que dans les livres ; fans quoi les prêtres euxmêmes n'euffent point parlé d'une fi longue fuite de rois pareffeux qui s'étoient endormis dans leur ferail, & auxquels le peuple ne difputa cependant jamais les honneurs de la fépulture : je doute même que le peuple ait eu ce droit, comme on le croit vulgairement. D'abord, un tel ufage n'eût rien valu dans un pays tel que l'Egypte, où le pere étoit toujours remplacé fur le trône par fon fils aîné, auffi long-temps que la famille royale fubfiftoit : ainfi on auroit eu un ennemi implacable dans le jeune prince, en refufant la fépulture à fon pere, dont il pouvoit d'ailleurs faire porter la momie dans quelque fouterrain, à l'infu même du peuple.

Diodore dit, à la vérité, que les pharaons qui ont, fuivant lui, bâti les deux grandes pyramydes, n'avoient ofé y faire dépofer leur corps, de peur que les Egyptiens ne vinffent les en arracher: mais c'eft là un bruit populaire, dont Hérodote n'avoit pas même ouï parler. Et il fuffit d'y réfléchir pour concevoir l'abfurdité où ces princes feroient tombés, en élevant des pyramides qui devoient leur servir de sépulture : tandis que, d'un autre côté, ils étoient certains d'avance qu'on ne les y enterreroit jamais. Les Grecs s'étant une fois mis dans l'esprit que les pyramides sont les tombeaux des pharaons, n'ont jamais voulu se laisser désabuser à cet égard, quoique les Egyptiens aient hautement déclaré que jamais aucun de leurs rois n'avoit été enseveli dans l'intérieur d'une pyramide, & que c'étoient des monuments élevés par la nation en corps, & non par des princes particuliers. On trouve dans l'histoire un fait décisif, par lequel il est démontré que les Egyptiens ne penserent pas même à refuser la sépulture aux mauvais rois. Ils haïssoient mortellement un des pharaons despotiques nommé *Apriès*, qu'on soupçonnoit d'avoir commis des crimes atroces, dont quelques-uns étoient réels : or, le peuple se fit livrer ce prince, dès qu'il fut vaincu par *Amasis* : on l'étrangla, & on le porta ensuite dans le tombeau de ses peres, qu'on voyoit à l'entrée du temple de Minerve de *Saïs*, où reposoient tous les pharaons de la tribu Saïtique. Ce fait est, comme on voit, décisif.

Il faut aussi se désabuser sur l'opinion hazardée par quelques écrivains modernes touchant les rois anonymes, qu'on trouve dans le catalogue des dynasties, & dont on veut que les noms aient été supprimés, parce qu'ils avoient souillé leurs mains de sang & de richesses mal acquises.

Comme la mémoire des tyrans doit être vouée à l'exécration de tous les âges, ce seroit leur rendre un service que d'oblittérer leurs noms en les rayant des annales. Ainsi les prêtres de l'Egypte eussent agi contre les premieres notions du sens commun ; mais ils n'étoient pas fi imbécilles, & ils écrivoient tous les noms & tous les événements avec beaucoup de fidélité (*a*).

C'eſt depuis que la flatterie a corrompu la foi hiſtorique, que les mauvais princes ne craignent plus tant la voix de l'hiſtoire; & c'eſt parmi les Grecs & les Romains que cette corruption a commencé.

Si l'on trouve donc des anonymes dans le catalogue des dynaſties, cela provient uniquement de la négligence de ceux qui ont recueilli ces monuments. Par exemple, Euſebe a omis le nom de pluſieurs pharaons, que Jules l'Africain a nommés; & nous ſavons, à n'en pas douter, que dans l'hiſtoire de Manéthon, on parloit d'*Achthoës*, le plus cruel & le plus injuſte de tous les rois que l'Egypte a produits. Par-là on voit bien clairement que les prêtres étoient très-éloignés de ſupprimer le nom des tyrans, ſans quoi *Achthoës* même ſeroit aujourd'hui inconnu. Horus Apollon aſſure que dans le caractere hiéroglyphique on ſe devoit ſervir de l'écriture alphabétique, lorſqu'il s'agiſſoit d'y indiquer le nom d'un mauvais roi (*b*). Quant aux uſurpateurs étrangers, les prêtres les déſignoient par des termes ſymboliques que tout le peuple connoiſſoit; & il n'y avoit point d'Egyptien qui ne ſût que le roi de Perſe, que nous ſur-

---

(*a*) *Euſeb. præpar. Evang. lib.* X. *cap.* 11.

(*b*) *Regem autem peſſimum ſignificantes, anguem pingunt in orbis figuram, cujus caudam ori admovent: nomen vero regis in media revolutione ſcribunt.* Hiero. lib. I.

On voit quelquefois le caractere alphabétique mêlé dans les hiéroglyphes ſur les monuments; & ce qu'Horus dit ici en eſt une preuve.

nommons *Ochus*, étoit chez eux surnommé l'*Ane*.

Je crois que, suivant un ancien usage, le grand-prêtre devoit prononcer publiquement un discours, lorsqu'on portoit le corps du roi au tombeau après un deuil de soixante-dix jours, qui sont précisément le temps que les embaumeurs employoient pour mettre la momie du prince en état d'être inhumée. C'est proprement dans ce discours du grand-prêtre que consistoit tout le jugement des morts, qu'on faisoit essuyer aux pharaons, qui y étoient plus ou moins loués; & Porphyre assure qu'on les louoit, sur-tout lorsqu'ils avoient été sobres; parce que cette vertu en suppose d'autres, principalement dans un souverain.

Quant aux particuliers, on ne leur refusoit probablement la sépulture, que quand leurs créanciers venoient y former une opposition juridique; ce qui a fait imaginer aux Grecs que chez les Égyptiens on trouvoit des gens qui avançoient une somme d'argent sur un corps embaumé, que, suivant eux, la loi permettoit de mettre en gage: mais on ne sauroit dire combien cette méprise des Grecs est ridicule. Comme c'étoit une infamie de n'être pas enterré, le créancier arrêtoit le corps mort du débiteur, & ne le laissoit ensevelir que quand les parents payoient la dette. Or, de telles prétentions pouvoient-être discutées devant le magistrat ordinaire des villes; & il est absurde de supposer qu'un seul tribunal établi à Memphis, ait absous ou condamné tous ceux qui mouroient en Égypte, en faisant une exacte perquisition de leur vie: ce qui eût occupé, je ne dirai pas un tribunal, mais la moitié de la nation.

La loi Égyptienne, qui permettoit au créancier d'arrêter le corps mort du débiteur, étoit une modification de la loi qui lui défendoit d'arrêter son débiteur, tant qu'il vivoit.

Comme les Pharaons étoient ordinairement instruits dans les sciences dès leur plus tendre jeunesse, plusieurs d'entre eux ont écrit des livres, qui sont entièrement perdus : ce malheur leur est commun avec presque tous les rois de l'antiquité, dont on a négligé les ouvrages, de maniere qu'on seroit tenté de croire qu'ils ne valoient absolument rien. Les livres d'Alexandre le grand, de l'empereur Auguste, de Tibere, de Caligula, de Claude, de Néron, de Ptolémée, fils de Lagus, d'Evax, roi d'Arabie, de Juba, de Déjotare, d'Hiéron, d'Attalus, de Philométor, d'Archelaüs, & d'une infinité d'autres princes, auxquels on pourroit joindre Annibal, Lucullle, Sylla & Mécene, se sont tellement perdus que nous en ignorons souvent les titres. Ce qui reste de Jules-César n'est que la moindre partie de ses œuvres ; & une espece de vénération envers la mémoire toujours chérie de Marc Aurele & de Julien, les a fait excepter de la regle presque générale. Cependant du temps de Pline il couroit encore des livres sous le nom de *Nécepsos* ; mais quoi qu'en dise Firmius, je regarde ces ouvrages comme supposés dans des siecles postérieurs par quelque Grec famélique, qui emprunta hardiment le nom de l'ancien Pharaon *Nécepsos*, auquel les astrologues ont prodigué les titres les plus fastueux, & ils l'appellent indistinctement l'auteur par excellence, & le chef de l'astrologie ; parce qu'il avoit réellement écrit sur l'influence des astres, & on ne regrette point ses ouvrages comme ceux de quelques autres Pharaons, qui paroissent avoir été des princes assez portés à s'instruire; quoiqu'il ne faille point croire qu'ils aient jamais fait des expériences, telles que celles qu'Hérodote attribue à *Psammétique*, qui fit élever, dit-il, deux enfants, auxquels il n'étoit permis à personne de parler. Et le but de cette opération étoit de savoir de quelle langue ces enfants se serviroient, & par-là on décida toutes les contestations entre les habitants de l'Egypte & de la Phrygie touchant leur antiquité respective; car Hérodote a eu la bonne foi de dire que ces enfants prononcent d'abord un mot Phrygien.

Si l'on vouloit savoir quelle peut être l'origine d'un conte si absurde dans toutes ses circonstances, je dirois qu'il provient manifestement de ce que *Psammétique* donna des enfants Egyptiens à élever à des Grecs, qui devoient les instruire dans la langue de leur pays. Quant aux Phrygiens on s'est tellement moqué de leur antiquité, qu'on les appella enfin par dérision *Beccselenes*: ils se disoient plus anciens que la lune, & pour le prouver, ils citoient l'expérience faite en Egypte, où les enfants proférerent d'abord le mot *Beccos*. (*a*).

Au reste, la passion dominante de la plupart des Pharaons a été la passion de bâtir. Et voilà ce qui a fait croire qu'ils possédoient des richesses immenses; mais c'est une erreur manifeste: puisque sous leur regne on ne faisoit ni le commerce de la Méditerranée, ni le

---

(*a*) Ce mot signifioit en Phrygien du pain, qu'on appelloit, comme je crois dans la langue d'Egypte *Bébo*. Ainsi la différence entre *Bébo* & *Beccos* n'est point si grande que les Phrygiens le pensoient.

commerce de la mer Rouge : on négocioit seulement avec les caravanes Arabes & Phéniciennes qui paſſoient l'iſthme de Suez, & la balance de ce trafic ne paroît pas toujours avoir penché en faveur des Egytiens, qui devoient tirer de l'Aſie de l'huile d'olive, de l'encens pour les ſacrifices & les fumigations, du bitume Judaïque, de la réſine de cedre, des drogues propres à embaumer les corps, de la myrrhe & des aromates, dont le prix ne baiſſa jamais dans l'antiquité. Ainſi, quand on ſuppoſeroit, pour un inſtant, que les Egyptiens au moyen de leurs grains, de leurs toiles, de leurs tapis, de leur verre & d'autres matieres œuvrées, aient pu faire avec les caravanes d'Aſie un commerce d'échange; ce n'étoit point là une ſource capable d'enrichir les rois, qui ne levoient aucun impôt ſur les terres poſſédées par le corps de la milice, ni aucun impôt ſur les terres ſacerdotales : ils pouvoient faire valoir leurs propres domaines, mettre quelques péages ſur le Nil, & taxer, juſqu'à un certain point, les fonds des particuliers. Quant au commerce qu'on faiſoit avec les Ethiopiens, on ne ſauroit douter qu'il n'ait été fort avantageux aux marchands de l'Egypte qui recevoient par-là beaucoup de poudre d'or, dont une partie paſſe de nos jours à la côte Occidentale de l'Afrique : une autre reflue en Barbarie, & le reſte vient encore au Caire. Mais c'eſt une exagération très-groſſiere de la part de M. Maillet d'avoir évalué à douze cent quintaux l'or que les caravanes Nibiennes déchargent annuellement en Egypte. Boſman dit bien poſitivement que, de ſon temps, toute la côte de Guinée ne donnoit que ſept mille marcs : ainſi on pourroit ſoupçonner que M. Maillet ou ſon rédacteur l'abbé

Mafcrier a converti les marcs en quintaux (*a*). C'eſt à-peu-près dans ce ſens que les anciens ont exageré tout ce qu'ils rapportent de l'Arabie heureuſe, qui eſt un pauvre pays, dont on a ſouvent envié le ſort, ſans ſavoir qu'on eût prodigieuſement perdu au change.

Rien n'eſt moins certain que l'exiſtence des mines d'or, que les rois d'Egypte doivent avoir poſſédées, & dont Hécatée a évalué le produit, ſuivant ſa méthode ordinaire, à une ſomme incroyable; elles étoient ſituées, dit Diodore, ſur les confins de l'Arabie, de l'Ethiopie & de l'Egypte (*b*), & par conſéquent vers l'endroit où eſt la mine des émeraudes. Mais dans l'antiquité la domination des Egyptiens ne s'étendoit point juſques-là : car ce diſtrict appartenoit ou aux Troglodytes ou aux Ethiopiens; & c'eſt réellement des Ethiopiens qu'on recevoit l'or qui avoit été tiré du ſable des torrents & des rivieres, ou exploité de la même maniere qu'on le fait aujourd'hui dans l'intérieur de l'Afrique.

Enfin, il s'en faut de beaucoup que les revenus des anciens rois d'Egypte aient monté annuellement à ſix millions d'écus avant le regne de *Pſammétique*, qui fit un grand changement dans les finances & dans le commerce.

On ne ſauroit évaluer le talent attique d'une maniere plus commode qu'en imitant ceux d'entre les ſavants, qui le comparent à mille écus d'Allemagne argent de compte. Dans ce procédé tout ſe réduit ſans fraction & preſque ſans calcul. Or, ſous les Ptolémées, l'Egypte fit

―――――――――――――――

(*a*) *Deſcription de l'Egypte*, part. II. pag. 199.
(*b*) Lib. IV.

elle feule le commerce des Indes, de la côte d'Afrique Orientale, de l'Arabie & de l'Ethiopie, fans compter ce qu'elle retiroit de fa navigation fur la Méditerranée. Cependant les revenus annuels de Ptolémée Auletès ne montoient qu'à douze millions cinq cent mille écus: mais, dit-on, ce prince avoit extrêmement négligé les finances, qui étoient fans comparaifon mieux adminiftrées fous fes prédéceffeurs. Il faut donc que je recherche quels ont pu être les revenus de Ptolémée Philadelphe fous lequel l'Egypte fut fi floriffante à ce que difent les hiftoriens.

On trouve que Philadelphe avoit tous les ans quatorze millions huit cent mille écus en argent, & quinze millions de petites mefures de blé (*a*). Ainfi, depuis lui jufqu'à Auletès, pere de Cléopatre, le dérangement des finances avoit produit une diminution de deux millions trois cent mille écus, ce qui ne faifoit point un objet auffi confidérable que Strabon paroît l'infinuer, & fi Philadelphe n'eût eu des poffeffions très-importantes fituées hors de l'Egypte, il n'auroit jamais pu entretenir une armée, telle que celle dont parle Appien (*b*), & que les regiftres de la cour d'Alexandrie faifoient monter à deux cent quarante mille hommes, qui étant entretenus & foudoyés fur le pied actuel, auroient confumé tous les ans dix-huit millions d'écus. Il fe peut bien qu'il y a de l'exagération dans ce nombre de troupes, car fans parler des foupçons que Polybe fait naître, on croit favoir qu'Appien

_____

(*a*) *Jero fur le 9. chap. de Daniel.* Le nombre des mefures de grains peut être exagéré.

(*b*) *Praef. ad libros bellor. civil.*

a doublé le nombre des chevaux : cet homme étoit né à Alexandrie, & il a menti pour l'honneur de sa patrie.

Après cela il n'y a personne qui ne voie que, quand l'Egypte étoit fermée sur la Méditerranée & fermée encore sur le Golfe Arabique, les revenus des Pharaons n'ont pu monter à six millions d'écus à beaucoup près. Car il faut observer que les Ptolémées paroissent avoir fait la majeure partie du commerce des Indes pour leur propre compte ; & les denrées, qui ne leur appartenoient point, devoient payer de très-gros droits à différents péages du Nil. Ainsi Philadelphe tiroit plus de la moitié de ses revenus d'une autre source que de celle de l'Egypte, qui ne contenoit alors que trois millions d'habitants, & c'est une véritable absurdité de la part du Juif Joseph d'y en mettre près de huit millions sous le regne de Néron, après tout ce que cette contrée avoit souffert sous les derniers Ptolémées & les premiers Césars.

On ne prend point ici en considération la différence qu'on voudroit imaginer dans la valeur des especes : car, suivant nos principes, il n'y a point de différence notable entre la valeur d'alors & celle d'aujourd'hui, par une raison qu'on comprendra aisément pour peu qu'on y réflechisse. La quantité de l'or & de l'argent est maintenant bien plus grande : mais en revanche ces métaux sont aussi plus répandus, & circulent dans une étendue immense. Au temps de Philadelphe l'or & l'argent avoient à peine quelque cours en France, en Espagne, en Angleterre : ils n'en avoient aucun en Allemagne, en Pologne, en Suede & en Danemarck. Comme les especes étoient alors concentrées entre les peuples qui habitoient les côtes & les isles de la Méditerranée, cette abondance mettoit un obstacle à l'augmentation de la valeur.

Voici maintenant comment on peut démontrer par une preuve directe, qu'on a beaucoup exagéré tout ce qu'on dit des immenses richesses des anciens Pharaons. Hérodote donne une spécification des tributs, que Darius, fils d'Hystaspe levoit sur les contrées qui lui étoient soumises : l'Assyrie, en y comprenant Babylone, payoit mille talents, & fournissoit encore annuellement au serail cinq cent enfants châtrés, tandis que toute l'Egypte, Barca, Cyrene & un autre canton de l'Afrique ne payoient ensemble que sept cent talents. Là-dedans on ne comprenoit, à la vérité, point les livraisons en grains qu'il falloit faire à cent & ving mille Persans, ni l'argent qui provenoit de la pêche du lac *Méris* ; mais cet article ne peut avoir été aussi considérable que les Grecs se le sont imaginés, & ce qu'ils en disent est puérile. Au reste, ce tribut de l'Egypte étoit tres-modique en comparaison de ce qu'il auroit dû être, si les Pharaons eussent eu des revenus énormes : car Darius avoit sûrement mis un rapport quelconque entre les impositions & les revenus des contrées respectives.

Ceux, qui ont écrit jusques à présent sur l'histoire de l'Egypte, prétendent qu'elle fut prodigieusement enrichie par les dépouilles, que Sésostris avoit rapportées de son expédition, pendant laquelle il rançonna tout le monde habitable. Mais ce sont les interpretes, qui en montrant aux étrangers les temples & les monuments de l'Egypte, leur ont débité ces fables, qui allerent en croissant de bouche en bouche. Diodore dit que, quand Sésostris vouloit se promener dans les rues de sa capitale, il faisoit atteler à son char les députés des rois de la terre; & Lucain dit déjà qu'il y atteloit les rois mêmes. Voilà comme les fictions se répandent, & comme on exagere ensuite ce qu'on a rêvé.

Ce sont réellement les trois premiers Ptolémées, qui ont enrichi l'Egypte en y fixant le centre du plus grand commerce qu'on ait fait alors dans l'ancien continent. Et c'est parce que ce commerce étoit sur tout fondé sur un luxe destructif, que quelques habiles politiques de Rome supposerent l'oracle Sybilin qui intrigua tant le sénat, & par lequel il étoit défendu aux Romains de porter leurs armes en Egypte ; car cet oracle étoit supposé, ainsi qu'un autre sur le même sujet, qu'on prétendoit avoir été découvert à Memphis. (*a*). Mais Auguste, qui se moquoit des Sybilles & des prophéties, crut qu'ayant l'occasion d'envahir l'Egypte, il ne devoit point en retarder la conquête d'un instant. Et depuis cette célebre époque les Romains dégénérerent de plus, comme les politiques l'avoient prévu.

Quoique une loi Egyptienne rapportée par Diodore, ait fait croire à plusieurs savants qu'on se servoit jadis dans cette contrée d'une monnoie d'or & d'argent, il faut remarquer ici, que rien au monde n'est moins vrai; puisqu'on y coupoit & pesoit le métail, ainsi que

---

(*a*) *Haud equidem immerito Cumanæ carmine vatis*
Cautum, ne Nili Pelusia tangeret arva
Hesperius miles.
Ces vers de la Pharsale sont une paraphrase des quatre mots suivants, qu'on disoit être extraits des livres Sybillins. Miles Romanæ, Egyptum Cave.

nous le voyons pratiquer par ceux qui devoient payer aux temples les vœux qu'ils avoient faits pour la santé de leurs enfants.

La premiere monnoie, qu'on ait eue en Egypte, y avoit été frappée par *Aryandes* sous la domination des Persans, qui ne mirent point un grand nombre de ces especes dans le commerce ; ainsi que Sperling l'a fort bien remarqué. (*a*). Et il paroît même que celles, qu'ils y avoient mises, furent insensiblement retirées par le moyen du tribut annuel : car les Arabes, qui cherchent parmi les ruines de l'Egypte, & qui font même passer beaucoup de sable mouvant par des especes de tamis, n'en ont jamais découvert une seule piece. On sait que toutes les médailles, qui leur sont tombées entre les mains, ne remontent pas au-delà du siecle d'Alexandre ; soit qu'elles aient été frappées à la cour même des Ptolémées, soit qu'elles appartiennent à des villes Egyptiennes, qui avoient acquis le droit d'en fabriquer sous la domination Grecque, comme Péluse, Memphis, Abydus, Thebes, Hermopolis & la grande cité d'Hercule (*b*).

Parmi les différentes nations, auxquelles les anciens & les modernes ont attribué l'invention de la monnoie, on n'a même jamais pensé à nommer les Egyptiens, & Pollux, qui entre la-dessus dans de grands détails, ne fait point la moindre mention d'eux. Il n'y a pas

___

(*a*) *De Nummis non cusis.*

Sperling dit que de son temps la fabrique des faux Sicles étoit dans le Holstein, & il est surprenant qu'on ne se soit pas avisé dans cette fabrique du Holstein de faire des médailles Egyptiennes.

(*b*) *Vaillant hist. Ptolem. ad fidem numismatum accommodata.* 104.

de doute que le comte de Caylus ne se soit trompé, lorsqu'il a cru que de petites feuilles d'or plissé avoient servi en Egypte de monnoie courante (*a*).

Ces sortes de bractéades, dont il est ici question, sont toujours tirées du corps ou de la bouche de quelque moine; tellement qu'on doit les envisager comme des amulettes, des philacteres ou de simples représentations de feuilles de Persea. La loi défendoit aux marchands Egyptiens de marquer sur les lingots un faux titre & un faux poids; mais il étoit libre à tout le monde de se servir d'une balance, comme on le faisoit aussi dans les paiements par Sicles, lorsqu'on les soupçonnoit d'être trop legers. Si les Egyptiens avoient eu de petites feuilles de métal, comme le comte de Caylus l'a imaginé, ils ne se seroient point servis de la balance pour s'acquitter des vœux par lesquels ils promettoient de donner une certaine quantité d'argent qu'on devoit péser. Enfin il en étoit d'eux comme des Hébreux, chez lesquels aucun sicle ne fut monnoyé jusqu'à la construction du second temple. Et ces peuples ont eu trop de liaisons entre eux, pour que l'un eût ignoré l'usage de la monnoie, tandis que l'autre l'auroit connu.

On s'imagine d'abord que tout ceci nous fait découvrir un rapport frappant avec les Chinois. Et c'est précisément le contraire: car les historiens de la Chine font remonter l'usage de la monnoie dans leur pays à des époques très-reculées, & qu'on a même voulu constater en fabriquant de fausses médailles. L'opinion la plus généralement reçue est que *Tching-tang*,

---

(*a*) Recueil d'antiquités, T. II. pag. 18.

que quelques-uns font monter sur le trône en l'an 1558 avant notre ere, fit fondre des pieces de monnoie pour les mettre dans le commerce des provinces qui lui étoient soumises. Mais depuis les Chinois ont eu des especes d'or & d'argent, qu'on a dû retirer d'entre leurs mains; parce qu'ils les falsifioient avec tant d'adresse, qu'il n'étoit point possible de les reconnoître : cependant il s'en faut de beaucoup que la méthode, dont on se sert actuellement, ait fait cesser tous les abus; puisqu'aux fausses monnoies on a substitué les fausses balances. Et tous les marchands ont acquis une grande subtilité de pratique dans la maniere de peser à-peu-près comme les Juifs & les Egyptiens; car cette fourberie doit nécessairement s'introduire chez les peuples où l'or & l'argent ne sont point monnoyés. Quant à la nature du métal, on ne peut l'essayer qu'avec des pierres de touche, qui n'indiquent jamais le titre avec la derniere précision aux yeux de ceux-même qui se croient les plus habiles; & à cet égard les plus habiles sont sans contredit les Juifs.

Telle est la différence qu'il y a entre les Egyptiens & les Chinois : les premiers ont manqué de pénétration en n'inventant point de monnoie : les autres ont manqué de probité en rendant l'usage de la monnoie impraticable. Les especes d'or & d'argent, que les Grecs mirent dans le commerce de l'Egypte, y resterent toujours, & on ne fut jamais obligé de les retirer, comme on a dû les retirer à la Chine.

Au reste, ce sont les pyramides, les obélisques, les temples & les exagérations d'Homere, qui ont fait croire à tant d'auteurs, que les anciens Pharaons étoient des princes immensement riches; mais la matiere de tous ces ouvrages ne leur avoit rien coûté, & leurs revenus étoient plus que suffisants pour payer les ouvriers, qui jadis ne gagnoient pas dans les pays chauds la dixieme partie de ce qu'ils gagnent aujourd'hui en Europe. Ordinairement le prix de la main d'œuvre se regle sur deux choses: il se regle sur les dépenses que doit faire l'ouvrier pour avoir son nécessaire physique, & ensuite sur les dépenses qu'il doit faire pour avoir le nécessaire physique de ses enfants: or, on a déjà dit qu'il n'y a pas de comparaison entre ce que coûte en Europe l'entretien d'un enfant, & ce qu'il coûtoit anciennement en Egypte, lorsqu'il n'y avoit point dans cette contrée de commerce extérieur, qui influe toujours plus ou moins sur la cherté des aliments; & les grains, que les caravanes exportoient en Asie, n'est pas un objet qui mérite qu'on en parle. Comme les Pharaons avoient beaucoup de terres qui leur appartenoient en propre, ils fournissoient eux-mêmes aux ouvriers la nourriture, & peut être aussi le vêtement; de sorte qu'ils ne payoient presque rien au-delà du nécessaire physique.

Il ne paroit point que les statues de bronze, d'or, d'argent & d'ivoire, aient été à beaucoup près aussi communes dans les édifices de l'Egypte, qu'elles l'étoient dans la Grece & l'Italie. Il se peut fort bien que les Athéniens avoient plus dépensé pour faire la statue de Minerve, que le pharaon *Amasis* pour faire tailler & transporter l'un des obélisques de *Sais*. Quand les anciens font mention d'un prodigieux cercle d'or, que les Egyptiens avoient mis sur le tombeau d'*Osimendué*, & d'une statue de ce métal érigée dans le *Delta*, ils avouent n'avoir point vu toutes ces choses, dont ils parloient sur des ouï dire: cependant il y a bien de la différence entre voir un prodigieux cercle d'or, & le décrire dans un roman. Il n'étoit pas même permis aux Egyptiens de porter de l'or dans le temple d'Héliopolis & cette politique fut très-sage. Les Juifs ne voulurent point la suivre : ils mirent des tréfors dans leur temple de Jérufalem, & il fut sans cesse pillé, comme cela arrive à toutes les richesses qu'on met dans les églises : elles sont tôt ou tard enlevées.

On voit par la cérémonie de l'inauguration des pharaons, que ces princes n'eurent jamais à leur cour ce fafte insultant des despotes de l'Orient ; car c'eft furtout à leur couronnement qu'on auroit dû en faire l'oftentation : cependant les rois d'Egypte portoient ce jour-là, comme le dit le Scholiafte de Germanicus, une tunique affez modefte, un collier, un fceptre & un diadême fait de ferpents entortillés, qui peuvent avoir été d'or, & on croit que c'eft d'un tel diadême que fe fervit l'empereur Tite, lorfqu'il affifta à Memphis à la confécration du bœuf *Apis* : car il ne porta point le joug de cet animal, comme l'avoient fait les pharaons ; ce qui eût été de fa part le fignal d'une révolte contre fon pere, & malgré cela fa conduite parut, dans cette occafion, fort fufpecte (*a*). D'un autre côté les rois ne faifoient pas en Egypte de grandes dépenfes pour l'entretien de leur

---

(*a*) Lorfque Tite fe couronna à la confécration du bœuf *Apis*, il n'étoit encore qu'un fimple particulier. *Quem fufpicionem*, dit Suétone, *auxit poftquam Alexandriam petens, in confecrando apud Memphim bove Api, diadema geftavit : de more quidem rituque prifcæ religionis.* In Tito VII.

sur les Egyptiens & les Chinois.

table : car le syſtême diététique, auquel ils se conformerent ſcrupuleuſement juſqu'à *Pſammétique*, y mettoit beaucoup d'obſtacles, & ces princes ſavoient bien que ce ne fut point par un principe d'auſtérité, que les premiers habitants de l'Egypte inventerent ce ſyſtême ; mais uniquement par des motifs de ſanté, comme on le voit dans tout ce qui concerne la vie des prêtres, dont les lits même étoient treſſés de feuilles de palmier : non parce qu'ils vouloient faire, ainſi que le dit Piérius, une grande pénitence toutes les nuits ; mais parce qu'ils vouloient ſe garantir d'une certaine maladie, qui les eût rendu impurs. C'eſt à Rome qu'on dormoit ſur ces lits de plume ſi recherchés dans l'antiquité, & qu'on achetoit des Egyptiens, qui furent toujours aſſez ſenſés pour ne pas s'en ſervir eux-mêmes (a).

J'ai déjà eu occaſion de parler, dans une ſection ſur les beaux-arts, de la maniere dont le peuple étoit jadis diviſé en Egypte. Maintenant il faut ajouter ici que l'élection des douze gouverneurs, qui devoient régner conjointement dans cette contrée après la mort du pharaon *Séthon*, eſt la plus forte preuve qu'on puiſſe alléguer, pour perſuader le lecteur que les Egyptiens avoient été originairement partagés en douze caſtes : car on ne peut gueres douter que ces gouverneurs, qui furent choiſis alors, n'aient été les chefs des

---

(a) Il en eſt parlé dans une épigramme de Martial, qui commence par ces mots : *Quid torus à Nilo, &c.* Ce commerce étoit fondé ſur la prodigieuſe quantité d'oies que les Egyptiens nourriſſoient. Voyez *la ſect. ſur leur régime diététique.*

tribus, & on trouve aussi de tels chefs dans les tribus Juives. Mais indépendamment de cette division, il en existoit une autre générale, par laquelle le peuple étoit censé former trois grands corps, comme cela s'observe encore de nos jours parmi les Coptes ou les Egyptiens modernes, dont les *Mébachers* représentent en quelque sorte les anciens *Calasires* & les *Hermotybes*, ou ce qui est la même chose, les familles militaires, qui pouvoient, suivant Hérodote, mettre sur pied quatre cent dix mille hommes ; mais c'est-là une de ces exagérations à laquelle il ne faut pas même s'arrêter.

Dans un temps où l'argent étoit fort rare, on se sera avisé en Egypte d'assigner des terres aux soldats, & bientôt il se sera élevé entre eux de grandes disputes sur le produit, qui par la diversité du sol ne pouvoit être le même sur une étendue donnée. Pour remédier à ces inconvénients, le législateur ordonna que les portions militaires circuleroient sans cesse & passeroient d'année en année d'un soldat à un autre ; tellement que ceux, qui en avoient d'abord eu une mauvaise, en recevoient ensuite une meilleure. Par cette opération on ôta entiérement la propriété des terres au corps de la milice, pour ne lui en laisser que le simple usufruit. Ensuite on défendit à chaque soldat en particulier trois choses de la derniere importance : de cultiver, de commercer & d'exercer des arts mécaniques.

Il est bien étonnant sans doute, qu'on ait voulu se prévaloir de cette disposition des loix Egyptiennes, lorsqu'on fit en Europe, je ne sai quels livres, pour combattre le systême de la noblesse commerçante : car il n'y avoit en cela aucun rapport, ni aucune connexion.

Les *Calafires* & les *Hermotybes* étoient, comme cela est manifeste, à la solde de l'état. Ainsi le législateur eut grande raison de leur interdire le commerce, que jamais les soldats ne doivent faire : aussi ne l'a-t-on point proposé à la noblesse qui sert actuellement dans les armées, ce qui eût été absurde ; mais à la noblesse qui n'y sert point, & qu'on ne peut, par conséquent, comparer aux *Calafires* & aux *Hermotybes*, qui servoient toujours.

Lorsqu'on veut décider des questions de politique par l'autorité de l'histoire ancienne, il faut bien prendre garde que les cas, dont il s'agit, soient les mêmes ; sans quoi il en résulte une grande confusion dans les idées.

Comme les hommes qui naissent dans la Basse-Egypte, ont peut-être plus de force & de vigueur que ceux qui naissent dans la Thébaïde, on avoit tellement arrangé les choses que la plupart des familles militaires se trouvoient dans le *Delta*, c'est-à-dire, dans la partie septentrionale ; & on croit avoir observé le même arrangement aux Indes, où les familles militaires des *Rajas* & des *Nairs* habitent aussi, le plus qu'elles peuvent vers le Nord.

Les établissements de la milice Egyptienne comprenoient surtout la ville de *Saïs* décorée d'un temple de Minerve, que les soldats avoient choisie pour leur protectrice : ainsi que nous le voyons par la figure du Scarabée, qui étoit sculptée sur le chaton de toutes les bagues militaires : car cet insecte fut toujours un des premiers symboles de la Minerve Egyptienne, qui paroît aussi armée dans quelques monuments, comme la Pallas des Athéniens, qui mirent également les gens de guerre sous la protection de cette divinité, comme les artisans étoient sous celle de Vulcain.

Quant à ces termes de *Calasires* & de *Hermotybes*, que jamais personne n'a pu interpréter, & par lesquels on distinguoit les deux corps de la milice Egyptienne (a), je crois qu'ils sont uniquement pris de la forme des habits, & non de la forme de l'armure, qui consistoit d'abord dans un de ces grands boucliers, comme en ont eu les Gaulois, & qui en couvrant toutes les parties du corps, en gênent aussi tous les mouvements. Comme les Egyptiens se rangeoient en pelotons qui agissoient séparément, l'ennemi venoit les investir & les serrer les uns dans les autres au point qu'ils recevoient tous les coups qu'on leur portoit, & n'en donnoient pas à cause de l'embarras qui provenoit des boucliers. César décrit une armure défensive, qui mit une peuplade Germanique dans le même cas : elle ne put se remuer pendant l'action, & fut, par conséquent défaite. L'usage des grands boucliers a été généralement réprouvé par les Romains, les Grecs, les Macédoniens même par les Chinois, qui sont d'ailleurs très-sujets à se cacher sous leurs rondaches, & à faire une espece de tortue fort bizarre.

Les mauvais principes, que les Egyptiens

(a) Le terme de *Calasiris* désigne l'habit ordinaire qu'on portoit en Egypte, & nous trouvons dans Pollux le mot d'*Hémiybion* pour indiquer une autre espece particuliere de tunique Egyptienne. Le traducteur Latin a cru que la racine de ce mot étoit Grecque ; mais c'est un terme grécisé & corrompu de même que celui d'*Hermotybies*.

avoient sur la tactique, provenoient en grande partie de ce qu'ils employoient des chars armés dans les batailles ; car si l'on en excepte les éléphants, rien ne peut occasionner un plus grand désordre dans les attaques que les chars : il n'y a pas de peuple de l'ancien continent qui ne les ait essayés, & qui n'y ait renoncé. Indépendamment de la confusion & de l'embarras, on perd par ce moyen le meilleur parti qu'on puisse tirer des chevaux dans des endroits sablonneux, comme l'étoient ceux qu'il importoit surtout aux Egyptiens de défendre à l'Orient & à l'Occident du *Delta* où ils ont été bien des fois battus.

Quoique ce soit une opinion reçue que les soldats de l'Egypte ne portoient point de casque, ce n'en est pas moins une erreur, qui provient uniquement de ce conte que fait Hérodote : il prétend avoir observé du côté de Péluse, que les têtes des Persans répandues dans un ancien champ de bataille, étoient très-molles vers le haut du crâne, & les têtes des Egyptiens très-dures ; parce qu'ils étoient toujours rasés, & ne portoient suivant lui, aucune espece de coëfure. Mais ils avoient des casques de cuivre & des cuirasses de lin, dont quelques-unes, telles que celles du pharaon *Amasis*, ont fait l'admiration de tous ceux qui les virent à Samos & à Lindus dans l'isle de Rhodes, où la plus belle avoit été consacrée à Minerve. Cette armure, dont Hérodote a décrit la broderie, étoit remarquable par sa trame où chaque fil avoit été tordu de 365 autres, par une allusion singuliere à la durée de l'année vague : car les Egyptiens ne pouvoient s'empêcher de revenir toujours aux allégories dans les choses même où il n'en falloit point. Quoique la milice d'Athenes ait pris de ces cuirasses Egyptiennes par ordre d'Iphicrate, Pausanias a eu grande raison d'observer qu'elles ne valoient absolument rien ; puisqu'elles ne résistoient point aux armes pointues, mais seulement à celles qui tranchent ou qui brisent comme les balles & les pierres lancées avec les frondes. Outre les armes, les drapeaux & les instruments de musique, les formidables Calasires de l'Egypte portoient encore avec eux dans les expéditions, un grand nombre d'oiseaux de proie & principalement de vautours, dont ils tiroient, suivant leur méthode ordinaire, des pronostics, comme nous le savons par Horus Apollon, qui en parle en deux différents endroits des hiéroglyphiques ; & tout cela est encore précisément ainsi de nos jours aux Indes, où les *Naires* & les *Rayas* ne livrent point de bataille, lorsque les vautours qui suivent l'armée paroissent mornes & tranquilles ; mais je crois que les généraux ont un secret pour leur donner de la vivacité, quand ils veulent ; en leur faisant prendre de l'opium, ainsi que les Marattes en font avaler à leurs chevaux, ce qui les rend si impétueux que rarement l'ennemi est en état de les arrêter. On prétend que dans l'antiquité les Egyptiens avoient aussi une cavalerie très-nombreuse indépendamment de leurs chariots de guerre, dont on voit encore la figure sculptée sur quelque monument de la Thébaïde. Mais quand on réfléchit au débordement régulier du Nil, il est facile de concevoir qu'on a beaucoup exagéré le nombre des chevaux, dont les Egyptiens ne pouvoient se servir que quand ce fleuve étoit rentré dans son lit. Ce seul inconvénient, sans parler des canaux & des fossés qu'on trouvoit à chaque pas, a dû les dégouter de la cavalerie; & ils faisoient consister la force de leurs armées dans les gens de pied, comme Xénophon le dit.

Il regne tant de contradictions en ce que les anciens ont écrit touchant Séfostris, qu'on voit aisément qu'ils en parloient au hazard : les uns veulent que ce prince ait travaillé toute sa vie à énerver l'esprit militaire des Egyptiens en les plongeant dans la molesse; afin de prévenir ces révoltes si funestes & si fréquentes parmi les milices de l'Orient : d'autres historiens prétendent au contraire avec Aristote, que Séfostris perfectionna l'art militaïre, & donna une force nouvelle à la discipline. On avoit surtout cherché dans ce pays à conduire les soldats plus par l'honneur que par les supplices : ils devenoient infâmes en désobéissant à leurs chefs, & ils recouvroient leur honneur en donnant des preuves de bravoure : mais je doute qu'ils aient pu se glorifier de leur expédition de Jérusalem : puisqu'il étoit très-aisé de battre les Juifs; ce malheureux peuple ayant été battu par presque tous ceux qui ont voulu l'attaquer.

D'un autre côté, on a fait tort aux *Calasires* & aux *Hermotybes* en les accusant de la derniere lâcheté dans des actions où ils ne se sont point trouvés : car, suivant nous, toute la milice nationale de l'Egypte se retira en Ethiopie du temps de *Psammitique*; & ne combattit jamais plus sous les pharaons (*a*).

(*a*) Les auteurs font monter à plus de deux cent mille hommes le nombre des soldats Égyptiens qui se retirerent en Ethiopie. Mais quand on supposeroit que ce nombre étoit une fois moindre, il s'ensuivroit toujours que toute la milice nationale abandonna alors son pays.

Ainsi cette milice ne se trouva pas au siege d'*Azot*, qu'Hérodote fait durer vingt-neuf ans; & depuis que le monde existe, dit-il, il n'y a point d'exemple qu'une place ait tenu si long-temps, parce que les troupes étrangeres, que les rois d'Egypte avoient à leur solde, ne vouloient point monter à l'assaut: & on ne sait point ce qu'eussent fait, dans de tels cas, les *Calasires* & les *Hermotybes*, qui vivoient alors paisiblement en Ethiopie, & ils n'eurent aucune part à toutes les opérations qui suivirent ce siege, ni surtout à la bataille qu'on livra aux troupes de Cambyse. Il faut observer ici qu'on prête à ce prince un stratagême, dont il ne s'est assurément pas servi: on veut qu'en assiégeant Péluse, il ait fait mettre au front de son armée un rang d'animaux sacrés; de sorte, dit-on, que les Egyptiens n'oserent lancer aucun trait; mais il n'y a aussi en cela aucune vérité. D'abord Cambyse n'assiégea point Péluse, qui dût se rendre d'elle-même: ensuite les troupes mercenaires de la Carie, de l'Ionie, & de la Lybie, qu'on opposa alors aux Persans, se seroient mises très-peu en peine des animaux, qui n'étoient point sacrés pour elles. Ainsi on voit que cette fable a été imaginée par un écrivain fort ignorant dans l'histoire, & qui croyoit que les anciens *Calasires* & les *Hermotybes* existoient encore en Egypte lorsque cette contrée tomba sous le pouvoir du fils de Cyrus; ce qui n'est point vrai.

Le côté honorable a toujours été à la Chine la gauche : le côté honorable a toujours été en Egypte la droite : Or le Pharaon *Psammétique*, qui viola d'abord les loix & ensuite les usages, voulut mettre à l'aîle droite les troupes étrangeres qu'il avoit à sa solde, & rejeter les *Her-*

motybes avec les *Calasires* à la gauche; tellement que ces malheureux se crurent déshonorés par l'injuste préférence qu'on accordoit à des Grecs faméliques & à des mercenaires sans foi. Enfin, ils ne voulurent plus servir, & quitterent l'Egypte, malgré l'ancienne maxime de cette contrée, d'où les habitants ne sortoient point pour aller s'établir ailleurs, comme le remarque Clément d'Alexandrie (*a*).

Je conviens que le récit d'Hérodote ne s'accorde point touchant la retraite des soldats Egyptiens, avec celui de Diodore, qui attribue leur mécontentement au seul affront dont on avoit cherché à les couvrir. Hérodote, au contraire, prétend qu'ils avoient été laissés pendant trois ans dans les garnisons de la Thébaïde, d'où *Psammétique* ne vouloit pas qu'ils sortissent: mais cela n'est point probable, & cet écrivain se trompe encore, lorsqu'il place beaucoup trop avant dans l'Ethiopie l'établissement que ces déserteurs y avoient formé. Il paroît presque certain qu'ils se fixerent sur les bords de l'*Astaboras*, & y ouvrirent même un canal, qui se déchargeoit dans la mer Rouge; sans qu'on se soit apperçu que cette saignée artificielle, faite à l'*Astaboras*, ait diminué les eaux du Nil; ce qui a cependant dû arriver; mais la diminution a pu être insensible.

Il faut dire à cette occasion que l'idée ou le projet de verser le Nil dans la mer Rouge en rendant l'Egypte inhabitable, n'a pas été entiérement inconnu aux anciens, comme l'a observé M. Maas, ce savant si estimable auquel nous devons le meilleur ouvrage qu'on ait sur

___

(*a*) *Stromat.* p. 354.

la géographie de la Palestine. C'est sur-tout dans Claudien, qui étoit né en Egypte, qu'on trouve quelques notions sur la possibilité de détourner le Nil ; mais cette entreprise n'a pas été tentée avant le dixieme siecle ; & ce qu'on en dit me paroît même fabuleux. Elmacin & après lui, le pere du Sollier assurent que sous le Kalifat de *Munstansir*, on avoit fait en Ethiopie des digues & des écluses par le moyen desquelles on empêcha tellement les eaux de s'écouler, qu'on commença à craindre une disette dans toute l'Egypte. Comme les patriarches d'Alexandrie sont les véritables Métropolitains de l'Ethiopie où ils envoient un *Abuna*, on s'adressa dans cette détresse au patriarche Michel III, qui alla porter des présents aux Ethiopiens, & on détruisit les ouvrages qu'ils avoient faits.

Il est difficile de concevoir comment les Ethiopiens ont pu être alors assez versés dans les arts pour exécuter les prodigieux travaux qu'on leur attribue ; puisque vers l'an 1525, *Etana Denghel*, qui étoit empereur d'Ethiopie, envoya un ambassadeur à Lisbonne pour prier le roi de Portugal de lui faire passer un certain nombre de pionniers d'Europe, & des architectes, qu'il vouloit employer à détourner le Nil au point qu'il ne devoit plus venir d'eau en Egypte. Ce monarque assuroit qu'un de ses prédécesseurs, que Ludolphe nomme *Lalibala*, avoit déjà tenté ce projet en ouvrant un canal à l'opposite de Suakem : & de Suakem au Nil il y a trente à quarante lieues suivant les relations des Portugais, qui ne furent point en état d'achever ce prétendu canal, & je sais qu'ils n'ont pas même remué un pouce de terre au-delà des Cataractes. Il ne fut plus parlé de cette entreprise fatale jusqu'en 1706, lorsque *Teklimanout*, soit disant roi d'Abyssinie, menaça le Pacha, qui réside au Caire, de détruire l'Égypte de fond en comble par l'épuisement du Nil (*a*). Il étoit aisé à cet Abyssin de menacer de la sorte un Turc ; mais il lui eût été très-difficile d'en venir à l'exécution.

Ce n'est pas à l'opposite de Suakem, comme les Portugais l'ont cru, mais plus vers le sud, sous le dix-huitieme degré, que le terrain s'incline continuellement jusqu'au rivage de la mer rouge ; & c'est là qu'on pourroit amener les eaux de l'*Astaboras* ou du *Tacaze*, qui se décharge maintenant dans le Nil ; & le Nil même pourroit être forcé au point qu'il couleroit vers l'orient, comme il coule vers le nord ; mais il faudroit pour cela faire des ouvrages vraiment prodigieux, qui ne rapporteroient jamais ce que leur construction auroit coûté, & ce que coûteroit encore leur entretien : car les peuples de l'Ethiopie n'auroient rien gagné en abymant totalement l'Egypte ; & s'ils ne vouloient avoir qu'une communication avec le golfe Arabique, il suffiroit de r'ouvrir le canal qu'avoient fait jadis les déserteurs, & qui est à présent à sec, puisque cette dérivation ne paroît point sur la carte de Mr. Nieburh ; & elle n'est placée qu'idéalement sur la carte de Mr. d'Anville.

On a très-rarement vu l'Ethiopie & l'Egypte sous une même domination : mais si ces deux contrées obéissoient à la fois à un seul prince, on pourroit, par le moyen des digues & écluses, fournir tous les ans au Nil la quantité d'eau dont il a précisément besoin pour bien arroser toutes les terres depuis Syene jusqu'à la Médi-

---

(*a*) Voy. *Continuation du voyage de Lobo.*

-terranée ; de forte qu'on ne craindroit plus ni les débordements trop foibles, ni les débordements trop forts. Il fe perd dans les fables de l'Abyffinie beaucoup d'eau pluviatile, qu'il fuffiroit de raffembler dans des réfervoirs d'où on la laifferoit écouler à volonté, fuivant le befoin que l'Egypte pourroit en avoir. On croit, à la vérité, que ces ouvrages ont été entrepris parce qu'on trouve fort avant en Afrique des rivieres qui communiquent les unes avec les autres par des canaux, lefquels paroiffent abfolument faits de main d'hommes : mais on ne fauroit dire que jamais les Egyptiens aient penfé à ce projet, dont ils ne foupçonnoient peut-être pas même la poffibilité. Les prêtres ont fu à-peu-près tout ce qu'on peut favoir fur les caufes du débordement du Nil ; ils les expliquerent d'une maniere affez fatisfaifante à Eudoxe (*a*) ; mais quant à la fource de ce fleuve, ou ils la reculoient trop vers le fud, ou ils croyoient que cette fource, proprement parlant, n'exifte point ; ce qui eft l'opinion la plus probable : car il s'agit, fuivant toutes les apparences, d'une infinité de petits ruiffeaux qui fe raffemblent dans les vallées quelques jours après que les pluies ont commencé à tomber dans la zone torride ; & la fource du Nil peut fe trouver tantôt dans une vallée, tantôt dans une autre, fuivant que les vents chaffent les nuages, ou fuivant qu'ils s'arrêtent au fommet des montagnes : tellement que le Nil vient quelquefois de plus près, & quelquefois de plus loin ; mais il ne peut, en aucun cas, venir des hauteurs qui font dans l'hémifphere auftral, comme les prêtres paroiffent l'avoir cru.

―――――――――――――――――――――

(*a*) Plutarque *in Placitis philofoph*. lib. *IV*, cap. 1.

Ce que nous avons dit jufqu'à préfent du gouvernement de l'ancienne Egypte, peut fuffire pour en donner une idée affez précife; mais il faudroit s'engager dans beaucoup de difcuffions, fi l'on vouloit également indiquer quelle a été la politique de ce gouvernement à l'égard des peuples dont il avoit ou à craindre ou à efpérer. En général, les Egyptiens ne paroiffent pas avoir entendu cette partie: ce fut, par exemple, une faute énorme du pharaon *Amafis*, de n'avoir pas fait fecrétement alliance avec les Arabes, lorfque la puiffance de Cyrus commença à faire trembler l'Afie; puifque les anciens eux-mêmes ont obfervé que, fi les Egyptiens euffent été étroitement unis avec les Arabes, jamais Cambyfe n'auroit pu pénétrer jufqu'à l'ifthme de Suez. Une faute plus énorme du pharaon *Pfammétique* fut de confier la défenfe de l'Egypte à des troupes étrangeres, & d'y introduire différentes colonies formées de la lie des nations: on pouvoit ouvrir ce pays fur la Méditerranée aux navires de la Grece; mais il ne falloit point admettre les Grecs même dans les différents cantons du *Delta*. Les Egyptiens avoient déjà chez eux trop de peuplades étrangeres, qu'ils laiffoient vivre en corps & fuivant leurs loix nationales; ce qu'il ne faut jamais permettre. Une de ces peuplades formée uniquement de Phéniciens, formoit un grand quartier de Memphis: on trouvoit un corps d'Arabes fédentaires à Coptos, fans parler des Bédouins, dont on ne put point toujours arrêter les courfes, comme on le voit par le contrat qu'on avoit fait avec eux, & par la grande muraille de Séfoftris, laquelle ne fervit jamais à rien. Les Arabes fédentaires de Coptos faifoient une efpece de trafic, & envoyoient quelques denrées jusqu'à cette ville où l'on appelloit l'*Arabie heureuse*, qui n'a sûrement été qu'une ville, & non une contrée, comme l'auteur du Périple de la mer Erythrée le dit d'une façon positive. Ainsi, quand les Ptolémées firent eux-mêmes directement le commerce des Indes, il n'y eut plus d'Arabie heureuse, & l'endroit qu'on avoit désigné sous ce nom, fut rasé totalement par les Romains.

D'un autre côté, les Ethiopiens avoient un établissement dans la haute Egypte : les Africains occidentaux, que je crois avoir formé la tribu détestée, vivoient en troupes vers *Racotis* & sur le terrain qu'on prit pour bâtir Alexandrie : les Juifs avoient été fixés aux environs de la petite cité d'Hercule, que nous avons prise pour *Avaris*, que quelques savants veulent chercher dans l'Arabie pétrée, vers l'endroit où l'on découvre beaucoup de monuments Egyptiens (*a*). Je ne parlerai point de l'établissement des Babyloniens au-dessous de Memphis, puisqu'il ne fut, selon toutes les apparences, formé qu'après l'invasion de Cambyse. Et ceux qu'on a pris pour des Babyloniens, étoient plutôt des Persans, qui avoient

---

(*a*) Ils prétendent qu'*Avaris* soit la même ville, que Ptolémée, Etienne & le catalogue des évêchés placent en Arabie sous le nom d'*Avara*, & qui est appellée *Avatha* dans la *Notice de l'Empire* de l'édition de Basle de 1552, où le texte est plus correct, qu'en aucune autre. Mais ce sentiment ne peut être fondé que sur une ressemblance de nom. Il a été démontré par plus de vingt exemples, que le Juif Joseph a commis des fautes énormes qui sont relatives à la géographie de l'Egypte : or je crois qu'il a confondu le canal Bubastique avec la bouche Tanitique, & que cette confusion a empêché de retrouver *Avaris* dans *Séthron*.

sur les Egyptiens & les Chinois.

dans cet endroit le seul Pyrée qu'on ait jamais vu en Egypte. Les Anciens ont encore fait mention d'une troupe de Troyens fugitifs, que les Egyptiens reçurent également chez eux, & qu'ils fixerent dans le voisinage des grandes carrieres à l'orient du Nil. Mais je ne puis m'empêcher de regarder comme une fable tout ce qu'on dit de ces prétendus Troyens; & il s'agit ici de quelque autre nation, dont l'histoire est si confuse, que je n'entreprendrai point de l'éclaircir.

Outre ces étrangers dont on vient de faire mention, on trouvoit en Egypte des Cariens & des Ioniens, qui posséderent d'abord vers le bras Pélusiaque des terres abandonnées vraisemblablement par les *Calasires* & les *Hermotybes*; mais depuis on les mit en garnison dans la capitale même, d'où ils ne sortirent plus que pour aller combattre Cambyse, qui dispersa cette milice que les pharaons avoient employée dans beaucoup d'expéditions; & il est croyable qu'ils employerent également les Phéniciens qui demeuroient à Memphis, lorsqu'ils voulurent avoir une marine, dont l'établissement ne remonte point au-delà du regne de *Psammétique*, que quelques chronologistes font monter sur le trône en l'an 673 avant l'ere vulgaire.

SECTION X.

Considérations sur le Gouvernement des Chinois.

COmme les Scythes ont été de tout temps inquiets, ennemis de la paix; les premiers chefs que les vieillards avoient choisis pour conduire les peuplades, les entraînerent d'une expédition en une autre. On avoit toujours la guerre, & il fallut, par conséquent, aussi avoir toujours des caciques ou des capitaines, qui parvinrent bientôt à l'indépendance: ils transmirent l'autorité à leurs enfants, ou se nommerent des successeurs sans consulter la Horde. Voilà pourquoi on n'a jamais vu les Chinois en corps élire un empereur, lors même que la famille impériale s'est éteinte dans la branche masculine: voilà encore pourquoi aucun législateur de la Chine n'a eu assez de pouvoir pour régler l'ordre de la succession dans la maison régnante. Et cependant c'est par-là qu'il falloit commencer, pour arrêter les premiers progrès du despotisme, qui alla toujours en augmentant jusqu'au regne de *Schi-chuandi*. Ce prince dissipa l'ombre de l'ancien gouvernement féodal, en réunissant toutes les provinces sous son autorité immédiate. Ce fut dans ces temps où la Chine étoit divisée en un grand nombre de petits états, qu'on fit dans quelques-uns des réglements fort sages, & des loix qui ont été depuis altérées & refondues dans la constitution générale de l'empire. Parmi les souverains indépendants, on vit des hommes réellement respectables, qui aimoient la vertu, & qui la pratiquoient : ils crurent que personne n'étoit plus digne de leur protection que les gens de lettres ; & comme on ne pouvoit alors se faire quelque réputation dans les sciences réelles, on tâcha de briller par des ouvrages de morale, qui n'exigent point tant de connoissances acquises ; & Confucius brilla beaucoup dans le petit royaume de *Lou*, où il fut même premier ministre. S'il renaissoit aujourd'hui, il ne seroit peut-être pas mandarin du neuvieme ordre : car plus le gouvernement d'un pays devient absolu, & plus l'élévation d'un homme y dépend du hazard. Si la Chine n'avoit point été partagée en tant d'états differents, elle ne seroit jamais devenue ce qu'elle est : car les empereurs despotiques, qui suivirent *Schi-chuandi*, confierent presque toujours les premieres dignités & le gouvernement des provinces à des eunuques, qui ne furent jamais des hommes capables de concevoir de grandes choses, ni de les exécuter. Et ils seroient encore aujourd'hui dans les premiers emplois, si les Tartares ne les eussent chassés, après avoir profité de leur trahison & de leur crédit pour envahir l'empire que les châtrés leur livrerent autant qu'il fut en eux. Et cet empire étoit alors dans un fort mauvais état : de redoutables bandes de voleurs pilloient les provinces, & une garnison de soixante mille hommes qu'on avoit jetée dans Pekin, ne put défendre cette place contre les brigands. Quoique le désordre fût presque général, les Mongols avoient trouvé la Chine encore bien plus délabrée au treizieme siecle, lorsque *Koublai-Kan* travailla avec une ardeur inconcevable à la rétablir : non-seulement il fit redresser les bourgades que les Chinois avoient si mal défendues contre les généraux de *Gengis-Kan* ; mais il en bâtit encore de nouvelles, sans parler de Pekin qui est son ouvrage, & où il fixa le siege de l'empire par des motifs de politique que les événements ont justifiés. Il est vrai que ce prince avoit eu un Chinois pour précepteur dès sa plus tendre enfance ; mais quand il fut homme, il vit clairement que, sans le secours des savants & des artistes étrangers, il ne pourroit exécuter aucun projet utile, & voilà ce que les Tartares Mandhuis ont vu tout de même.

Il faut observer que la Chine est plus gouvernée par la police que par les loix : & sans une autorité absolue de la part de ceux qui gouvernent, il ne seroit point possible de contenir une si immense étendue de pays sous le pouvoir d'un seul homme ; mais au moyen d'une autorité absolue, cela est si facile que les Tartares, qui savoient à peine lire & écrire lorsqu'ils prirent la Chine, la gouvernent aujourd'hui beaucoup mieux qu'elle ne l'a jamais été par les Chinois même, qui n'avoient à maintenir que leur propre pays ; tandis que les Mandhuis doivent, outre la Chine, maintenir encore les deux Tartaries.

Les principaux ressorts de ce gouvernement sont le fouet & le bâton : il n'y a pas de Chinois, il n'y a point de Tartare, qui puisse s'y soustraire. L'*empereur*, dit le P. du Halde, *fait quelquefois donner une bastonnade à des personnes de grande considération, & ensuite les revoit &*

sur les Egyptiens & les Chinois.

les traite comme à l'ordinaire (*a*). Or, on en agit ainsi dans tous les états despotiques de l'Asie, sans en excepter un seul. Des esclaves peuvent être à chaque instant outragés de mille manieres différentes : mais ils ne sauroient jamais être déshonorés ; parce que cela est contre la nature des choses.

A la Chine, tous les soldats se mettent à genoux dans le camp, ou sur la place de parade, dès que le général paroît : à de tels hommes on peut tout ôter, hormis l'honneur. Cependant les Chinois s'imaginent que la forme de leur gouvernement a eu pour modele l'autorité paternelle ; mais ils se trompent, comme on voit, beaucoup ; & cette idée ne leur seroit jamais venue, si leurs moralistes ou leurs législateurs avoient pu déterminer jusqu'où l'autorité paternelle doit s'étendre. Mais ceux, qui ont d'abord trouvé le despotisme dans chaque famille, ont été ensuite moins étonnés de le trouver dans l'état. Et les princes ont profité de cette disposition des choses, & de cette fausse morale pour introduire une soumission servile, qu'on a confondue très-mal à propos avec la subordination politique. Ainsi, le secret de ce gouvernement consiste sur-tout à ne jamais porter aucune atteinte, à ne mettre jamais aucune borne au pouvoir que les peres s'y arrogent sur leurs enfants, qu'on n'oseroit vendre ni en Perse, ni en Turquie, où de tels marchés seroient déclarés nuls. Et si l'on vouloit s'y prévaloir du code de Justinien, dont on a une traduction Arabe fort fidelle, les Cadis jugeroient suivant le droit religieux ou canonique : car ils ne se servent du droit Romain que

---

(*a*) *Desc. de la Chine*, Tom. II. pag. 157.

dans les cas que le texte ou les gloses de l'Alkoran n'ont pas décidés. A la Chine, au contraire, on n'a jamais débattu la validité de ces contracts, parce qu'on sait bien d'avance qu'ils sont légitimes, & le magistrat prêteroit mainforte pour faire enlever l'enfant, qui, vendu par son pere, se seroit réfugié chez son oncle.

Ceux qui ont voulu soutenir en Europe que la constitution politique de la Chine n'est point despotique, étoient extrêmement mal instruits; & c'est en vain qu'ils disent qu'on y a des tribunaux pour décider les affaires ; puisqu'il y a des tribunaux ou divans dans tous les pays despotiques de l'Asie. Et voudroit-on qu'un seul homme décidât toutes les contestations qui s'élevent dans une contrée six fois plus grande que l'Allemagne ?

Les gouverneurs des moindres bourgades ont droit de *pent-sé*, c'est-à-dire, droit de battre, sans que ceux, qui ont été battus, puissent s'en plaindre.

Tous les *Tsong-tou* & tous les vice-rois ont droit de vie & de mort, sans que leurs arrêts aient besoin d'être signés par l'empereur ou visés par une cour supérieure ; ce qui seroit même impossible, puisqu'ils procedent quelquefois à des exécutions momentanées, sans avoir observé aucune formalité de justice. On spécifie, dans leurs instructions, les cas où ils peuvent d'abord faire mettre à mort les coupables, ou ceux qui passent pour tels (*a*).

C'est précisément parce qu'on a spécifié de

(*a*) *L'empereur accorde au Tsong-tou & même au vice-roi l'autorité de punir, sur le champ, de mort les coupables.* Description de l'empire de la Chine. Tom. I. pag. 6,

certains cas, qu'il n'y en a aucun d'excepté : car les *Tsong-tou* & les vice-rois peuvent aisément convaincre les morts, de révolte, d'insurrection & de crime de lése-majesté, dont il y en a tant d'especes différentes à la Chine, où les juges ne font point le procès au coupable suivant la méthode adoptée dans les pays les mieux policés de l'Europe ; car en ce cas, ils devroient envoyer à Pekin les actes de la procédure ; mais ils n'y envoient que leur sentence, qui n'est souvent conçue qu'en trois ou quatre lignes, comme on a dû l'observer en lisant l'arrêt prononcé contre les deux missionnaires qu'on étrangla dans la province de Nan-Kin.

Sous le gouvernement Chinois les empereurs ne sortoient presque jamais de leur palais, & lors même qu'ils sortoient, personne n'osoit, sous peine de mort, les voir passer, & on faisoit alors une espece de *courrouc* comme en Perse. Tous les despotes de l'Orient se renferment de la sorte, & il seroit impossible de décrire les maux que ce funeste usage a produits dans tant de contrées de l'Asie, où les Chinois sont les seuls qui aient tâché d'y remédier en envoyant dans les provinces des visiteurs, qui peuvent examiner la conduite des *Tsong-tou* & celle des vice-rois ; ce qui les tient plus ou moins en respect. Mais lorsque les vice-rois & les *Tsong-tou* étoient eunuques, on fermoit les yeux sur leurs exactions ; parce que l'empereur héritoit d'eux. C'est surtout cette infamie qui a révolté les Tartares : ils n'ont pas voulu être héritiers d'un châtré aux dépens du peuple, & ils font gouverner les provinces par des hommes.

D'un autre côté, les empereurs de la dynastie précédente avoient confisqué beaucoup de terres, qu'on réunissoit au domaine, & dont on négligeoit ensuite la culture, de façon qu'elles restoient entièrement en friche. Le nombre de ces fonds s'étoit tellement accru, que les Tartares ne voulurent point ôter un pouce de terre aux Chinois, lors de la conquête : car ils trouverent que les domaines, les apanages & les fonds incultes étoient plus que suffisants pour faire un établissement honnête à chacun de leurs soldats, rangés alors sous huit bannieres, dont la force effective peut avoir consisté en 75 à 80 mille hommes, sans compter les femmes, les enfants, & les Mandhuis qui vinrent de la Tartarie lorsque la conquête fut achevée, & qui prirent également des terres.

On parle quelquefois fort improprement dans les relations, lorsqu'on y donne le nom de tribunal à de certaines intendances de Pekin, qui veillent aux affaires particulieres du prince. Le prétendu tribunal des bâtiments est, comme on le voit, un bureau qui a l'inspection sur les meubles du palais, sur les manufactures possédées immédiatement par l'empereur, & sur les constructions qu'il ordonne. Or il y a de tels bureaux dans tous les états absolus de l'Asie, & c'est ce qu'on nomme les chambres ou les desters à Constantinople & à Ispahan.

Le tribunal des mathématiques n'a jamais porté ce nom que dans les relations des jésuites François : c'étoit sous le gouvernement Chinois un college, qui indépendamment de la composition du calendrier, devoit déterminer, suivant les principes de l'astrologie judiciaire, les jours où le souverain pouvoit vaquer à de certaines affaires : on fixoit même superstitieusement, & on le fait encore, le jour auquel ce prince devoit labourer suivant l'institution de *Ven-ti*. Par-là on voit que la cour de la Chine a presque les mêmes étiquettes que la cour de Perse, où des astrologues gagés ont de tout temps réglé les actions de l'empereur, avec cette différence, que le jour où il devoit manger avec les laboureurs en habit de paysan, avoit été fixé par la religion des mages, & non par l'astrologie.

Les anciens Chinois avoient donné le nom du ciel, celui de la terre, & celui des quatre saisons aux six grands colleges de la cour; & c'est le college de l'automne, auquel on adresse maintenant les affaires criminelles; de sorte qu'il faut bien distinguer ce divan, qui est un véritable tribunal, d'avec les bureaux d'intendance.

Il n'y a rien de plus révoltant dans la jurisprudence criminelle des Chinois, que l'usage emprunté des Scythes, & par lequel on punit les parents du coupable jusque dans le neuvieme degré; quoique leur innocence soit avérée, quoiqu'elle soit au-dessus de tout soupçon.

Le mari est d'abord responsable des actions de sa femme, & des actions de ses enfants. A la mort du pere le fils aîné doit répondre de la conduite de ses cadets: on les traîne tous également au supplice, ou on les enveloppe dans la même disgrace, tandis que leurs sœurs sont réduites sans miséricorde en esclavage.

Au commencement que j'étois à Pekin, dit le P. Amiot, cette rigueur me parut extrême : mais depuis que j'ai observé, ajoute-t-il, qu'il n'y a que la crainte & l'intérêt qui fassent agir les Chinois, cette rigueur m'a paru raisonnable & nécessaire (*a*).

―――――
(*a*) *Art militaire des Chinois*. p. 26.

Mais autre chose est de parler suivant les principes d'un gouvernement despotique, & autre chose est de parler suivant les principes de l'équité & du droit naturel, dont le P. Amiot ne s'est point du tout soucié ; parce qu'il avoit vécu dans une société où l'obéissance n'étoit que trop dégénérée en une soumission aveugle.

On ne peut en aucun cas, ni par aucun motif punir l'innocence. Et alléguer la nécessité au défaut de la justice, c'est renouveller une ancienne maxime de tyrannie, qui a fait frémir les hommes dans tous les états de l'Europe.

Ce qui est nécessaire au despote, ne l'est pas au peuple.

La crainte servile qui dirige les actions des Chinois, est une conséquence de leurs institutions. Et en effet, qui ne craindroit point ? là où l'innocence elle-même n'est point en sûreté.

L'empereur *Ven-ti* voulut abroger la loi Chinoise, qui punit toute une famille à cause du délit particulier de l'un des membres. Là-dessus on dit à ce prince, si vous voulez régner sur des hommes, abrogez la loi : mais si vous voulez régner sur des esclaves, conservez la loi, & elle a été si bien conservée qu'elle subsiste encore dans l'instant que j'écris, sans avoir rien perdu de sa force.

Les philosophes de l'antiquité ont prétendu que, suivant le droit rigide, le supplice ne peut même déshonorer les descendants du coupable justement puni. Et Platon n'admet qu'un seul cas où cela doit être : quand le bisaïeul, l'aïeul & le pere d'un homme, dit-il, ont été successivement convaincus d'un grand crime & mis à mort ; alors, ajoute-t-il, cet homme-là doit être infame & incapable d'exercer un emploi dans la république : car il s'agit d'une race perverſe, que trois ſupplices & quatre générations n'ont pu corriger.

Je parlerois plus ſérieuſement de ce cas imaginé par Platon, s'il n'étoit extraordinaire, & il n'y en a peut-être point d'exemple depuis l'origine des ſociétés polititiques.

Si c'étoit, ſuivant les philoſophes de l'antiquité, une injuſtice très-grande de noter d'infamie ceux qui ne ſont point coupables ; on peut concevoir que c'eſt une barbarie & une atrocité de les punir de mort.

Quand toute une famille Chinoiſe a été extirpée ou éteinte par la main du bourreau, l'empereur en confiſque les poſſeſſions, & c'eſt à ſon profit particulier qu'on vend les perſonnes du ſexe, qui étoient apparentées au coupable ou à celui qui a été déclaré tel. Or, on a vu que cela étoit à-peu-près de même chez les Scythes, dont parle Hérodote ; mais je n'ai pu découvrir ſi cet uſage avoit été également adopté par les ſouverains indépendants de la Chine, qui ſuccéderent à tous ces petits Kans, qu'on ſait avoir fait entre eux des guerres continuelles pendant leſquelles on ne peut penſer à perfectionner les loix ; mais les ſouverains indépendants réglerent beaucoup mieux leurs états reſpectifs, & Confucius, ſi tout ce qu'on dit de lui eſt vrai, n'eût probablement pas permis qu'une famille du royaume de *Lou* eût été condamnée à mort pour la faute d'un ſeul homme.

Aucun peuple de l'Aſie n'a une torture extraordinaire, qu'on puiſſe comparer à celle des Chinois, qui enlevent la peau avec la chair par aiguillettes ſur le corps de l'accuſé, juſqu'à ce qu'il avoue ce que ſouvent il n'a pas fait.

Comme on se servoit jadis dans ce pays de différentes especes de mutilations, quelques juges repréfenterent à l'empereur *Ven-ti*, que ceux, auxquels on coupoit les jambes jusqu'à l'inflexion du genou, en guérissoient rarement; & que, quand même ils guérissoient, leur état étoit plus cruel que la mort : là-dessus ce prince, dont je ferois ici l'éloge, s'il n'avoit eu la foiblesse de prendre le breuvage de l'immortalité, abolit toutes les mutilations par un édit, qui fut en vigueur, comme la plupart des édits le font à la Chine, c'est-à-dire du vivant de ceux qui les ont publiés. Mais depuis on recommença à imprimer des marques noires sur le visage, & à couper le nez. Et il faut dire ici que c'est de ce supplice que provient cette admirable industrie des Chinois, qui savent faire des nez artificiels, & les appliquer avec tant de subtilité, qu'on y a été trompé. Quant aux stigmates ou aux marques noires, rien ne leur coûte moins que de les effacer au point qu'il n'en reste pas de trace ; quoiqu'on les imprime avec un fer ardent ou par la ponctuation de l'épiderme. Ce n'est point que les brigands se mettent beaucoup en peine de leur honneur, lorsqu'ils font disparoître ces caracteres; c'est que, sans cela, il leur seroit plus difficile de faire de nouveaux vols. Ailleurs, dit le P. Trigault, on met des garnisons dans les villes pour les défendre contre l'ennemi : à la Chine les garnisons doivent défendre la place contre les voleurs. Et il y a, de l'aveu de tous les voyageurs, plus de sûreté pendant la nuit que pendant le jour : les Tartares observent tant qu'ils peuvent une discipline sévere, & un seul soldat Mandhuis conduit mille Chinois avec son fouet, comme un janissaire gouverne mille Grecs avec son bâton.

M. Porter, qui a tant loué la police des Turcs, & peut être beaucoup trop (*a*), auroit dû s'appercevoir que cet ordre apparent s'observe dans toutes les villes des états despotiques, & qu'il diminue toujours à mesure qu'on s'éloigne des villes, lorsqu'on n'est pas accompagné par quelque membre de la police, qui dans les gouvernements arbitraires, ne peut être confiée qu'aux soldats : le prince n'y a qu'une force.

M. Salmon assure que, suivant les relations dont il s'est servi pour composer son histoire, il y a presque toujours dans les seuls cachots de la ville de Canton quinze mille prisonniers (*b*). Mais il peut y avoir en cela de l'exagération, & il faut bien distinguer les criminels qui se trouvent dans les prisons de la Chine, d'avec ceux qu'on y renferme seulement pour quelques jours.

Lorsque l'empereur *Schi-chuandi* réunit toutes les provinces sous son autorité immédiate, il défendit non-seulement aux Chinois le port des armes : mais il ne voulut pas même leur permettre d'avoir à la maison un arc ou une fleche : ce réglement encouragea beaucoup les brigands, qui étoient assurés de trouver partout les gens de la campagne sans aucun moyen de défense ; de sorte qu'il fallut faire de nouveaux réglements par rapport à tous les cas où il y a du sang versé : car le législateur suppose qu'on y a fait usage de quelque arme offensive. Quand les Chinois se battent, ils prennent de grandes précautions pour qu'il ne survienne aucune déchirure à leurs vêtements, & pour

---

(*a*) *Observations sur la religion & les loix des Turcs.*
(*b*) *Etat présent de la Chine.* Tom. I.

que l'un ou l'autre ne soit ensanglanté. Le meurtre est puni de mort : mais le meurtrier languit toujours fort long-temps en prison : car si l'on en excepte les circonstances particulieres, où les *Tsong-tou* & les vice-rois procedent, comme on l'a dit, irréguliérement, toutes les sentences de mort doivent être signées par l'empereur ; & on s'est grossiérement trompé, lorsqu'on a soutenu que cette coutume ne s'observe qu'à la Chine, puisque elle est établie dans différents états despotiques de l'Asie, & principalement en Perse, ainsi que M. Chardin l'atteste (a). Lorsqu'on y réfléchit, il est facile de concevoir que cette coutume tient à la constitution d'un gouvernement absolu, où les loix n'ont point de force sans la volonté du prince, qui suppose d'ailleurs, qu'un homme lui appartient comme un esclave appartient à son maître. Et il est contre l'essence de la servitude qu'un maître puisse être privé de la possession de ses esclaves sans en être instruit.

Les rits & la religion ont eu, comme on peut bien le penser, une très-grande influence sur le droit civil des Chinois. Les sacrifices qu'on y fait aux manes des ancêtres, sont cause qu'un pere ne peut instituer sa fille unique, héritiere universelle. Une telle disposition seroit par sa nature nulle : car c'est un axiome que la

─────────────────────

(a) ". Il n'y a en Perse que le roi seul, qui puisse donner sentence de mort, & lorsque le *Divan-béqui* trouve à la cour, où que la justice trouve dans les provinces un homme digne de mort, on présente l'information au roi, qui décide de la vie de ce criminel. C'est-là une coutume constante ". *Description du gouvernement de Perse*, chap. XVII.

femme ne sacrifie point : ainsi, la fille ne pouvant offrir les viandes aux manes, il faut que le testateur confie ce soin à un autre. Lorsqu'il y a des enfants mâles, les filles ne peuvent absolument rien hériter : car les freres partagent entre eux à portions égales ; & la loi ne les oblige à autre chose sinon à nourrir leurs sœurs jusqu'à ce qu'elles se marient, & elles se marient toujours sans dot. Ce sont principalement les femmes qui ont été maltraitées dans ce pays, où le législateur a plus cherché à assurer leur esclavage qu'à assurer leur vie.

Comme les Tartares étoient esclaves immédiats de leur Kan avant que d'avoir conquis la Chine, ils sont restés ce qu'ils étoient après la conquête : & leur servitude n'est point fondée, comme on pourroit le croire, sur l'obligation que leur imposent les terres qu'ils tiennent de la libéralité du prince : car ils peuvent les vendre entre eux, & n'ont plus aucun droit aux fonds aliénés, hormis qu'ils n'aient été acquis par des Chinois, auxquels on les reprend quand on veut, lorsqu'on restitue le prix de l'achat ; sans quoi le peuple conquis eût insensiblement retiré tous les fonds d'entre les mains d'un peuple conquérant. Enfin la conduite que les Tartares ont tenu à la Chine, est quelque chose de réellement surprenant : ils ont fait par une espece de prudence ce que les plus grands politiques auroient à peine osé entreprendre par artifice. Quand Alexandre obligea les Macédoniens à prendre l'habillement des Persans, il n'y entendoit rien : quand les Mongols conserverent leur habillement & laisserent celui des Chinois tel qu'il étoit, ils y entendoient encore moins. On reconnoissoit un Mongol parmi mille Chinois. Les Tartares Mandhuis font les feuls qui aient fait ce qu'il falloit faire.

Il y a dans ce pays des efclaves nés & il y en a d'autres, qui, quoique libres par la naiffance, ont été vendus de gré ou de force, & dont la poftérité refte dans la condition fervile. On s'y joui tellement de la liberté, qu'un homme peut s'y vendre encore. Les Chinois ne connoiffent pas comme les Grecs & les Egyptiens cette efpece d'efclavage, que je nommerois volontiers *Hilotifme*, & où toute une nation en corps fert une autre nation. Cependant le cas eût pu exifter à la Chine par rapport aux Mongols, fi au lieu de les chaffer on eût eu la force de les réduire en fervitude, mais il eft arrivé par des caufes difficiles à concevoir, que les Mongols font redevenus puiffants à la Chine, quoiqu'ils n'y dominent point : & leur nombre s'accroît de jour en jour de même que celui des Mahométans, qui ont parmi eux des efclaves d'une efpece particuliere, laquelle choque moins le droit naturel que tous les autres : ils élevent plufieurs enfants que les Chinois jettent à la voirie, & ces enfants fervent enfuite les Mahométans, dont le joug eft fort doux.

La propriété des Chinois feroit à l'abri de beaucoup d'inconvénients, fi elle étoit à l'abri des confifcations, lefquelles tombent néanmoins rarement fur les gens de la campagne, qui ont autant de vertus que la populace des villes en a peu : on ne peut leur reprocher ni la mauvaife foi, ni la fourberie, ni le meurtre des enfants, ni la débauche la plus groffiere : car rien n'égale leur retenue, leur fobriété, & leur ardeur pour le travail. Mais s'ils font moins expofés aux confifcations, ils le sont en revanche davantage aux corvées, qu'on exige avec beaucoup de rigueur, comme dans les autres parties de l'Asie.

J'ai lu un édit de l'empereur *Suen-ti*, par lequel il dispense des corvées ceux d'entre les paysans qui viennent de perdre leur pere ou leur mere : car il faut laisser à ces malheureux, dit-il, quelque temps pour qu'ils regagnent ce que leur a coûté l'enterrement. Et voilà un bien petit remede pour un si grand mal. La plupart des cultivateurs Chinois n'ont, comme on sait, ni chevaux, ni bœufs ; & ils travaillent à force de bras les terres des grands propriétaires (a). Or, les corvées sont pour de telles gens accablantes par deux raisons : on y perd d'abord, comme le dit l'empereur *Suen-ti*, un temps précieux : ensuite on excede les travailleurs, qui ne peuvent se faire aider par des bêtes. J'observai, dit Nieuhof, dans le trajet de Canton à Pekin, que l'on forçoit souvent à coups de bâtons les paysans Chinois de tirer la barque, qui portoit l'ambassadeur Hollandois ; quoique ce seigneur suppliât sans cesse les conducteurs d'en agir avec plus de modération envers les laboureurs, qui forment, sans contredit, le corps le plus respectable de l'empire ; & il est triste qu'on ne puisse metre leurs habitations, lorsqu'elles sont fort éloignées des grosses villes, plus en sûreté contre les voleurs & les vagabonds.

A mesure qu'on avance dans le centre des provinces, les terres deviennent toujours plus incultes & les villages plus rares ; de

---

(a) *Eckerberg Bericht von der Chinesischen Landwirthschaft.*

sorte qu'il n'y a pas la moitié du terrain mise en valeur à beaucoup près, lorsqu'on y comprend les prodigieux cantons qu'occupent les Sauvages tels que les *Mia-offé*. Cependant pour que un pays puisse se glorifier d'avoir une culture florissante, il faut que les terres qui rapportent, soient aux terres qui ne rapportent rien, comme 50 sont à 3. Et si l'on en croit les Anglois, ils sont parvenus à établir cette proportion chez eux.

Il ne faut point juger de toutes les provinces de la Chine, par celle de Che-Kiang & de Nan-Kin, qu'on regarde ordinairement comme un terrain abandonné par la Mer ou par une alluvion du fleuve Jaune, qui avoit jadis, à ce qu'on prétend, sa principale embouchure dans le golfe de *Pet-cheli* à cinq degrés plus au Nord qu'il ne se décharge de nos jours. Le P. Gaubil a parlé assez au long de ce changement dans son histoire des Mongols, sans vouloir convenir que l'empereur *Yu* n'a pu conduire le fleuve Jaune comme on conduit un ruisseau, & cela plus de 2200 ans avant notre ere; de sorte que je regarde comme une fable grossiere, tout ce qu'on en dit dans le *Chou-King*. Quand on jette un coup d'œil sur la carte, alors il semble effectivement que l'extrême irrégularité dans le cours de ce fleuve, provient des digues qu'on lui a opposées, & qu'il aura rompues pendant une inondation. Si les Chinois ne prennent des mesures plus efficaces que celles, dont ils se sont servis jusqu'à présent, le fleuve Jaune leur occasionnera encore bien des embarras : les courbes, qu'il décrit, sont trop considérables, & s'il est vrai qu'il se soit déchargé originairement dans le golfe de

Pet-cheli, il fera de continuels efforts pour y revenir.

Comme les Chinois ont un penchant ou plutôt une paffion ardente pour le commerce, l'empereur *Ven-ti* voulut attacher quelque confidération à la qualité des cultivateurs, pour les retenir dans les campagnes & les préferver de cet efprit de trafic & de fourberie, qui, comme un mal contagieux, infecta de plus en plus la nation depuis que le gouvernement devint vraiment defpotique fous *Schichuandi*. Mais cette confidération, que l'empereur *Ven-ti* imagina alors en labourant lui-même la terre, comme l'avoient fait avant lui d'autres monarques aux Indes, ne pouvoit en aucun cas contrebalancer un fléau tel que celui des impofitions arbitraires & des corvées. Qu'on ôte à l'agriculture les entraves, que la tyrannie lui a données ; & alors elle n'exigera point des récompenfes, ni des honneurs : elle ira par fa propre force & fe récompenfera elle-même.

Au refte, ce qui a le plus retenu les payfans de la Chine dans leurs campagnes, c'eft qu'ils favent bien que les vexations qu'ils effuyent, n'égalent fouvent point celles qu'on réferve aux marchands : mais ceux-ci vont toujours contre le torrent, & les obftacles les encouragent. Il en eft d'eux comme des Juifs, qui vivent dans les états de l'Afie : les avanies continuelles font un aiguillon de plus qui les pouffe dans le négoce : il femble à chaque inftant qu'ils devroient y renoncer, & ils n'y renoncent jamais, parce qu'ils achetent à la cour des protections : & les grandes injuftices qu'ils éprouvent, font réparées par les occafions qu'on leur fournit de faire des gains illicites. Pour expliquer tout ceci, il faut que je cite un passage du journal de M. de Lange, agent de la cour de Petersbourg à Pekin.

Les seigneurs de la Chine, dit-il, *chicanent trop les marchands, & leur prennent leurs marchandises sous toutes sortes de prétextes, sans qu'ils en puissent jamais espérer le paiement. C'est pourquoi tous les marchands & autres gens de quelque profession lucrative à Pekin, sont accoutumés de se choisir des protecteurs parmi les princes du sang & les autres grands seigneurs ou ministres de la cour, & par cet expédient, moyennant une bonne somme d'argent qu'il leur en coûte annuellement à proportion de ce qu'ils peuvent gagner, ils trouvent moyen de se mettre à l'abri des extorsions des Mandarins & quelquefois même des simples soldats : car à moins de quelque protection puissante, un marchand est un homme perdu à la Chine & surtout à Pekin où chacun croit avoir un droit incontestable, de former des prétentions sur un homme qui vit de trafic. Si quelqu'un étoit assez mal avisé pour vouloir tenter d'en obtenir une juste réparation par la voie de la justice, il tomberoit de mal en pis ; car les Mandarins, après en avoir tiré tout ce qu'ils auroient pu, ne manqueroient point à la vérité d'ordonner que les effets, qu'on auroit pris injustement, seroient rapportés au collège ; mais il faudroit qu'il fût bien habile pour les faire ensuite revenir de là* (a).

Par la combinaison de toutes ces causes & de beaucoup d'autres, il est arrivé que les négociants riches ou médiocrement à leur aise sont en fort petit nombre, eu égard à cette

---

(a) Pag. 216. & 217.

foule de boutiquiers du dernier ordre & de colporteurs, qui s'entassent dans les principales villes de l'empire, ou qui courent les foires. Quant au commerce extérieur, on ne croit pas qu'il monte annuellement à cinq millions d'onces d'argent, & dans le cours actuel de Pekin, l'once de ce métal s'évalue à 7 livres 10 sols de France.

Plusieurs écrivains ont parlé des revenus de l'empereur de la Chine ; mais d'une maniere si vague qu'on ne doit y faire aucun fonds. M. Salmon ne croit point que tous les revenus de ce prince soient de vingt-deux millions de livres sterling ; mais on peut douter qu'il entre dans le trésor impérial quinze millions de livres sterling en argent réel : car il ne s'agit point ici des denrées qu'on fournit en nature, & qui se laissent encore évaluer jusqu'à un certain point ; mais personne n'est en état d'évaluer les confiscations, qui forment un objet de la derniere importance pour les princes avares.

Il faut observer que dans tous les états despotiques les revenus des souverains sont beaucoup moindres qu'on seroit porté à le croire, lorsqu'on considere l'immense étendue des contrées. Le sultan ne tiroit pas à beaucoup près vingt millions d'écus d'Allemagne de tous les pays de l'Europe, de l'Asie & de l'Afrique, qui lui obéissoient avant la derniere guerre. Et les revenus du Grand-Mogol, si prodigieusement exagérés dans quelques relations, n'ont pu monter au-delà de 185 millions de roupies *sicca*, & la *sicca* roupie ne vaut point encore précisément trois livres de France.

Sous le gouvernement Chinois, les eunuques avoient introduit tant de désordres dans les finances de l'empire, qu'on n'a pu jufqu'à préfent débrouiller cet affreux chaos. Les Tartares trouverent la plupart des provinces obérées & redevables au tréfor des fommes fi fortes, qu'elles ne font point encore payées, & les Tartares ne penfent plus à les exiger. Les eunuques ne rêvoient qu'aux impôts : enfuite ils manquoient de moyens pour les lever : quand le peuple fe plaignoit de la ferme du fel, on aboliffoit l'impôt fur le fel, & on en mettoit un fur le fer. Voici le tableau de toutes ces déprédations inconcevables, tels qu'on le trouve dans un auteur Chinois nommé *Che-Kiai*, dont nous emprunterons les termes pour en conferver l'énergie.

» Sous la dynaftie préfente, dit-il, ce ne
» font qu'impôts, douanes & défenfes. Cela
» eft exceffif. Il y en a fur les montagnes &
» dans les vallées : fur les rivieres & fur les
» mers : fur le fel & fur le fer : fur le vin &
» fur le thé : fur les toiles & fur les foiries :
» fur les paffages & fur les marchés : fur les
» ruiffeaux & fur les ponts. Sur tout cela &
» fur bien d'autres chofes, je vois par tout
» *défenfes faites* (a).

L'empereur ne recevoit pas la millieme partie de ces impôts, que les eunuques donnoient à ferme ; enfuite ils partageoient avec les fermiers, & pour pallier le défaut de la recette ils déclaroient les provinces redevables de groffes fommes, qu'on avoit exigées au-delà du tribut ordinaire. Ce manege parut horrible aux Tartares, qui n'avoient point

---

(a) Voyez *Recueil impérial contenant les édits & remontrances*, &c. traduit du Chinois par le P. Hervieu.

encore perdu, comme le dit le P. Amiot, leur bonne foi naturelle; & ils mirent en régie les falines & les douanes, hormis celle de Canton, qui est auſſi décriée en Afie que le font les douanes Portugaifes & Efpagnoles en Europe.

Il s'étoit gliſſé, outre tout cela, un abus dans la perception des taxes affectées fur les terres, & cet abus étoit fi fenfible que l'empereur *Cang-hi* ne manqua point d'y remédier.

Dans les républiques & les gouvernements modérés, ceux qui louent des fonds pour les faire valoir, peuvent fans inconvénients être chargés de payer la taille; mais dans les états defpotiques le propriétaire doit abfolument payer lui-même, fans quoi les cultivateurs font vexés de deux manieres, & par le propriétaire & par le fouverain. Or cela étoit établi ainfi à la Chine lors de l'arrivée des Tartares, qui ordonnerent que dorénavant les fermiers ne paieroient plus les tailles, qu'on exigea du poffeffeur.

Comme la plupart des revenus des empereurs de la Chine confiftent en livraifons de riz, de blé, de foie crue ou œuvrée, de foin, de paille, de tabac, de thé, d'eau de vie, il faut bien qu'ils paient à leur tour leurs officiers en denrées, qu'ils ne peuvent revendre qu'en perdant; & c'eſt de-là que proviennent ces continuelles malverfations dont on les accufe. L'argent eſt toujours fort rare par-tout où les fouverains ne reçoivent pas leurs revenus en argent; tellement que la difette y irrite l'avarice : tandis que d'un autre côté l'efclavage fomente le luxe : les hommes veulent y paroître grands à mefure qu'on les a rendus petits, & ils font prefque anéantis sous le pouvoir arbitraire ; de sorte qu'il leur faut des habits dorés.

La capitation est un impôt si naturel dans les pays de la servitude, que les Chinois, qui ont murmuré sur tous les autres, ont supporté celui-là assez patiemment ; mais les extraits de leurs régistres de la capitation, tels qu'ils ont paru en Europe, sont faux & controuvés, ce que nous avons prouvé jusqu'à l'évidence dans le second article de cet ouvrage, & on ne répétera pas ici tout ce qui a été dit touchant l'état de la population de ce pays ; puisqu'il est certain qu'on ne peut sans exageration la porter à quatre-vingt millions d'ames. Les Tartares ne trouverent dans tout l'empire que onze millions cinquante-deux mille huit cent soixante-douze familles. Ainsi, pour trouver à-peu-près le total des habitants, il suffit de quintupler le total des familles, qui ne donne point à beaucoup près cinquante-six millions d'ames. Eu égard à la prodigieuse étendue de la Chine, cette population est sans comparaison plus foible que celle de l'Allemagne, & elle le seroit encore bien davantage dans le climat favorable des provinces du Sud, qui de l'aveu des missionnaires renferment bien plus de monde que les provinces du Nord.

Comme les institutions politiques de cet empire n'ont point la moindre analogie avec le gouvernement de l'ancienne Egypte, on n'y a jamais vu ni familles sacerdotales, ni familles militaires. Les soldats Chinois, au contraire des *Calasires* & des *Hermotybes*, font le commerce, exercent des métiers, ou cultivent des terres, ainsi que cela s'est pratiqué de tout temps, c'est-à-dire bien des siècles avant que les Tartares eussent assigné des fonds aux huit bannieres des Mandhuis. Si l'on en croit le P. Amiot, la solde de chaque fantassin coûte maintenant à l'empereur *Kieng-long* trente livres de France par mois, dont il paie une moitié en argent, & l'autre moitié en riz: la solde du cavalier est de quarante-cinq livres par mois, dont il en reçoit vingt-deux & demi en argent (*a*).

Généralement parlant, l'entretien des troupes coute toujours plus dans les états despotiques que dans les états modérés : cependant on peut douter que l'on paie sur ce pied-là toute la milice Chinoise, que nous pouvons diviser en cinq classes différentes : la premiere comprend la cavalerie, qui ne se sert d'aucune arme à feu : car les Tartares, qui entendent peut-être mieux cette partie de la tactique que tous les autres, ont jugé que les arcs sont beaucoup meilleurs que les mousquetons, que leurs escadrons ne peuvent employer dans les attaques ; tandis que ils tirent au galop avec l'arc, comme les Parthes & toutes les peuplades Scythiques : la seconde division comprend les canoniers & les arquebusiers : la troisieme est formée par les piquiers : la quatrieme par les fantassins qui se servent de l'arc: enfin, viennent ceux qui ne sont armés que du bouclier & du sabre.

Les exercices de toutes ces troupes si différentes par l'armure, ressemblent à un jeu théatral ou à un ballet figuré dans les estampes enluminées qu'on trouve à la suite de *l'art militaire des Chinois*. Le plus plaisant de ces jeux est, sans contredit, celui que font les fantassins armés de sabres & de boucliers, sous lesquels ils se cachent de façon que les boucliers imi-

---

(*a*) *Art militaire des Chinois.* pag. 30.

tent par leur poſition la forme d'une fleur appellée en Chinois *Mei-Hoa* ; & pour exécuter cette manœuvre, il faut que cinq hommes ſe couchent les uns ſur les autres à terre. Enſuite ces bouffons contrefont les *Lù* ou les *Loung*, c'eſt-à-dire, les Dragons Scythiques, dont toutes les enſeignes ſont chargées : après qu'ils ont été Dragons, ils deviennent tigres, & ſortent cinq à cinq de deſſous leurs boucliers, comme des tigres ſortent d'une forêt pour ſaiſir leur proie. Mais ce qui ſurpaſſe tout, c'eſt une manœuvre beaucoup plus forte que celles dont j'ai parlé, & où il s'agit d'imiter la *projection de la lune qui ſert de bouclier aux montagnes*, ou comme on parle en Chinois, *Yu n yue pai chan tchen* (*a*). Dans une évolution générale, où les cinq corps de la milice ſont employés, on contrefait les quatre coins de la terre, qu'on ſuppoſe carrée, & la rondeur du ciel, en mêlant tellement la cavalerie avec les gens à pied, qu'on n'y conçoit abſolument rien, & je crois que le P. Amiot n'y a rien compris lui-même : car il y a bien de l'apparence que les eſtampes, qu'il a envoyées de Pekin à Paris, & qui ne méritoient point d'être gravées, ne repréſentent pour la plupart que des manœuvres idéales ou des divertiſſements militaires.

On n'a pu ſavoir quel eſt le nombre des troupes que les Tartares entretiennent depuis l'époque de leurs conquêtes : mais ce nombre

---

(*a*) *Lib. cit.* p. 348.
Je crois que les Dragons des enſeignes Scythiques ont donné occaſion d'appeller dragons ceux qui ſervent à pied & à cheval, & ont dit qu'Alexandre emprunta ce nom des Perſans.

sur les Égyptiens & les Chinois. 337

ne seroit point fort considérable, si on en croyoit l'empereur *Kien-long*, qui a prétendu qu'un seul Tartare Mandhuis peut commodément défaire dix hommes, bien entendu que ce soient dix Chinois, & sur-tout lorsqu'ils se cachent sous leurs boucliers pour imiter la fleur de *mei hca* ou la *projection de la lune*.

L'empereur *Kien-long* ne peut ignorer que la facilité avec laquelle ses ancêtres s'emparerent de la Chine, provenoit du désordre presque incroyable où les eunuques du palais avoient plongé cette contrée, & ensuite du triste état où les Chinois avoient laissé réduire leur milice nationale : le P. Trigault, qui la vit avant l'entrée des Tartares à Pekin, dit que cette milice comprenoit le plus vil ramas d'hommes dont on eût ouï parler de long-temps en Asie : les uns étoient esclaves de l'empereur ; les autres étoient esclaves des particuliers, & ils s'acquittoient tous des fonctions les plus infames : eux ou leurs peres avoient été vendus & réduits en servitude à cause de quelque crime : on les appelloit des soldats, mais c'étoient des brigands (*a*).

Tous les magistrats de la Chine sont divisés en neuf ordres, subordonnés les uns aux autres ; mais on ne peut alléguer aucun motif raisonnable de cette institution, qui n'est fondée que sur l'entêtement superstitieux des Chinois en faveur du nombre neuf.

―――――

(*a*) *Nulla gens æque vilis atque iners est quam militaris apud Sinas...... Maxima pars regia sunt municipia vel propriis vel majorem suorum sceleribus perpetuam servientes servitutem. Iidem quo tempore à bellicis exercitationibus vacant, infirma quaque officia, bajulorum, mulionum, inhonestiora etiam servitia exercent.* Exp. apud Sinas. pag. 100.

Tome II. P

On a quelquefois parlé en Europe, avec admiration, de tous ces prodigieux examens qu'on fait essuyer aux candidats avant que de les admettre à la charge de mandarin; mais il suffit de réfléchir à la nature des caracteres Chinois pour concevoir quelle a été l'origine de cet usage. En Europe on peut, en moins d'une demi-heure, se convaincre si un homme sait lire & écrire. Mais à la Chine au contraire cela exige de longues perquisitions: car un lettré, qui devroit connoître dix mille caracteres, n'en connoîtra souvent que trois mille. Il faut donc le soumettre à bien des épreuves pour savoir jusqu'à quel point il sait lire, jusqu'à quel point il sait écrire, & jusqu'à quel point il peut composer en écrivant : ce qui est très-difficile, lorsqu'on veut composer avec clarté, ce que peu de lettrés savent, de l'aveu des missionnaires. Les moindres négociants de Canton ont ordinairement une petite provision de caracteres qu'ils connoissent par cœur, & qui leur suffisent pour les affaires mercantilles, mais au-delà, ces négociants ne savent ni lire, ni écrire. On a donc dû nécessairement instituer à la Chine les examens dont on a tant parlé en Europe, & qu'on fait essuyer dans tous les autres états despotiques de l'Asie, comme en Turquie, où les cadis & les imans ne sont point admis, comme on se l'imagine, sans avoir passé par quelques épreuves; mais l'argent peut rendre les Turcs & les Chinois infiniment plus savants qu'ils ne le sont & qu'ils ne le deviendront jamais. On publie jusques sur les théâtres de la Chine, dit M. Torren, que les charges y sont vénales, & même les places des mandarins (a). D'un autre coté, le défaut d'écoles

---

(a) *Reise nach China siebenter brief.*

publiques est un grand obstacle à l'élévation de ceux qui sont nés sans une fortune honnête, & dont les parents n'ont pas le moyen d'entretenir un précepteur à la maison.

Cette espece d'hommes qui auroient besoin d'être examinés fort sévérement à la Chine, ne le sont jamais. Je parle des médecins, dont la profession est abandonnée à tous ceux qui veulent l'embrasser, sans qu'on se mette en peine de savoir s'ils ont étudié leur art, dont on s'étoit formé une haute idée, dit Morhoff, sur les premieres relations que les missionnaires répandirent en Europe ; mais depuis que l'ouvrage de Cleyer a paru, ajoute-t-il, l'enthousiasme s'est dissipé, & les enthousiastes ont été couverts de ridicule (a). Il n'y a pas un seul de ces médecins de la Chine, qui connoisse les parties internes du corps humain, & qui ait la moindre notion de l'anatomie. L'ouvrage de Dionis n'a été traduit qu'en langue Tartare; car tous les missionnaires ensemble ne purent le traduire en Chinois, & ce livre très-médiocre, très-peu estimé en Europe, ne suffit point pour former un anatomiste. Enfin, les Chinois ont négligé les sciences réelles au-delà de ce qu'on peut le croire ; & leur police par rapport aux médecins est diamétralement opposée à celle des Egyptiens, qui ont été accusés d'un excès contraire : car, suivant quelques Grecs, ils punissoient de mort ceux qui s'écartoient, dans le traitement des mala-

---

(a) Cleyerus nuper nobis revelavit medica Chinensium mysteria, quæ ubi in lucem protracta sunt, risum potius, quam applausum merentur; ac merito pudorem illis incutiunt. qui Europeæ medicinæ objicere non sunt veriti perfectionem medicinæ Chinensis. Morh. Polihist. lib. I, cap. 2, Tom. II.

dies, de la regle prescrite par les livres hermétiques. J'ai dit que, dans les épidémies qui proviennent d'une cause qui est toujours la même, & qui produisent des symptômes toujours semblables, les Egyptiens ont eu raison de prescrire des regles aux médecins. Il n'y a point de malade qui ne préférât d'être traité arbitrairement par un docteur habile, plutôt que d'être traité suivant le formulaire Egyptien : mais quand un médecin est ignorant, alors il n'y a point de malade qui ne préférât le formulaire Egyptien, dont nous parlons d'ailleurs en aveugles ; car il faudroit l'avoir vu pour en juger : on croit seulement savoir par un passage d'Isocrate & de quelques autres auteurs de l'antiquité, que les médecins de l'Egypte n'osoient employer des remedes plus violents que ceux qu'ils trouvoient indiqués dans leur pharmacopée. Quant à la peine de mort dont parlent les Grecs, elle peut réellement avoir concerné les oculistes & les dentistes ou les chirurgiens, qui donnoient, à l'insu du médecin, des drogues, & outrepassoient mal-à-propos les bornes de leur art : car les Egyptiens avoient des loix séveres contre le meurtre ; & qu'un malheureux soit assassiné sur son lit ou sur un grand chemin, cela revenoit, selon eux, à-peu-près au même.

Parmi ces hommes que les relations appellent les lettrés de la Chine, il n'y a point de jurisconsultes qui se chargent de la conduite d'un procès : car les parties doivent paroître elles-mêmes devant le juge, comme en Turquie & dans tout l'Orient.

On s'est faussement imaginé en Europe que les Chinois entendoient bien la pratique du droit civil. Non-seulement ils ne l'entendent point du tout, mais ils n'en ont aucune notion, comme on peut le démontrer évidemment par le témoignage même des missionnaires, qui ont le plus exalté ces Asiatiques.

D'abord, il n'y a pas d'appel d'une sentence quelconque ; ce qui choque, comme on le voit, la plus saine pratique du droit civil ; mais cela est, en revanche, conforme aux institutions d'un état despotique.

» Si le pouvoir du magistrat Chinois, dit le
» P. du Halde, est restraint par les loix
» dans les affaires criminelles, il est comme
» absolu dans les matieres civiles, puisque
» toutes les contestations qui regardent pure-
» ment les biens des particuliers, sont jugées
» par les grands officiers des provinces, sans
» appel aux cours souveraines de Pekin, aux-
» quelles cependant les particuliers, dans les
» grandes affaires, peuvent porter leurs
» plaintes (a). «

Autre chose est de se plaindre : autre chose est d'appeller. On peut se plaindre par-tout, & même à Tunis & à Maroc ; mais on n'y sauroit faire d'appel, non plus qu'à la Chine, dans les matieres civiles, où il se commet sans comparaison plus d'injustices que dans les matieres criminelles : le juge est rarement corrompu, lorsqu'il s'agit d'un forfait éclatant qui tend à troubler la tranquillité publique ; mais il peut être corrompu de mille manieres dans les actions d'intérêt. L'usage d'interdire la voie d'appel aux plaideurs, est d'autant plus mauvais à la Chine, que la procédure y péche contre toutes les regles de la jurisprudence. Et pour le prouver, il suffit de rapporter encore un passage extrait de l'ouvrage du P. du Halde.

(a) Desc. de la Chine. Tom. I. pag 7.

» Quoique le gouverneur de la province,
» dit-il, ait sous lui quatre grands officiers,
» & que les mandarins des-justices subalternes
» aient toujours un & quelquefois deux as-
» sesseurs, les affaires toutefois ne sont point
» ordinairement jugées à la pluralité des voix.
» Chaque magistrat, grand ou petit, a son tri-
» bunal ou son yamen ; & dès qu'il s'est fait
» introduire par les parties, après quelques
» procédures en petit nombre, dressées par
» les greffiers, les huissiers & autres gens
» de pratique, il prononce tel arrêt qu'il lui
» plaît. Quelquefois, après avoir jugé les deux
» parties, il fait encore donner la bastonnade
» à celui qui a perdu son procès (a). «

Or, voilà précisément la méthode des Turcs, sans qu'on puisse y découvrir la moindre différence. Un seul homme y juge & y décide en une heure plus de causes, que le tribunal des trente n'eût pas pu en décider à Thebes en un mois. Quant à la détestable coutume de ne point recueillir les suffrages, & de battre ensuite les plaideurs, elle n'a pu être imaginée que dans des états despotiques, & elle ne peut subsister que dans les états despotiques. On gouverne les esclaves par le bâton, & les hommes par la loi.

L'orgueil des Chinois provient de leur ignorance & de leur servitude ; car on a trouvé en Asie des peuples aussi orgueilleux qu'eux, quoiqu'ils ne fussent pas plus libres qu'eux.

Leur attachement pour leurs rits, provient de l'éducation qu'ils reçoivent.

Leur attachement pour le pays où ils sont nés, résulte du culte des ancêtres, dont ils

---

(a) *Loco citat.*

visitent souvent les tombeaux : ils ne croient donc pas qu'il faille beaucoup s'éloigner des tombeaux de ses ancêtres. L'amour de la patrie ne peut exister dans un empire si étendu : on n'aime pas ce qu'on ne connoît point. Lorsque de certains peuples de l'antiquité n'eurent pour tout domaine qu'une ville , & quelques campagnes autour des remparts, l'amour de la patrie fut parmi eux extrême : ils aimoient ce qu'ils connoissoient & ce qu'ils possédoient. Un Chinois né à Pekin, ne comprend point la langue que parle un Chinois né à Canton : & comment des hommes qui ne sauroient se comprendre entre eux, pourroient-ils se croire compatriotes ? Cette diversité de dialectes peut être utile au despote seul : car elle empêche quelquefois les provinces de conspirer entre elles subitement. Il n'y a d'ailleurs à la Chine , non plus que dans les autres états absolus de l'Asie, aucune espece de poste à l'usage des particuliers : cette continuelle correspondance allarmeroit trop le gouvernement : & il paroît par les relations, que l'empereur doit souvent faire escorter ses propres couriers par des soldats.

Après cela, on ne voit rien de plus merveilleux dans la législation de la Chine, que dans celle des autres empires de l'orient : ils subsistent, parce qu'il seroit bien surprenant qu'il manquât un usurpateur , lorsqu'il y manque un souverain. Depuis Cyrus jusqu'à *Kerim-Kan*, la Perse a été un empire, & le sera encore long-temps, hormis qu'il ne survienne quelque révolution physique à laquelle on ne doit pas s'attendre.

Une dynastie Chinoise est-elle précipitée du trône , aussi-tôt il se présente un homme pour y monter. On ne donne pas au peuple le temps de se reconnoître : les provinces ne sont point encore informées, & cet homme est déjà sur le trône : souvent on ne sait point d'où il est venu : souvent on ne sait pas qui il est : on n'apprend tout cela que quand sa puissance s'est affermie. Un cordonnier s'est fait empereur à la Chine : un cuisinier de moines s'y est fait empereur ; & nulle part, si nous en exceptons la dynastie des Móngols aux Indes, il n'y a eu tant de souverains détrônés, égorgés & empoisonnés, qu'à la Chine, sans parler de celui qui se pendit à l'arrivée des Tartares.

Si l'on avoit pu, dans ce pays, régler l'ordre de la succession parmi les descendants de l'empereur, on y auroit prévenu des malheurs épouvantables ; mais cela est moralement impossible. Le souverain ne veut y souffrir aucun frein, & pour régler l'ordre de la succession, il faudroit lui en donner un. Les Mandhuis n'ont point à cet égard de meilleures institutions politiques que les Chinois même. L'empereur *Cun-hi* se joua du sort de ses enfants : quand on les avoit empoisonnés, la gazette Chinoise annonçoit qu'ils étoient morts d'apoplexie ; & par des intrigues du serail, qui ne sont pas bien dévoilées, *Yong-Tcheng* parvint au trône, quoique tous les astrologues eussent parié le contraire. On ne peut jamais écrire l'histoire des empires despotiques d'une maniere satisfaisante & instructive : car c'est dans un lieu aussi impénétrable que le serail, que les grandes affaires se décident, par des causes qu'on auroit honte de conter, quand même on en seroit bien informé. Les Chinois sont assez fous pour croire qu'il y avoit jadis dans le serail de leurs empereurs, une femme qu'on chargeoit d'écrire l'histoire de ce qui s'y paſſoit, pour en faire part aux annaliſtes de l'empire: mais jamais perſonne n'a eu une ſeule feuille de ces mémoires, auxquels on ne prêteroit d'ailleurs aucune foi; & ils n'en mériteroient aucune, non plus que la gazette de la cour, qui a ſouvent annoncé des victoires, à l'occaſion deſquelles les empereurs, dit le pere Amiot, ont bien voulu recevoir les compliments des grands colleges; tandis que ces princes ſavoient, à n'en pas douter, que leur armée avoit été défaite; ce que le peuple & les grands colleges ignoroient: car il eſt défendu ſous peine de mort à tous les ſoldats & à tous les officiers d'écrire. Le général y ment, & l'armée s'y tait.

J'avois entrepris cet ouvrage pour faire voir que jamais deux peuples n'ont eu moins de conformité entre eux, que les Egyptiens & les Chinois, & je crois l'avoir démontré juſqu'à l'évidence; de ſorte que je termine ici mes Recherches.

Fin du Tome Second.

www.ingramcontent.com/pod-product-compliance
Lightning Source LLC
Chambersburg PA
CBHW060058190426
43202CB00030B/2675